CONFERENCE SERIES

Series Editors: K. Habitzel, T. D. Märk, S. Prock, B. Stehno

*i*up • *innsbruck* university press

www.uibk.ac.at/iup

innsbruck university press in Conference Series:
Series Editors: K. Habitzel, T. D. Märk, S. Prock, B. Stehno

Also available by *i*up in this series:

Contributions – 2nd International Conference on Proton Transfer Reaction
Mass Spectrometry and Its Applications – ISBN: 3-901249-78-8
Editors: A. Hansel, T. D. Märk

41st Symposium on Theoretical Chemistry – Innsbruck, Austria September 5-7, 2005
ISBN: 3-901249-80-X
Editors: Bernd M. Rode, Bernhard R. Randolf

Contributions – 15th Symposium on Atomic and Surface Physics and Related Topics
ISBN: 3-901249-82-6
Editors: V. Grill, T. D. Märk

Microlearning : Emerging Concepts, Practices and Technologies
Proceedings of Microlearning 2005: Learning & Working in New Media Environments
ISBN: 3-901249-83-4
Editors: Theo Hug, Martin Lindner, Peter A. Bruck

Zukunftsplattform Obergurgl 2006:
Forschungsplattformen innerhalb der Leopold-Franzens-Universität Innsbruck
ISBN: 3-901249-86-9
Editors: M. Grumiller, T. D. Märk

Bildung schafft Zukunft

1. Innsbrucker Bildungstage
17. – 18. November 2005

Hrsg.:
Heidi Möller

innsbruck university press
c/o Vizerektorat für Forschung
Leopold-Franzens-Universität Innsbruck
Christoph-Probst-Platz, Innrain 52
A-6020 Innsbruck
www.uibk.ac.at/iup

Book editor: Heidi Möller
Cover design: Carmen Drolshagen
Layout: Carmen Drolshagen, Christof Netzer
Produced: Book on Demand

ISBN: 3-901249-87-7

S O S - K I N D E R D O R F

Das SOS-Kinderdorf pflegt seit Jahrzehnten die Tradition, fundierte Aus- und Weiterbildung anzubieten. So gibt es jährlich ein Weiterbildungsprogramm sowohl für eigene als auch für externe MitarbeiterInnen aus dem Jugendwohlfahrtsbereich. Damit wird einerseits die Qualität der pädagogischen Arbeit gesichert, andererseits werden den TeilnehmerInnen neue Zugänge und aktuelle Einsichten nahe gebracht.

Herzstück ist seit Jahren die Schulung der SOS-Kinderdorf-Mütter, die sich in den letzten Jahren zu einer professionellen Ausbildung in Familienpädagogik entwickelt hat und eine umfassende Vorbereitung auf die heutigen Betreuungserfordernisse in der Fremdunterbringung darstellt.

Familienpädagogik beschreibt ein ganzheitliches pädagogisches Verständnis für die Betreuung von Kindern und unterscheidet sich von einem einseitig ausgerichteten Berufsrollenverständnis der Erzieher, das Kind vorwiegend als erzieherisches Objekt zu betrachten. Damit rückt der so genannte „echte" Mensch als wichtigster Faktor in der Beziehungsgestaltung ins Zentrum und die Gesamtheit der Person gewinnt für den Betreuungsprozess an Bedeutung. Dieser ganzheitliche pädagogische Ansatz wurde im SOS-Kinderdorf in der Auseinandersetzung mit der Professionalisierung von Familienerziehung entwickelt und hat Eingang in berufliche Qualifikationsformen gefunden.

Ausbildungsort ist das 1999 gegründete „Colleg für Familienpädagogik" in Wels/Oberösterreich. In einer insgesamt ca. dreijährigen Ausbildung erwerben die TeilnehmerInnen Schlüsselqualifikationen und fachliches Know-How und sind so bestens auf die Herausforderungen im Zusammenleben mit fremd untergebrachten Kindern und Jugendlichen mit seelischen Belastungen vorbereitet.

S O S - K I N D E R D O R F

Inhalt

Vorwort
Bildung schafft Zukunft

Fortschritt und Wachstum bestimmten über die letzten Jahrzehnte die Orientierung unserer Gesellschaft. Die damit zusammenhängende rasante Wissensvermehrung und die beschleunigte Halbwertszeit verwertbaren Wissens lassen nach der Nachhaltigkeit von Bildung und Lernen fragen.

Die Qualität von Bildung hängt mit dynamisch sich verändernden Anforderungen in modernen Gesellschaften (z.B. der sog. „Wissensgesellschaft") zusammen. Kriterien für die Betrachtung von Bildungsergebnissen betreffen nicht nur Wissen im engeren Sinn, sondern umfassen Kompetenzen mit vielfältigen sozialen, kognitiven, emotional-motivationalen und regulativen Aspekten sowie Persönlichkeitsmerkmale, wie Interessen, Überzeugungen und Orientierungen. Für Bildungsinstitutionen von Kindergarten über Schule bis zur Universität, von der Jugendarbeit bis zu Angeboten von Weiterbildungseinrichtungen gilt es, Kompetenzen und motivationale Orientierungen aufzubauen, die den Anschluss an neue Entwicklungen und das Lernen über die gesamte Lebensspanne vorbereiten und erleichtern.

Unter dem Rahmenthema „**Bildung schafft Zukunft**" lud die Fakultät für Bildungswissenschaften zu den ersten Innsbrucker Bildungstagen am 17./18. November 2005 ein. In Vorträgen und Arbeitsgruppen präsentierten die drei Fakultätsinstitute (ILS Institut für LehrerInnenbildung und Schulforschung, ZWIKO Institut für Kommunikation im Berufsleben und Psychotherapie und das Institut für Erziehungswissenschaften, EZW) aktuelle Erkenntnisse aus ihrer Wissenschaftswerkstätte und luden zum öffentlichen Diskurs über die Zukunft von Bildung. Im vorliegenden Kongressband[1] finden Sie die Dokumentation dieser anregenden Tagung, zum Vertiefen, Schmökern, Kritisieren, Weiterdenken, Verwerfen, Anregen, Gegen-Den-Strich-Kämmen ...

Die Veröffentlichung wurde möglich durch die Unterstützung eines unserer Forschungspartner, von SOS-Kinderdorf. Herzlichen Dank!

Lynne Chisholm   Heidi Möller
(EZW)   (ZwiKo)

Michael Schratz
(ILS)

---

[1] Es soll anfänglich darauf aufmerksam gemacht werden, dass die Bezeichnung der Geschlechter/das Gendering der einzelnen Beiträge von den jeweiligen AutorInnen(teams) zu verantworten ist.

Vorweg

Bildung, was meint das eigentlich?

Heidi Möller

Bildung, dieser Begriff erfährt momentan eine nicht geahnte Renaissance. Bildung kann mit Fug und Recht als eines der „heißesten" Themen des gesellschaftlichen Diskurses angesehen werden. Schlägt man die Tageszeitung auf, so stoßen wir allerorts auf unterschiedlichste Facetten dieses Begriffes und es scheint jedermann und –frau klar zu sein, worüber gesprochen wird. Bei näherem Hinschauen jedoch zeigt sich wie schillernd, wie vielschichtig dieser Terminus sich darstellt.

Das Bürgertum tat sich lange Zeit leicht damit, einen impliziten Bildungskanon vorauszusetzen, der darüber zu entscheiden hatte, was ein „gebildeter Mensch" zu wissen hatte und schloss damit ganze Bevölkerungsgruppen aus, Bildung diente somit als Machtstrategie. Wissen wurde Macht, weil einem Großteil der Menschen dieses Gut vorenthalten wurde (vgl. Bourdieu 1989). Bildung im Sinne Humboldts hingegen ging früh schon viel weiter. Bildung wurde als Anregung verstanden, alle Kräfte des Menschen zu entfalten – zum Wohle des Individuums und der Menschheit (vgl. Langewand 1994, 69)

Der Bildungsbegriff wird heute manchmal banalisiert, d.h. synonym mit Lernen gesetzt. Wir haben in der Postmoderne eine Lernkultur, die auf Qualifikation, Wettbewerb, Leistungssteigerung ausgerichtet ist (Lenz 1999, 69). Zielsetzungen des ökonomischen Systems werden 1:1 unterstützt.

Oskar Negt (1997) wehrt sich gegen eine solche kurzsichtige Indienstnahme des Bildungssystems rein für Qualifikationen in einer sich so rasch wandelnden Arbeitswelt. Er setzt Bildung gleich mit der Fähigkeit zur Selbstregulierung, mit der Kompetenz, Zusammenhänge herzustellen, gegenwärtige Krisen zu begreifen, um Lebensbedingungen durch solidarisches Handeln zu verbessern. Zusammenhänge herstellen meint er in einem Sinne, dass es gilt zu begreifen, was die Welt im Innersten zusammenhält.

Die eigentlichen fünf Kompetenzen oder gesellschaftlichen Schlüsselqualifikationen lauten dementsprechend nach Negt folgendermaßen (vgl. ebd., S. 227 ff.):

Identitätskompetenz – den Umgang mit bedrohter und gebrochener Identität lernen;

technologische Kompetenz – gesellschaftliche Wirkungen von Technik begreifen und Unterscheidungsvermögen entwickeln;

Gerechtigkeitskompetenz – Sensibilität für Enteignungserfahrungen, für Recht und Unrecht, für Gleichheit und Ungleichheit;

ökologische Kompetenz – der pflegliche Umgang mit den Menschen, mit der Natur und den Dingen;

historische Kompetenz – Erinnerungs- und Utopiefähigkeit.

Folgen wir von Hentig (1996) ist Bildung auf keinen Fall Belehrung. Nein, das Leben selbst bildet, es bringt Erfahrungen, Wahrnehmungen, Einsichten und Erkenntnisse. Er nennt sechs Bildungskriterien:

1.   Abscheu und Abwehr von Unmenschlichkeit;
2.   die Wahrnehmung von Glück;
3.   die Fähigkeit und den Willen, sich zu verständigen;
4.   ein Bewusstsein von der Geschichtlichkeit der eigenen Existenz;
5.   Wachheit für letzte Fragen;
6.   ein doppeltes Kriterium – die Bereitschaft zur Selbstverantwortung und der res publica.

Um diese „möglichen Maßstäbe" zur Geltung kommen zu lassen, stellt der Pädagoge „geeignete Anlässe" vor, die zeigen sollen, wie sich der Mensch bilden kann. Von Hentig spricht von zehn Quellen bildender Wirkung – dazu gehören das Erzählen von Geschichten, Gespräche führen, Sprachen lernen, Theater aufführen, Natur erfahren, die Schule als polis erleben, an Erwerbsarbeit sinnvoll beteiligt werden, Feste feiern, Musik ausüben und – entgegen der ständigen Domestizierung – den Aufbruch proben.

Klafki (1991) stellt die Funktion von Bildung als demokratisches Mittel in den Fokus seiner Überlegungen:

- Allgemeinbildung als Bildung für alle zur Selbstbestimmungs-, Mitbestimmungs- und Solidaritätsfähigkeit,
- als kritische Auseinandersetzung mit einem neu zu durchdenkenden Gefüge des Allgemeinen als des uns Angehenden und
- als Bildung aller uns heute erkennbaren humanen Fähigkeitsdimensionen des Menschen.

Bildung muss/soll helfen sich den uns alle herausfordernden epochalen Schlüsselproblemen zu stellen, die er folgendermaßen beschreibt:

- die Ursache der Gefährdung des Friedens auf gesellschaftlicher, politischer und individueller Ebene;
- der Abbau gesellschaftlicher Ungleichheiten, die sich unter anderem auf das Verhältnis Frau und Mann, Inländer und Ausländer, Behinderte und Nichtbehinderte, Arbeitslose und Erwerbstätige sowie auf hoch industrialisierte und wenig entwickelte Länder beziehen;
- die Erfahrungen zwischenmenschlicher Beziehungen, das Erleben von Subjektivität und das Erfüllen sozialer Verantwortung.

Aber ist Bildung denn wirklich so etwas rein Kognitives? Sind nicht auch Faktoren relevant, die populärwissenschaftlich häufig als emotionale Intelligenz (Goleman) beschrieben werden? Meint Bildung nicht auch die Pflege von Gefühlen von Werten, die Entwicklung emotionaler Kompetenzen wie: Einfühlungsvermögen, richtiges Zuhören, sich mit den Augen der anderen sehen, Anteilnahme, Respekt und Mitgefühl, also Elemente zwischenmenschlicher Kommunikation, die nicht nur als Programme von Weiterbildungen anzusehen sind? Bildung heißt nach von Hentig in einem ganz umfassenden Sinn: Menschen stärken und die Sachen klären! Damit wird Bildung eine Orientierungshilfe für das Denken und Handeln.

In diesem Sinne wünsche ich allen eine fruchtbare Lektüre des Kongressbandes

Heidi Möller
Dekanin der Fakultät für Bildungswissenschaften
Leopold-Franzens-Universität, Innsbruck

Literatur

Bourdieu, P. (1989). Satz und Gegensatz. Über die Verantwortung des Intellektuellen. Berlin

Goleman, Daniel (1996) Emotional intelligence <dt.> Emotionale Intelligenz Hanser Verlag, München/Wien

Hentig, H.v. (1996). Bildung. Ein Essay. München, Wien

Klafki, W. (1991) Neue Studien zur Bildungstheorie und Didaktik. Weinheim & Basel

Lenz, W. (1999). On the road again. Mit Bildung unterwegs. Studienverlag Innsbruck/Wien

Negt, O. (1997) Kindheit und Schule in einer Welt der Umbrüche, Göttingen

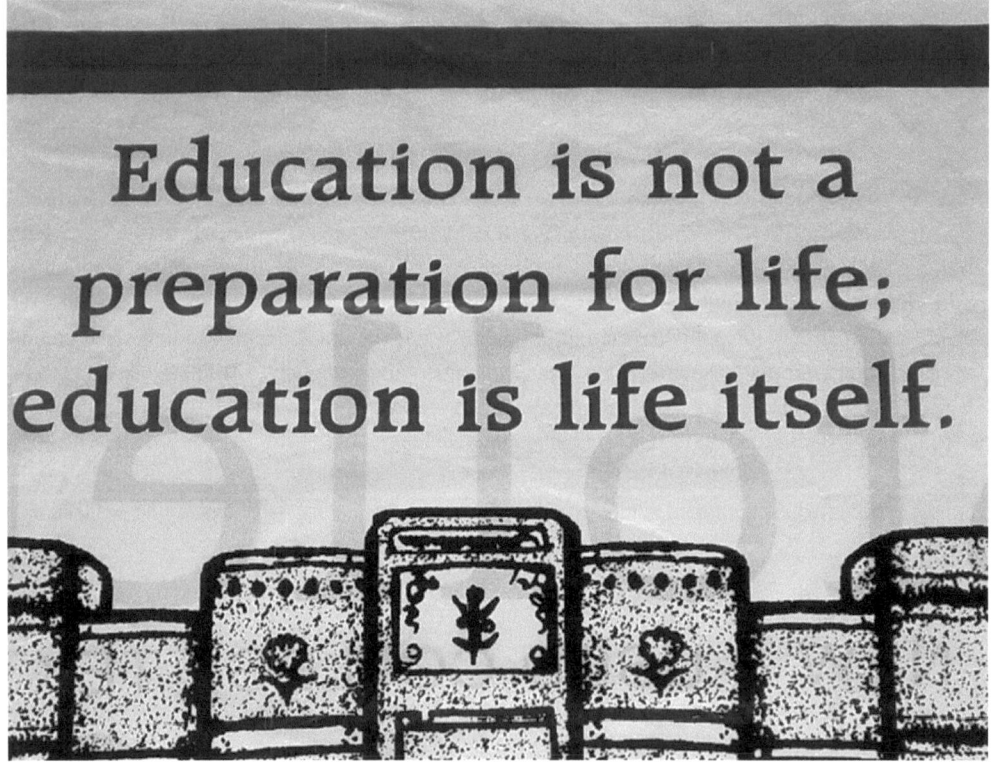

Bildung in Zeiten der "Nathanisierung" des Wissens und der "Hamletisierung" des Handelns

Bernhard Rathmayr

I. Veränderungen ...

Bildung wird häufig als etwas verstanden, das dem Leben hinzugefügt werden muss, um es reicher, schöner, lohnender zu machen. Tatsächlich ist Bildung in der Gesellschaft der Moderne aber zur unerlässlichen Voraussetzung eines menschenwürdigen Lebens und des Überlebens der Menschen geworden.

Bildung ist die Integration von Person und Wissen. Beide Instanzen haben sich in der Gegenwart westlicher Kulturen stark verändert.

Im personellen Bereich lösen sich so gut wie alle traditionellen lokalen Kollektive zugunsten individualisierter Bewusstseine in globalisierten Konsum- und Wirtschaftsgesellschaften auf. Moderne Individuen begreifen sich als extrem einzigartig und werden gleichzeitig weltweit einander immer ähnlicher.

Im Bereich des Wissens könnte man die Transformation im Anklang an Lessings Ringparabel als *„Nathanisierung"* bezeichnen. Damit ist weit mehr gemeint als die gigantische quantitative Steigerung des Wissens und die ihr folgende Überfüllung der Lehrpläne. Die entscheidende Änderung besteht in der Struktur des Wissbaren. Binnen weniger Jahrzehnte haben ausnahmslos alle aus sich selbst richtigen Wahrheitssysteme ihren Absolutheitsanspruch verloren. Keine

Wahrheit lässt sich mehr als allein richtig und wichtig behaupten. Das Denken ist wichtiger geworden als das Wissen, die Wahrheitssuche bedeutsamer als die Wahrheit, die Übermittlung von Neuigkeiten einflussreicher als die Tradition von Dogmen, der Austausch verschiedener Ansichten erfolgversprechender als die Verteidigung der einzig richtigen. Der richtige Ring kann nicht gefunden werden, in der Anerkennung der Pluralität der unterschiedlichen Wahrheitsansprüche liegt die Zukunft des Wissens, in der Kooptierung der unterschiedlichen Praxisentwürfe die Zukunft des Handelns. Die als kausal und eindimensional gedachte Ordnung der Welt weicht einer systemischen, vernetzten, chaotischen. Nach Jahrhunderten der Überformung durch die Dogmatiken der Religionen und jene der ihnen nachfolgenden säkularisierten Wissenschaften und etablierten Schulweisheiten erhalten die Menschen ihre Denk- und Urteilsfähigkeit zurück: Wissen wird zum Medium des Arguments und der Einigung auf dem Markt der Meinungen.

Der Nathanisierung des Wissens entspricht, um beim Theater zu bleiben, die *„Hamletisierung"* des Handelns: die stets gegebene Möglichkeit mehrerer statt bloß einer Möglichkeit, zu handeln. Wissenbestände wie Handlungsmodelle erweisen sich als Kataloge aufeinander verweisender Einzelstücke, deren Zusammenhang nicht aus sich festgelegt ist, sondern von den Lernenden erst hergestellt werden muss. Das Internet, Zukunftsszenario dieser neuen Form von Wissen, erschließt seine Wahrheit nicht über die gehorsame, asketische Einfügung in vorgegebene Ordnungen, sondern über das intelligente Aufstöbern höchst unterschiedlicher Quellen des Wissens und deren spielerische, autonome Vernetzung.

II. ... und ihre Folgen

Was aber kann, angesichts dieser Veränderung des Wissens, Bildung bedeuten? Die Antwort auf diese Frage lautet: Bildung bedarf einer *Integration der Wissensarten* und einer *Personalisierung der Inhalte.*

Bildung als Integration der Wissensarten

Unsere modernen Gesellschaften erfordern zumindest drei Arten von Wissen. Ein *existentielles Lebenswissen*, das die persönliche Existenz der Menschen betrifft, und das von Gesundheit über Beziehungsfähigkeit bis zur Erziehung, zur Gestaltung der Wohn- und Freizeitwelt, der existenzfördernden Nutzung der Konsum- und Medienwelt reicht. Der Bedarf an solchem Wissen entsteht dadurch, dass sich die Lebenswelten den Menschen nicht mehr wie etwa im Mittelalter durch die bloße Teilnahme am gemeinsamen Leben und die alltägliche Erfahrung erschließen, sondern sich aufgrund ihrer Unübersichtlichkeit und Komplexität der beiläufigen Aneignung entziehen, diese in manchen Bereichen, wie z.B. in der Konsumwarenwerbung und in der Medienindustrie, sogar gezielt verhindern. Sie bedürfen deshalb speziell auf sie bezogener Erkenntnis- und Lernmöglichkeiten.

Zum zweiten ein *allgemeines Welt- und Bürgerwissen*, das sich auf die größeren Einheiten der Existenz, das gesellschaftliche Zusammenleben, die Politik, die Ökonomie, die großen Zukunfts- und Weltprobleme bezieht. Auf dieser Ebene geht es den modernen BürgerInnen ebenso wie auf der Ebene des persönlichen Wissens: Die Gesellschaft überlässt es den Massenmedien, sie mit allen möglichen Froh- und Drohbotschaften zu beliefern, um sie vor ihren Leinwänden und Bildschirmen festzuhalten. Angesichts der enormen Bedeutung dieser Sorte von Wissen, dessen Vorhandensein und dessen Inhalte in demokratischen, d.h. mehrheitsabhängigen Gesellschaften heute darüber entscheidet, ob eine Politik zur Erhaltung der Erde und des Lebens auf ihr verwirklicht werden kann, oder ob die Mehrheit der Menschen in der sorglosen Lethargie einer die absehbaren Katastrophen banalisierenden Konsumästhetik oder in der endzeitlichen Apokalyptik einer sie horrifizierenden Medieninszenierung verfangen bleiben, ist das Ausmaß der Unbekümmertheit unserer Bildungssysteme um dieses Lernen äußerst gefährlich.

Die dritte erforderliche Wissensart der Moderne ist ein kurzfristiger vermittelbares und adaptierbares *beruflich-technisches Qualifikationswissen*, das der Hervorbringung technischer bzw. praktischer Fähigkeiten zur Aufrechterhaltung des gesellschaftlichen, wirtschaftlichen, sozialen Lebens und der beruflichen Existenz dient. Diese Wissensform repräsentiert ein rascher wechselndes und den gesellschaftlichen Gegebenheiten, Möglichkeiten und Notwendigkeiten anzupassendes Anwendungs- und Gebrauchswissen für einfache Alltagssituationen ebenso wie für komplexe gesellschaftliche Problem- und Praxisfelder.

Der Zeitgeist tendiert dazu, die verschiednen Wissensorten voneinander zu trennen, den Medien das existentielle Lebenswissen, der Religion, der Ideologie, der Philosophie, der Esoterik und dem Boulevard das allgemeine Welt- und Bürgerwissen und den technischen bzw. beruflichen Schul- und Kursangeboten das beruflich-technische Qualifikationswissen zuzuweisen. Bildung dagegen hat die Aufgabe, diese Wissensarten zu einander in Beziehung zu setzen und zu integrieren. Die zweite dieser Wissensarten, das allgemeine Welt- und Bürgerwissen, hat dabei die Leitfunktion zu übernehmen, da es die umfassenderen Fragen stellt, jene die sowohl der Entwicklung der Einzelnen durch die Techniken der Existenz als auch der Entwicklung der Gesellschaften durch die Techniken der Naturbewältigung, der Industrie und der Wirtschaft vorgegeben sind.

Eine solche Konzeption von Bildung würde z.B. die klassischen Schulfächer neu interpretieren: „Geschichte" als ein Wissen zur Entschlüsselung einer widersprüchlichen, auf gefährliche Krisen aber auch mögliche Lösungen zusteuernden Welterfahrung, wobei sich dann gleich fragt, wieviel Sinn es noch macht, zwischen „Geschichte", „Deutsch", „Philosophie" und „Psychologie" peinlich zu unterscheiden, statt deren Zugänge auf die drängenden, unbeantworteten Fragen hin zu versammeln; „Englisch", „Französisch", „Geographie" und „Wirtschaftskunde" als angewandte interkulturelle Bildung, in der gegen verbreitete Fremdenangst und -Ausländerhetze die Vielfalt der Menschen und Gesellschaften als Bereicherung statt als Belästigung erfahrbar wird; „Mathematik", „Biologie", „Chemie", „Physik" als Methoden zur Entwicklung der lebensentscheidenden

Versöhnung von Natur, Kultur und Technik; Fächer wie „Sport", „Musik" oder „Theaterspiel" als Medien der Erfahrung des eigenen Körpers, einer sinnlichen Weltwahrnehmung und einer kreativen Weltgestaltung.

Im Bereich des beruflich-technischen Wissens zeigt sich die Tendenz zur Desintegration der Wissensformen am deutlichsten. Der Anforderungscharakter der beruflichen Ausbildung scheint auf den ersten Blick so sehr für sich zu stehen, dass berufliches Qualifikationswissen die anderen Wissensarten entbehren kann. Die Berufsausbildung bzw. der Mangel an ihr schlägt schneller und unmittelbarer als die übrigen Wissensformen auf die Stabilität der Gesellschaft durch, ermöglicht oder beeinträchtigt ihr Bestehen in der Konkurrenz der Ökonomien und Märkte, finanziert oder überlastet ihre Sozialsysteme, erhält oder zerstört ihre Infrastrukturen und Institutionen.

Gerade berufliche Bildung und Ausbildung können aber nicht getrennt von den beiden anderen Wissens- und Lernformen gesehen werden. Wer sein Fahrzeug sinnvoll benutzen will – oder wer ein sinnvolles Fahrzeug entwickeln, konstruieren, vermarkten will – braucht einen tüchtigen Ingenieur, ein funktionierendes Verkehrssystem, einen wenig aggressiven Charakter und, je früher desto besser, ein wachsendes Umweltbewusstsein. Auf allen diesen Ebenen ist persönliche und gesellschaftliche Bildung erforderlich, müssen geeignete Lernprozesse angeboten werden. Die Produkte und Prozesse, die durch technische Kompetenz hervorgebracht werden, darunter so gefährliche Dinge wie Atomkraftwerke, DNA-Analysen und Nahrungsmittel haben Folgen und Auswirkungen nicht nur für ihre ErzeugerInnen, sondern für alle in einer Gesellschaft lebenden Menschen.

Für viele brennende Probleme unserer Zeit reichen technisch-praktische Lösungen nicht mehr aus. Selbst dort, wo sie verfügbar sind oder wären, scheitern sie vielfach am mangelnden Problemverständnis der politisch Verantwortlichen, am fehlenden Bewusstsein der Mehrheit der Bevölkerung, an bürokratischen Hemmnissen oder ökonomischen Interessen. Es scheint, dass einer wachsenden Angst von immer mehr Menschen vor letztlich zerstörerischen Auswirkungen politischer, sozialer, zivilisatorischer und technischer Entwicklungen eine zu langsame, zu wenig umfassende Veränderungskapazität gegenübersteht. Nicht zuletzt bezieht sich die Kritik an der Zerstörung humaner Ressourcen auch auf die wissenschaftlich-technische Entwicklung selbst, die in einem gewissen Maß bereits Teil der gefährlichen Tendenzen geworden ist, zu deren Überwindung sie angetreten ist. Veränderungsstrategien, die nicht zugleich auf sie bezogene, dem Verständnis der Kritik und der Veränderung der Einstellungen der betroffenen Menschen dienende Kommunikationsvorgänge beinhalten, sind gefährdet, zu bloß äußerer Anpassung oder zu politischer Unterwerfung zu verkommen. Die Zukunft der Bildung wird deshalb beides brauchen: einen neuen Josefinismus[1] der raschen Anpassung des beruflichen Lernens an die Erfordernisse des Arbeitsmarktes und der

---

[1] Der Terminus nimmt Bezug auf die von Kaiser Josef II propagierte Schulreform, durch die praktische Kompetenzen des alltäglichen und beruflichen Lebens in die Schulfächer aufgenommen werden sollten.

wirtschaftlichen Entwicklung *und* eine neue Sokratik der persönlichen Verantwortung und der philosophisch-moralischen Reflexion.

Nicht das Ausspielen der einen gegen die andere, die Integration dieser drei Wissensformen macht den Anspruch von Bildung heute und morgen aus. Die euroamerikanischen Industrie- und Konsumgesellschaften favorisieren und generieren derzeit besonders zwei der drei hier geforderten Wissenstypen: Ein funktionales Außenwissen für den schnelllebig sich wandelnden Bedarf des beruflich-technisch-ökonomisch-medialen Sektors und ein kulinarisches Innenwissen zur Selbst- verwirklichung in vielfältigen Beziehungs- Lebens- Freizeit- und Konsumwelten. Wenn es nicht gelingt, neben diesen erfolgsorientierten Lernarten ein drittes, der gemeinschaftlichen Verant- wortung und zwischenmenschlichen Solidarität dienendes Lernen aufzubauen, wird man sich vor diesen Gebildeten fürchten müssen.

Der Staat hat in der Vergangenheit Bildung als Privileg aufgefasst, das je höher umso mehr, nur den besonders Begabten und Erfolgreichen zukommen sollte. Die Fortsetzung einer solchen selektiven Bildungspolitik wäre für die moderne Gesellschaft tödlich. Bildung kann nicht mehr als durch den Staat zugeteilte Bevorzugung aufgefasst werden. Sie ist eine Investition in dessen eigennützigem Interesse. Wenn Bildung als Lebenshilfe und Überlebensstrategie verstanden wird, muss staatliche Bildungspolitik alles daran setzen, möglichst viele Menschen zu motivieren, an diesem lebens- und überlebenswichtigen Lernen teilzunehmen.

Bildung als persönliche Aneignung

Um den Anspruch allgemeiner und wahrer Bildung aufrecht zu erhalten, haben unsere Bildungs- einrichtungen vor der Wissens- und Menschenfülle kapituliert, indem sie die Inhalte entpersona- lisierten und als „Fächer", „Lehrpläne", „Stundenpläne", etc. dem Lernen vorgaben. Repersona- lisierung würde bedeuten, dass (schein)systematische Ansprüche auf „Allgemeinbildung" aufgegeben werden, persönliche Inhaltswahlen getroffen werden können, dass Wissensalternativen verglichen, existentiell bedeutsame Inhalte ausgewählt, Lösungen gegeneinander abgewogen werden. Während die Besorgung der Zugänglichkeit zu Wissen zunehmend Maschinen übernehmen, wäre die Herstellung persönlicher Wissensbezüge unter den gegebenen Bedingungen die bevorzugte Aufgabe der Lehrenden. Sie sind gehalten, die Auswahl des Wissens durch die Lernenden zu ermöglichen und zu begleiten, und das bedeutet, inmitten der Fülle des Wissbaren Bildung im Modus persönlicher Überzeugungen in sich selbst zu begründen und den Lernenden weiterzugeben. Ziel der Bildung ist die Errichtung einer ihres autoritären Habitus entkleideten Interaktionsform der persönlichen Übermittlung von endgültig relativ gewordenen Wahrheiten als vorläufig absolute Überzeugungen, ein Modus der Wissensvermittlung, der dem Prinzip der personalen Bildung und der Relativität gewandelter Wissenstrukturen Rechnung trägt.

Menschenfreundliche Bildung muss bei aller Schwierigkeit und Anfälligkeit dieser Anstrengung den Versuch der Humanisierung von Wissen und Bildung als Überzeugung von Personen und Austausch persönlicher Überzeugungen zwischen Menschen unterschiedlicher Auffassungen in Angriff nehmen. Wissen und Bildung können nicht mehr in Form von Kanones festgeschriebener Inhalte und Lehren konzipiert werden, sondern müssen als Prozess intellektueller und emotioneller Hervorbringungen von Personen verstanden werden. Damit untrennbar verbunden wird Lehren und Lernen zum interpersonellen Austausch von Erkenntnisweisen, Wissenskomplexen, Wahrheitsansprüchen und Handlungsalternativen. Nicht das Lehren, Lernen und Wiedergeben von Wissen ist die Didaktik der Zukunft, sondern das umsichtige Reden, das aufmerksame Zuhören und das einsichtige Besprechen. Nicht der Nürnberger Trichter ist das Bildungssymbol der Zukunft sondern der runde Tisch, an dem Wahrheiten mitgeteilt, begründet, bezweifelt und am Ende für eine begrenzte Zeit geteilt werden.

Beiträge

Generationen des Wissens, Wissensgenerationen und Wissensgenerierung

Lynne Chisholm

Das Etikett der ersten ‚Wissensgeneration' der zweiten Moderne könnte sich für Kinder und Jugendliche im Europa von heute eignen – angenommen, sie tragen mittels ihrer noch-nicht-ganz-verwirklichten Lebensläufe und Lebensstile die Insignien und die Folgen des gegenwärtigen sozialen Wandels an und in sich. Welche Auswirkungen bezüglich der sich verändernden Modalitäten der Wissensgenerierung, -vermittlung und -anwendung ergeben sich – vor allem in Lernkontexten? Mögliche Folgen für das ‚lernende Leben' zukünftiger Nachfolgegenerationen werden aus drei Gesichtspunkten betrachtet: neue Modalitäten der Wissensproduktion; Destandardisierung formeller, allgemeiner und beruflicher Bildungssysteme; und Internationalisierung von Kommunikation und Kultur.

Prolog

Der Begriff ‚Generation' verfügt über eine Gedanken anregende semantische Genealogie (sic), die über lat. *genus-generis* zurück in altgriechische Bedeutungsstränge zwischen dem Erzeugten bzw. dem Gewordenen, der Geburt als unmittelbarem Werde(ns)gang und auch dem Prozess des Werdens zu verfolgen ist.

Etwas generieren bedeutet, etwas hervorzubringen, das bisher nicht existierte, zumindest nicht auf identische Weise: Neuheiten sind in der Regel neue Verbindungen des Bestehenden. Das Verb ‚generieren' ist transitiv, es nimmt den Standpunkt der *generatrix* bzw. des *genitor* ein, die bzw. der die Innovation fortpflanzt. Die Ergebnisse solcher Prozesse, die innerhalb eines bestimmten Zeitraums zustande kommen, werden kollektiv als eine Generation bezeichnet. Damit wird Handeln (das Verb) zum Bestand (das Nomen), Diskontinuität zur Kontinuität, Innovation zur Tradition. Nicht umsonst sprechen wir von PC-Generationen, die inzwischen ihren Weg in Museumsausstellungen gefunden haben: Macintosh-PCs der ersten Generation – einst Innovationssymbol – bleiben ästhetisch schön und sie ziehen den warmen nostalgischen Blick auf sich. Zur Not kann man sie noch anwerfen, aber für die Internet-Galaxie sind sie untauglich.

Wissensgenerationen der zweiten Moderne, sofern sie existieren, befinden sich höchstens im Werdungsprozess, ungeachtet des chronologischen Alters ihrer vermuteten Angehörigen. Sofern es sich tatsächlich um nachkommende Generationen handelt, gibt es allen Grund zur Annahme, dass das Etikett sich am ehesten auf Fragmente der heutigen Jugend bzw. Jungerwachsenen Europas bezieht – die aber auch in China, Vietnam oder den Philippinen zu finden wären, höchst selten in Äthiopien, Ruanda oder Niger. Sie wären auch viel eher in London und Tallinn als auf der griechischen Großinsel Ennia oder in den *banlieues parisiennes* zu sichten. Eine Gedanken anregende, partielle Skizze ist nicht mit der sozialen Wirklichkeit zu verwechseln.

Die Verortung der putativen Wissenden der zweiten Moderne lässt sich aber auch aus dem Blickwinkel des Gegenstands Wissen und der Modalitäten seiner Generierung annähern. Es sind hier Veränderungen zu verzeichnen, die nicht zuletzt das Verhältnis zwischen dem/der Wissenden und dem Wissen als solchem tangieren. Der Begriff Generation kommt in diesem Zusammenhang ganz anders zum Tragen: Einerseits geht es um einen Handlungsprozess (Wissensgenerierung), in dem Wissen erzeugt und eingesetzt wird. Andererseits geht es um die Strukturierung des Wissens, die sich sehr wohl historisch-spezifisch wandeln kann (Generationen des Wissens). Dieser Beitrag will nicht zuletzt hierzu Gedanken anregen.

Wissensgenerationen

Kaum ein Sozialtheoretiker der Moderne hat sich eingehend für das Problem der Generationen interessiert. Karl Mannheim (1928) ist die bekannte Ausnahme, Pierre Bourdieu (1988) eine weniger bekannte. Mannheim ging es – wie auch Durkheim – einerseits um die Plausibilität einer rein soziologischen Ebene des Verständnisses bzw. der Erklärung gesellschaftlicher Phänomene. Andererseits suchte er Ansätze, die zum besseren Verständnis der damaligen Epoche des massiven Wandels beitragen konnten. Sowohl Mannheim als auch Bourdieu ordnen Generation und soziale Klasse in die Kategorie der Konstrukte ein, welche im Zusammenspiel zwischen sozialen Lagen,

Weltanschauungen und Handlungen auf gesellschaftliche Verhältnisse strukturierend einwirken. Beide sehen in *der Intelligentia* bzw. in freischwebenden Fraktionen der *cognoscenti* eine besondere Dynamik des sozialen Wandels. Für Mannheim führt rasanter sozialer Wandel zu einer Verwischung der Distinktion zwischen Generationen als kollektiven Phänomenen. Parallel dazu wird nach Bourdieu mit der Abschwächung der Normalbiografie als Vermittlungsrahmen für Lebenslauf und Identität die Herausbildung distinktiver Habitus erschwert. So betrachtet, gleicht das Ausmachen einer Wissensgeneration einer Phantomsuche, zumal – wieder nach Bourdieu (1978) – *la jeunesse n'est qu'un mot*.

In den Jahrzehnten zwischen Mannheim und Bourdieu ist eine Generationenforschung entstanden, die mehrheitlich entweder aus Kohortenstudien auf der Meso- bzw. Makroebene (Lebenschancen und -risiken, *community studies* ...) oder aus der Analyse von Verhältnissen zwischen den Generationen auf der Mikroebene (Eltern-Kind-Beziehungen, *generation gaps* ...) besteht. Die Frage nach der Gestaltung und Bedeutung der Wissens- und Kulturvermittlung zwischen den Generationen ist zwar augenscheinlich ein zentrales Thema für die Bildungs- und Erziehungswissenschaft bzw. die Pädagogik als Wissenschaft, jedoch ist sie selten als solche direkt thematisiert worden. Generationenverhältnisse – und in erster Linie solche <u>zwischen</u> Generationen, weit weniger <u>innerhalb</u> von Generationen – sind die eher schweigenden Begleiterinnen von pädagogischen Verhältnissen.

Die Bildungsphilosophin Jane Roland Martin (1998) nimmt sich des Rätsels zumindest an: Sie ordnet das ,*educational problem of generations'* in den Rahmen der kulturellen Produktions- und Reproduktionsproblematik ein, um die gesamtgesellschaftliche Verantwortung für das ,Was' und das ,Wie' der Wissens- und Kulturvermittlung zwischen den Generationen zu unterstreichen. Aber auch ihr geht es um die Verantwortung der Älteren für die Jüngeren, um die maximale Vermittlung des kulturellen Reichtums (sowie die minimale Vermittlung kultureller ,Abfallprodukte') seitens der ,Vorläufer'-Generationen an die nachkommenden Generationen zu sichern. Für die Analyse heutiger Wissensgenerationen kann eine solche Perspektive nicht genügen: Die so genannten geordneten Verhältnisse zwischen den Generationen verschwinden zusehends, sowohl pädagogisch als auch kulturell, sowohl bei der formalen Bildung als auch in nichtformellen und informellen Lehr- und Lernkonstellationen.

In nahezu einzigartiger Weise ist der Begriff Generation als unauflösliche Verschmelzung zwischen biologischer und sozialer Zeit betrachtet worden. Kein Wunder, dass daher dieses Konstrukt sozialwissenschaftlich suspekt geblieben ist, kein Wunder, dass es sich theoretisch nur undeutlich verorten und unhandlich erforschen lässt. Der Befreiungsschlag ist so simpel wie undenkbar: Die Biologie aus der vermeintlichen Symbiose herauszulösen. Chronologisches Alter als Zeichen der Zeit fiele damit weg, Generationen verwandelten sich hin zu *chosen communities* bzw. auch zu Schicksalsgemeinschaften.

In diese Undenkbarkeit hineinzudenken lohnte sich, aber es muss nicht gleich so radikal werden. Die interdisziplinäre Jugendforschung geht gemäßigter vor: Sie setzt häufig den Schwerpunkt bei der Auslotung der Verhältnisse innerhalb der Lebensphase Jugend, wobei hier eine deutlich umrissene Altersspanne immer mehr in den Hintergrund rückt. Anders gesagt gilt Generation als Etikett für ein relativ eigenständiges kulturelles Phänomen, das sich in der Erforschung und der Deutung von Lebensweisen und Lebensstilen aufzeichnen und begreifen lässt. Dazu braucht man keineswegs die Maßeinheit von 30 bis 33 Jahren, die den Generationenwechsel klassisch bestimmt.

Aus der Sicht eines Kinder- und Jugendstilforschers spricht David Buckingham (2005) in diesem Zusammenhang von der Erfindung von Generationen, weitestgehend losgelöst von Zeit und zunehmend auch von Raum. Hier geht es nicht zuletzt um die Analyse von Marketingstrategien, die unter Einsatz von *style scouts* aufkeimende Trends in Jugendmilieus ausspähen und diese zu konsumrelevanten Stylgenerationen heranzüchten. Solche Generationen lösen sich rasch ab, die Unterschiede zwischen ihnen verwischen. In der Folge erzeugt der Mangel an Distinktion die intensivierte Suche nach Distinktion, die Milieus splitten sich weiter auf. Hier sind Generationen im Sinne von Mannheim eindeutig nicht vorhanden, hier wird der Spieß umgedreht: Solche Jugendgenerationen treiben wenig voran, sie werden getrieben – von Älteren, wie gehabt.

Wer treibt relativ autonom voran, wer könnte innovativ vorantreiben? Kann so etwas wie eine distinktive Wissensgeneration der zweiten Moderne ausgemacht werden, welche die entsprechenden Insignien und Folgen an und in sich trägt? Einzelbeispiele sind risikobehaftet, sie wirken jedoch Gedanken anregend und ich greife hier ein Beispiel auf, das Bryan Alexander (2004) gekonnt skizziert. Er macht geltend, dass eine aufkommende ,*device ecology*' (in etwa: ,Ökologie der Findigkeiten') die Transformation von Bildung/Erziehung und Subjektivität ermöglicht. WLAN-Technologien mit portablen Geräten setzen ein neues Nomadentum frei, das in der Folge authentisch mobil und vor allem anders zu lernen lernt. Dadurch würden (seine) Studierende(n) neue Formen des kollaborativen und selbstgesteuerten Lernens entwickeln, die Zeit, Raum und Wirklichkeitsebenen komplexer einsetzen. Sie können auch standardstrukturierte Lehr-/Lern-Verhältnisse *in situ* überlisten: denn e-Kommunikation innerhalb der Lerngruppe ohne Kenntnis der/des Lehrenden ist ohne weiteres möglich. Kurzum, es entstehen autonome und nach Wunsch abgeschirmte Gedanken- und Handlungsräume, die zur (womöglich distinktiven) Wissensgenerierung durchaus taugen. Wichtig an diesem Beispiel ist nicht die Technologie, sondern ihre soziale Gestaltung *en amont et en aval*. Ein solcher Lerntopos mag vielerorts fabelhaft vorkommen, er enthält aber eine Lehre: Fragmente nachkommender Generationen lernen ganz offenbar mit Wissen – seiner Erfassung, Erzeugung, Verteilung und Einsetzung – anders als ihre VorgängerInnen umzugehen: direkter, aktiver, furchtloser. Es darf nicht bei Fragmenten bleiben.

Die Idee einer globalen Kulturgemeinschaft muss nicht automatisch westlich-hegemonial gedacht werden, sonst greift die hemmende Schere in Kopf. Ulf Hannerz (2001, 2000) hat es stets komplexer durchdacht: Sofern sie jemals bestand, ist gleichberechtigte interkulturelle Kommunikation längst aus den Fugen geraten und die Kultur, die mehr über die andere Kultur weiß bzw. zu wissen meint, ist theoretisch im Vorteil. Diese Aussage gilt auch im jugend-kulturellen Sinne. Aber wer ist wirklich der Besserwissende? Wieder ein Beispiel, im Rahmen eines internationalen Kongresses erst kürzlich beobachtet: Bei der visuell umgesetzten gegen-seitigen Darbietung ihres Wissens übereinander zeigte eine global zusammengesetzte Gruppe junger Menschen eindeutig auf, dass diejenigen von der Südhalbkugel mehr über die Welt der Nordhalbkugel als umgekehrt wussten. Wissen mag nicht unbedingt zur Macht oder zur Gleich-berechtigung führen, aber mangelndes Wissen ist keine gute Voraussetzung zur lernproduktiven interkulturellen Kommunikation. Es darf nicht dabei bleiben.

Manuel Castells (2001) will dabei die positiven Seiten der Internet-Galaxie in den Vordergrund rücken: Das *WorldWideWeb*, also das veritable Spinnennetz, *la Toile*, macht in erster Linie folgendes möglich: Viele können mit vielen kommunizieren, und das als Individuen. Die Kommunikation muss nicht mehr über Stellvertreterinstanzen erfolgen, sie darf auf allen Ebenen stattfinden: Ohne diese Kanäle wäre der *mouvement altermondialiste* kaum denkbar gewesen. Damit verbunden ist die Kapazität dieser ‚Kommunikationsfindigkeiten', eine praktische Grund-lage für die Generierung des Netzwerkwissens bereitzustellen. Soziale Netzwerke sind keineswegs eine Neuerfindung, auch nicht in der sozialwissenschaftlichen Theorie und Forschung – sie ermöglichen Flexibilität und Anpassungsfähigkeit im positiven Sinne. Nur, so argumentiert Castells, je größer und komplexer Netzwerke werden, umso schwieriger gestaltet sich die Fokussierung auf spezifische Aufgaben und die Koordinierung insgesamt. Insofern sind Netz-werke für den lokalen Raum und die Privatsphäre der Familie, Nachbarschaft und Gemeinschaft stets ideale Kommunikationskulturen gewesen und sind es bis heute. In der öffentlichen Sphäre der Wirtschaft und der Politik der ersten Moderne waren zentralisierte Hierarchien zur Wissens- und Machtproduktion und -reproduktion bisher überlegen. ‚Das Netz' ändert die Spielregeln unserer Kommunikationskulturen, weil es eine leistungsfähige Infrastruktur zur effizienten Handhabung der Komplexität und der Koordination des Netzwerkwissens bereitstellt.

Mit anderen Worten verfügen wir über Kommunikationsmodalitäten, die als kollaborative Wis-sensgeneratoren agieren können. Hierdurch entsteht die noch hypothetische, spekulative Vision von Wissensgenerationen, die sich nicht auf freischwebende Fragmente der *cognoscenti* reduzieren müssen. Die Relevanz für Lehr-/Lernverhältnisse ist nicht so weit entfernt, wie man denken mag. Im Kaskade-Modell der beruflichen Weiterbildung gibt eine kleine Anzahl von Menschen das Wissen, das sie sich angeeignet bzw. erarbeitet haben, an eine größere Anzahl Menschen weiter – wie bei den kleinen, sich ausbreitenden Wellen, die nach einem Steineinschlag ins Wasser ausge-löst werden. Wir bewegen uns nun vielmehr auf einen Komplex an Strudeln zu, der von ineinander greifenden, sich verbreitenden Lehr-/Lernkreisen gekennzeichnet ist und sich nur in der Selbst-organisation immer wieder eine transitorische Übersicht herstellt. Vor einem solchen Hintergrund scheint zumindest mir eine Öffnung der Lernpfade und damit der legitimierten Wissensgenerierung mehr als angezeigt zu sein. Und das hat unmittelbar nichts mit Kommunikationstechnologien und ihrem pädagogischen Einsatz zu tun.

Wissensgenerierung

Die sich verlängernde Bildungsteilnahme ist (womöglich <u>der</u>) Schlüsselfaktor bei der langfristigen Verlängerung der Jugendphase in Europa, die spätestens seit den 1970er Jahren kontinuierlich an Beschleunigungskraft und Ausweitung gewinnt. Heute liegt auch die Qualifikationsschwelle, die mit einer spürbaren statistischen Verminderung des Arbeitslosigkeitsrisikos bei Erstübergängen in die Erwerbstätigkeit korreliert, bei einem Abschluss der Sekundarstufe II (Matura; ISCED 4).

Es mutet bizarr an: Der formelle Qualifikationserwerb ist für die Vorzeichnung individueller Lebenschancen wichtiger denn je, dennoch verliert die formelle Bildung zusehends an Anziehungskraft als Ankerpunkt für persönlich bedeutsames und lebensrelevantes Lernen. Die erste Moderne, so postuliert Manuela du Bois-Reymond (2004), brachte die ‚Pflichtschule für alle' (*mass education*) hervor, jedoch zerstört diese institutionalisierte und ‚großflächige' Form der Bildung und Erziehung die Voraussetzungen für positives, <u>generatives</u> Lernen. Informelles und nichtformelles Lernen fand ohnehin schon immer statt, nicht zuletzt innerhalb der Generationen, d. h. durch Lernen in Peergruppen und in zivilgesellschaftlichen Zusammenhängen. Mit der fortschreitenden Moderne verlor diese Vielfältigkeit der Lernpfade und -kontexte an gesellschaftlicher Sichtbarkeit und zugeschriebener Bedeutung.

In der zweiten Moderne verschieben sich nun die Rahmenbedingungen zugunsten des informellen und nichtformellen Lernens. Einerseits werden in komplexen, pluralistischen Gesellschaften kommunikative, interkulturelle und soziale Kompetenzen lebens- <u>und</u> arbeitsrelevanter. Diese lassen sich weit eher in offenen, symmetrischen und kollaborativen Lernprozessen fördern. Andererseits sind informelle und nichtformelle Lernsettings bei der Förderung des aktiven, freiwilligen und intrinsisch orientierten Lernens erfolgreicher, und dies in der Breite, also auch und gerade für diejenigen, die aus unterschiedlichen Gründen im formellen Bildungssystem nicht zu Recht kommen.

Solche Verschiebungen wirken sich auch auf Generationenverhältnisse aus, so wie diese in den Bildungssystemen der ersten Moderne nahezu einbetoniert wurden. Mit formeller Bildung für alle ist Kindern und Jugendlichen – und mit der verlängerten Bildungsteilnahme inzwischen auch Jungerwachsenen – als Individuen und als ‚Lebensabschnittsgruppen' die öffentlich-gesellschaftliche Sphäre und ihre kollektiven Interaktions- bzw. Verhandlungsformen wirksam vorenthalten worden. Strukturelle Trennungsprinzipien eignen sich zwar für Gesellschaftsordnungen, die nach einer Bauskastensystemlogik funktionieren, sie eignen sich aber weit weniger für Netzwerkgesellschaften, denen Inklusionsprinzipien zugrunde liegen müssen. In der Schlussfolgerung ist persönliche und soziale Inklusion im Bildungsbereich nur über eine Vielfalt von Lernmöglichkeiten zu erreichen, welche auch lebensweltnah anzusetzen vermögen. Die Vervielfältigung von Lernangeboten bzw. die Entstandardisierung von Bildungssystemen und ihren Binnenlogiken ist vielen Experten der Bildungs- und Erziehungswissenschaften prinzipiell suspekt: Sie werden mit der Bildungsprivatisierung und der Entstehung von ,Quasi-Märkten' im Bildungsbereich in Verbindung gebracht, so wie sich gegenwärtig solche Entwicklungen in manchen Ländern Westeuropas und vielfach im heutigen Zentral- und Osteuropa einstellen. Die Risiken sind keineswegs zu unterschätzen. Gleichzeitig sind der Bedarf und die Nachfrage nach Öffnung und Diversifizierung im Bildungsbereich insgesamt nicht zu übersehen: Es geht um Komplementarität, Anreicherung und Alternativen – es geht um Lernen nach Maß, nach menschlichem Maß in der heutigen Welt.

Mary Kalantzis (1998) stellt eine dreifache Typologie von Lernkulturen vor, welche in der Tendenz die Vergangenheit, die Gegenwart und eine noch-nicht-verwirklichte Zukunft zusammenfasst. Diese Typologie lässt sich sowohl zu Basil Bernsteins (1971; s. hierzu auch Pfeiffer, 1982) Lernprozessschema als auch zu Michael Gibbons u. a. (1994) Dichotomie zwischen Mode-1- und Mode-2-Wissensproduktion in Bezug setzen.

-   Vergangenheit: Ausgrenzungs- bzw. Assimilationslernkulturen sind durch standardisierte Inhalte und Bewertungen sowie lehrerzentrierte Methoden gekennzeichnet: Wissen und Erkenntnis sind schlicht vorgegeben. Nach Bernstein funktionieren solche Lernkulturen auf der Grundlage einer strengen Klassifikation (der sozialen Organisation des Wissens) und eines strengen Vermittlungsrahmens (der Gestaltung des Lehr-/Lern-Verhältnisses), die sich zur Mode-1-Wissensproduktion (der Logik der Fachdisziplinen im Rahmen der *normal- science*-Strukturen) eignet.

-   Gegenwart: Multikulturelle Lernkulturen sind prozessorientiert, kontextsensibel und mit diversem Inhalt voll gepackt: Wissen und Erkenntnisse sind kulturell relativ, jedoch nicht aufeinander bezogen. Nach Bernstein handelt es sich hier einerseits um eine weiterhin relativ strenge (jedoch mehrfach additive) Klassifikation aber andererseits um schwache Vermittlungsrahmen. Dieses Schema führt zur tendenziellen Unterversorgung entsprechend disziplinierter ,Nachwuchsgeneratoren' für eine Mode-1-Wissensproduktionswelt. Es bringt allerdings auch nicht die Subjekte hervor, die mit einer Mode-2-Wissensproduktionswelt sicher umgehen könnten.

-   Zukunft: Plurale Lernkulturen sind dialogorientiert, situationsbetont und kritisch reflexiv; Ziele, Inhalte und Methoden orientieren sich an gemeinsamen Richtlinien, die von PraktikerInnen maßgeschneidert übersetzt und umgesetzt werden: Wissen und Erkenntnisse beziehen ihre Gültigkeit aus der Kompetenz, mit den generativen Prinzipien der

Wissensarchitektur sicher umzugehen. Bei dieser Variante ergäbe sich am ehesten die Kombination von schwacher Klassifikation (in Richtung Inter- und Transdisziplinarität) und strengeren Vermittlungsrahmen (das Meistern der generativen Kompetenz und nicht mittels pädagogischer Autorität). Solche Lernkulturen brächten aber zugleich Subjekte hervor, die sich für die Mode-2-Wissensproduktion besser eignen, d. h. die sich in verstreuten und transitorischen Wissensnetzwerken zu Recht finden.

Kalantzis' plurale Lernkulturen sollen geschlossene Wissenshierarchien und pädagogische Übermacht abbauen, sie orientieren sich aber gleichzeitig hin zu ganzheitlicheren Gültigkeitsstandards mittels inhaltlich und methodisch verbesserter Qualitätssicherungskriterien und -verfahren, welche sich auch und gerade für ein breiteres Spektrum an Lernpfaden eignen.

Bernsteins (1999) Analyse von Wissensdiskursen setzt diese Gedankenlinie fort. Vertikale (wissenschaftliche) Diskurse können in sich entweder vertikal oder horizontal strukturiert sein. Eine vertikale Strukturierung zielt auf die abstrakte Generalisierung auf der Grundlage der spezifischen Beobachtung; sie ist für naturwissenschaftliche Fachdisziplinen paradigmatisch. Eine horizontale Strukturierung besteht aus einer Serie spezieller Fachsprachen, die methodologisch unterschiedlich vorgehen können, aber in der Tendenz untereinander nicht verständlich sind. Somit wird der Fortschritt an der Entstehung neuer Sprachvarianten gemessen. Diese Modalität der Wissensgenerierung ist für die Sozial- und Geisteswissenschaften charakteristischer.

Vertikal strukturierte Wissensdiskurse fügen sich in die Mode-1-Wissensproduktion bestens ein, dafür gewinnen horizontal strukturierte Diskurse in offenen Wissensnetzwerken an Boden: Sie bieten mehrfache Optionen zu Problemlösungsstrategien und sind bei der Einstellung auf neue Situationen flexibler. Ihre Effektivität hängt allerdings von der Fähigkeit ab, die richtigen Optionen und Strategien je nach Problemfall zu sondieren – und das bedeutet wiederum ein gemeinsames Instrumentarium zur Qualitätssicherung, oder, in Bernsteins Diktion, eine ‚robuste Grammatik' zu entwickeln.

Helga Nowotny u. a. (2001) verweisen insbesondere auf die Folgen der Verbreitung der Mode-2-Wissensproduktion für die Hochschulforschung. Mode-2-Wissensproduktion ist transdisziplinär und teambasiert; sie setzt auf die Kombination heterogener Kompetenzen zur Lösung von spezifischen Aufgaben und Problemen; sie zielt auf hohe Selbstreflexivität und tritt in einen Dialog der sozialen Mitverantwortung mit der Zivilgesellschaft ein. Diese Modalität der Wissensgenerierung ist nicht nur an die Hochschulen gebunden – im Gegenteil, eine zunehmende Anzahl von Organisationen ist heute in der Lage, kompetente Forschung zu betreiben, und diese bedienen sich keineswegs ausschließlich traditioneller Veröffentlichungs- und Qualitätssicherungskanäle. Zwischen diesen Wissensproduktionsstätten entwickelt sich eine Interaktions- und Verbindungsdichte, die Hochschulforschungsstätten mit einbezieht, jedoch nicht notwendigerweise als Kernelemente. Die Vielfältigkeit und die Ausdifferenziertheit auf allen Ebenen des generativen

Handelns münden in einen zunehmenden Grad an Selbstorganisation, der wiederum zu einer Multiplikation der Exzellenzkriterien führt. Die Hochschulen als etablierte ‚Hüterinnen' der legitimierten Wissensgenerierung können sich dieser Gesamtentwicklung kaum entziehen, zumal auch WissenschaftlerInnen an den Hochschulen in diese Netzwerke zunehmend eingebunden sind. Kurzum: auch die Universitäten, die Bildung und Wissenschaft vereinen, werden bei der Wissensgenerierung in einen Prozess der Differenzierung und Entstandardisierung einbezogen.

Generationen des Wissens

Bis dato sind Bildung und Erziehung als hauptsächlich für junge Menschen relevant bzw. notwendig erachtet worden. In der ersten Moderne sollten Bildung und Erziehung in spezifischen sozialen und zunehmend institutionalisierten Räumen stattfinden und dem Eintritt in das so genannte ‚aktive Leben' explizit vorgeschaltet sein. Es geht hier um die Vorbereitung auf etwas anderes, das erst später erfolgt – nämlich um ‚das Erwachsensein' (ein vollendetes Subjekt) und um den Kompetenzerwerb (das Arbeitsvermögen). Nachwuchsgenerationen bringen auch das Neue, das ‚Frische': Sie aktualisieren die kulturelle Ressource ‚Wissen' und seinen Einsatz.

Gleichzeitig ist Alter ein relationales Konstrukt: Die Bestimmung des ‚Jungseins' ist nur im Zusammenhang mit dem ‚Altsein' vorstellbar. Das Klassifikationsprinzip ist binär (<u>entweder</u> jung <u>oder</u> alt), die Grenze zwischen den beiden Kategorien ist historisch-spezifisch beweglich – sie ist ökonomisch (durch gesellschaftliche Arbeitsteilung) und kulturell (durch normatives Verhalten, Selbstdarstellungsetiketten, Subjektivitätskonzepte) reguliert. Heute erfahren wir allerdings eine Abschwächung dieses binären Klassifikationsprinzips, die einerseits mit der Ausdifferenzierung von Lebensphasen (‚*tweenies*', Jungerwachsene, Jungsenioren ...) und andererseits mit Entkoppelungstendenzen zwischen Lebensalter und sozialen Lebensverläufen (weniger Linearität, mehr Rekursivität) zu beobachten ist.

Insofern sind Bildungs- und Erziehungssubjekte nicht mehr notwendigerweise lebenschronologisch jung; es geht nicht mehr unbedingt um eine einmalige Vorbereitung auf ‚das Leben'. Und die Annahme, dass ‚ältere' Menschen weniger innovationsfähig sind, ist nicht ohne weiteres nachvollziehbar. In der Folge zerbröckelt das normative Verhältnis zwischen der/dem Wissenden und dem Gegenstand ‚Wissen': Innovation ist nicht mehr primär dem Nachwuchs vorbehalten, aber Erfahrung ist auch nicht mehr primär mit der fortgeschrittenen Lebenszeit verbunden.

Die zunehmende Bedeutung des lebensbegleitenden und lebensumfassenden Lernens ist nicht zuletzt vor diesem Hintergrund zu betrachten, d. h. eine rein instrumentell-wirtschaftsorientierte Deutung greift zu kurz. Die Konsequenzen für die ‚institutionalisierte Bildungsgrammatik' sind grundlegend: Der Unterschied zwischen Erst- und Weiterbildung verblasst, verliert an Logik. Das bedeutet im Übrigen nicht, dass jede Lernsequenz jederzeit möglich und akzeptabel ist bzw. sein sollte. Vielmehr verwandeln sich einfache Kettensequenzen in miteinander verbundene Spiral-sequenzen, ihre sichere Navigation bedarf nicht nur der Orientierung (durch eine fundierte Bildungsberatung), sondern auch *des ponts et des passerelles* (Schaltstellen).

Damit stellt sich die Frage nach der Wissensarchitektur, die Bildungs- und Qualifikationswege maßgeblich bestimmt. Nico Stehr (2003, 1994) verweist auf die Vernachlässigung der Frage nach Wissen an sich und seinem sozialen Charakter: Die klassische Wissenssoziologie interessiert sich vielmehr für epistemologische und methodologische Fragen, weit weniger für die politische Öko-nomie des Wissens. Die klassische Wissenssoziologie vernachlässigt jedoch Foucault (1969), der ohne Umschweife auf die soziale Konstruktion des Fachwissens eingeht und damit die Frage der Veränderbarkeit der Wissensarchitektur prinzipiell zulässt.

Foucaults wissensarchäologischer Ansatz stellt eine ganz simple Frage: Wieso nehmen wir Fachdisziplinen als gegeben an? Fachdiskurse stellen Texte her – zum Beispiel Bücher, Beiträge in Fachzeitschriften – die mit normativen Regelwerken konform gehen und zugleich eine Schaltstelle zwischen Gedanken und Inhalten bilden, die sich in einem bestimmten Text, an anderer Stelle oder auch nirgendwo befinden. Diese Tatsache bedarf der Explikation: Was ist möglich, was ist unmöglich? Wäre es möglich, die Elemente der Präsenz und der Absenz ganz anders zu konfigurieren? Wann führen Rekonfigurationen zu Gebilden, die innerhalb eines legitimierten Fachdiskurses nicht mehr zulässig sind?

Fachdiskurse stellen selbst die Objekte und die Begrifflichkeiten her, von denen sie dann sprechen. ArchäologInnen decken Objekte auf, die sie am Ende gar nicht einwandfrei dekodieren können. Sie dokumentieren und deuten diese Objekte als Einzelgegenstände und in räumlicher Beziehung zueinander, ohne wirklich wissen zu können, wozu sie dienten und wieso sie zu dieser Konstella-tion zusammen fanden. Es sind ArchäologInnen, die den Objekten und den Konstellationen Namen geben, und damit verschiebt sich eine Betrachtungsebene zwischen Erfahrung und Inter-pretation. Warum sollte es sich bei den Fachdisziplinen selbst anders verhalten? Ivor Goodson (1988, 1994; s. auch Bernstein, 2000) liefert mehrfach konsistente Analysen zu schulischen Curri-cula als Regelwerken und beleuchtet die Rolle der Ausbildung sowie der beruflichen Sozialisie-rung für die Aufrechterhaltung dieser Ordnungsprinzipien. Die Schulfächer spiegeln die universi-tären Fachdisziplinen wider, sie tragen zur Reproduktion der legitimierten Wissensarchitektur bei.

Die Klassifikationsprinzipien, die sich in den Fachdisziplinen widerspiegeln, sind nicht arbiträr. Sie gründen auf dem binären Unterschied zwischen den Disziplinen des Triviums (des Worts) und des Quadriviums (der Welt). Im europäischen Mittelalter zeichnete das Trivium die Grundlage der (höheren) Bildung vor: Die Lernenden eignen sich die Sprache als symbolischen Kode an und sollen diese schriftlich, mündlich und diskursiv beherrschen (Grammatik, Rhetorik, Dialektik). Das Quadrivium bezeichnete die darauf aufbauenden Weiterbildungsfächer, welche die Meiste-rung diverser und präziserer symbolischer Kodes vorschrieben (Arithmetik, Musik, Geometrie,

Astronomie – Zahl, Zeit, Raum, Bewegung). Was war wichtiger? Das Trivium (die Vorform der Geisteswissenschaften) sollte den Geist bilden, das Quadrivium (die Vorform der Naturwissenschaften) sollte Wissen vermitteln. Sie bedingen sich gegenseitig – und vor allem hatten die sieben *artes liberales* mit handlungsbezogenem (d. h. berufsbezogenem) Wissen wenig zu tun. Die Hierarchie zwischen Trivium und Quadrivium ist zweideutig: Erstbildung einerseits, Weiterbildung andererseits; Lernen zum Lernen einerseits, Lernen von Inhalten anderseits; das Innenleben einerseits, das Weltliche andererseits.

Nach Bernstein (2000) besteht das Ziel des Triviums in der Formation einer bestimmten Subjektivität, in der Gestaltung einer distinktiven Modalität des Selbst, die sich in Verbindung mit dem darauffolgenden Quadrivium des binären Klassifikationsprinzips innen/außen bedient. Nichtsdestoweniger handelt es sich um vertikal strukturiertes Wissen, das im Übrigen zu einem vorgezeichneten Endpunkt über das Quadrivium hinaus führt. Bei dieser ‚Mode-1-Wissensarchitektur' war und ist die Gestaltung des Inneren, der Subjektivität, unerlässliche Vorstufe zur gültigen Entzifferung der Welt.

In dieser klassischen Formulierung sind es die Wissenden, die – entsprechend gewappnet – potentiell freischwebend agieren: sie sind die ‚Verworfenen', die mit dem Wissen eigenständiger umgehen können. In der Gegenwart kommt eher das ‚verworfene' Wissen zum Tragen, weil die Produktion der Wissenden nicht mehr einer geschlossenen Systemgrammatik vorbehalten ist. Sie findet zunehmend in horizontal strukturierten Wissensnetzwerken statt. Mit anderen Worten geht es um die Überwindung einer hierarchischen, vertikal strukturierten Wissensordnung, oder: es geht um den Übergang in eine neue Generation des Wissens, die sich auf *ponts et passerelles* gründet. Prinzipiell müsste eine solche Öffnung zu einer Demokratisierung des Zugangs zu Wissen und zur Generierung, Verteilung und Anwendung von Wissen als kulturelle Ressource führen. Dafür gibt es aber keine Garantie: erstens, weil Wissen zur Ware wird, und zweitens, weil noch keine schlüssige Vorstellung von einer autonom konstruierten Subjektivität vorhanden ist. Dazu müssten Menschen wissen, womit und wozu sie sich selbst gestalten. Dieses Wissen setzt die Kapazität zur kritischen Reflexion voraus und das in einer weit radikaleren Art und Weise, als diese uns in der ersten Moderne vorgeschwebt ist. Die Generationen, die nach uns kommen, verdienen gerade deshalb eine dezidierte und beherzte Annahme der Herausforderung, die Basil Bernstein – dazu passend, in der Ägäis – kurz vor seinem Tod äußerte: *„It is education that is at stake"*: Es gilt, eine Lanze für die Bildung zu brechen.

Literatur

Alexander, Bryan (2004) Going nomadic: mobile learning in higher education, EDUCAUSE Review 39, 5 (Sep./Oct.): 28–35

Bernstein, Basil (2000) *Pedagogy, Symbolic Control and Identity. Theory, Research, Critique.* London: Taylor & Francis (2. überarbeitete Auflage)

Bernstein, Basil (1999) Vertical and horizontal discourse: an essay, British Journal of Sociology of Education 20, 2: 157–173

Bernstein, Basil (1971) Klassifikation und Vermittlungsrahmen im schulischen Lernprozess, Zeitschrift für Pädagogik 17, 2: 145–173

du Bois-Reymond, Manuela (2004) *Lernfeld Europa.* Wiesbaden: VS Verlag

Foucault, Michel (1969) *L'Archéologie du savoir.* Paris: NRF Gallimard (DE-Übersetzung 1997, Frankfurt a. M.: Suhrkamp, 8. Auflage)

Bourdieu, Pierre (1984) *Homo Academicus.* Paris: Editions de Minuit (DE-Übersetzung 1998, Frankfurt a. M: Suhrkamp, 2. Auflage)

Bourdieu, Pierre (1978) La <jeunesse> n'est qu'un mot. Entretien avec Anne-Marie Métailié, in: Association des Ages (sous la rédaction de) *Les jeunes et le premier emploi.* Paris, S. 520–530 (veröffentlicht auch in: *Questions de sociologie.* Paris: Editions de Minuit, S. 143– 154 ; http://www.homme-moderne.org/societe/socio/bourdieu/questions/jeuness.html [accessed 05.11.05])

Buckingham, David (2005) Selling Childhood? Children and Consumer Culture. Plenarvortrag, beim Kongress *Childhoods 2005: Children and Youth in Emerging and Transforming Societies,* Universität Oslo (http://childhoods2005.uio.no) [accessed 05.11.05]

Castells, Manuell (2001) *The Internet Galaxy: reflections on Internet, business and society.* Oxford: Oxford University Press

Gibbons, Michael u. a. (1994) *The New Production of Knowledge: the dynamics of science and research in contemporary societies.* London/Thousand Oaks: Sage

Kalantzis, Mary (1998) Designing Futures: challenges for leaders in education. Plenarvortrag, *VASSP Conference,* Geelong/Australia, August (http://www.aspa.asn.au) [accessed 25.06.05]

Hannerz, Ulf (1991) Scenarios for peripheral cultures, S. 107–128 in: King, Anthony D. (Hrsg.) *Culture, Globalization and the World-System.* London: Macmillan

Hannerz, Ulf (1990) Cosmopolitans and locals in world culture, in: Featherstone, Mike (Hrsg.) *Global Culture, Nationalism, Globalization and Modernity.* London/Thousand Oaks: Sage

Mannheim, Karl (1928) Das Problem der Generationen, *Koelner Vierteljahreshefte für Soziologie* 8: 17–76

Martin, Jane Roland (2002) The wealth of cultures and the problem of generations, Kap. 3 in: Martin, Jane Roland *Cultural Miseducation: in search of a democratic solution.* John Dewey Lecture Series 8, Columbia: Teachers College Press

Nowotny, Helga/Scott, Peter/Gibbons, Michael (2001) *Re-thinking Science.* Cambridge: Polity Press

Pfeiffer, Hermann (1982) Über den Zusammenhang zwischen sozialer Organisation des Wissens und pädagogischer Organisation des Lehrprozesses, <u>Zeitschrift für Pädagogik</u> 28, 4: 577 – 589

Stehr, Nico (2003) *Wissenspolitik. Die Überwachung des Wissens.* Frankfurt a. M.: Suhrkamp

Stehr, Nico (1994) *Arbeit, Eigentum und Wissen: Zur Theorie von Wissensgesellschaften.* Frankfurt a. M.: Suhrkamp

Life Long Learning – rhetorisches Lippenbekenntnis oder gestaltende Chance?

Ada Pellert

Um die Kluft zwischen offiziellen Bekenntnissen zum lebensbegleitenden Lernen und der tatsächlichen Reaktion der Bildungssysteme darauf zu verkleinern, bräuchte es:

- verbesserte Rahmenbedingungen wie adäquate Finanzierungsformen, verstärkte Kompetenzenorientierung und Durchlässigkeit des Bildungssystems sowie neue institutionelle Arrangements zwischen Betrieben und Bildungsinstitutionen
- ein innovativeres Zusammenspiel zwischen Bildungs- und Arbeitsphasen sowie an die jeweiligen Lebensphasen angepasste Weiterbildungsangebote
- neben der Weiterentwicklung inhaltlicher Fachkompetenzen, die Vermittlung von Reflexions- und Organisationsfähigkeit durch Weiterbildung in einer adäquaten Mischung zwischen Nähe und Distanz zur (Alltags-)Praxis
- eine stärkere Verankerung des Themas Weiterbildung im Bologna-Prozess und Nützen der europäischen Dimension dieses Themas für die nationale bildungspolitische Diskussion.

1. Dimensionen und Leitlinien des Life Long Learning

Das Konzept des Lebenslangen Lernens (LLL) ist im Kontext der europäischen Beschäftigungsstrategie definiert worden und beinhaltet „alles Lernen während des gesamten Lebens, das der Verbesserung von Wissen, Qualifikationen und Kompetenzen dient". Auf Grund der demografischen Entwicklung wird es für alle Bevölkerungsteile im erwerbsfähigen Alter zunehmend notwendig, wiederkehrende Bildungsphasen zu durchlaufen. LLL ist daher ein wichtiges Instrument für den Erhalt eines hohen Qualifikationsniveaus. Insbesondere auch vor dem Hintergrund der internationalen Migrationsströme muss dabei ein adäquater Umgang mit unterschiedlichen Kulturen thematisiert werden. Die wissensbasierte Wirtschaftsentwicklung lässt zudem die Anforderungen an die Arbeitskräfte immer komplexer werden. Die wirtschafts-politische Dimension des Lebensbegleitenden Lernens bezieht sich auf die Schaffung adäquater Rahmenbedingungen, damit die Beschäftigungsfähigkeit auch tatsächlich erhalten bleibt bzw. erhöht wird. Gleichzeitig ist es ein wichtiges Ziel der Europäischen Kommission, mit dem Konzept des Lebensbegleitenden Lernens die aktive Teilhabe des Individuums an der Gesellschaft zu erhöhen. Es geht auch um die aktive Bürgerschaft, um Chancengleichheit und lebenslanges Lernen als Grundlage der sozialen Inklusion. Die Kluft zwischen jenen, die ausreichend qualifiziert sind und jenen, die gering qualifiziert sind, wird stetig größer. Besonderes Augenmerk ist daher auf die Förderung sozial oder auch geografisch benachteiligter Gruppen und Personen mit niedrigen Basisqualifikationen zu richten. Ziel ist der Aufbau einer integrativen Gesellschaft, die allen Menschen gleiche Zugangs- und Teilnahmechancen zum Lernen bietet.

Die folgenden Leitlinien sind besonders prägend für ein umfassendes Konzept von LLL:

Lebensphasenorientierung
Ein wesentliches Kriterium dieser Leitlinie ist, dass das Individuum in jeder Phase des Erwerbs- und Lebenszyklus wieder in Lern- und Bildungsprozesse einsteigen kann. Das traditionelle Verständnis „zuerst Ausbildung, dann Berufstätigkeit" passt einfach nicht mehr zur modernen Gesellschaftsentwicklung, in der sowohl Individuen als auch die Gesellschaft immer wieder gefordert sind, in unterschiedlichen Lebensphasen Umorientierungen und Anpassungsleistungen vorzunehmen. Die Lebensphasenorientierung impliziert, nicht von den Institutionen und ihrem Angebot aus zu denken, sondern von den Personen und ihrer Nachfrage. Lebensphasen-orientierung unterstreicht auch, dass man sich vom Bild des traditionellen Schülers/der Schülerin oder des/der Studierenden verabschieden muss und es unterschiedliche Lernangebote für verschie-dene und unterschiedliche Bedürfnisse der Lernenden geben muss.

Lernende in den Mittelpunkt stellen
Wenn es darum geht, in einzelnen Lebensphasen wieder Lern- und Bildungsprozesse aufzugreifen, dann muss auch das Individuum Verantwortung für sich selbst übernehmen und sein (Bildungs-) Leben aktiv gestalten. Dazu braucht es transparente Angebotsformen und neue Beratungs-dienstleistungen. Die strategische Leitlinie „Lernende in den Mittelpunkt stellen" stellt Bildungs-institutionen vor große Herausforderungen, da sie einen Perspektivenwechsel von „Teaching to

Learning" beinhaltet. Damit verbunden ist eine grundlegende Veränderung der Rolle der Lehrenden, die stärker „Learning Facilitators" und Begleiter/innen von Lernprozessen sein müssten. Dies erfordert Veränderungen in der Aus- und Weiterbildung. „Lernende in den Mittelpunkt stellen" muss darüber hinaus entsprechend umgesetzt werden mittels (Weiter-)Entwicklung didaktischer Konzepte (auch Fernunterricht und e-Learning) und neuer Formen der Verschränkung von Lernorten sowie formalen und nicht-formalen Lernumgebungen (z.B. Arbeitsplatz, Haushalt, Freizeit- und Sozialaktivitäten). Diese Orte gilt es lernförderlich zu gestalten und miteinander in Verbindung zu bringen.

Life Long Guidance
Angebote von Bildungs-, Berufs- und Karriereberatung müssten im Sinne einer Life Long Guidance besonders niedrigschwellig, vor allem aber institutionenunabhängig und anbieterübergreifend zur Verfügung gestellt werden. Eine stärkere Verschränkung der unterschiedlichen Formen der Beratung, sowie eine weitere Professionalisierung der BeraterInnen sind daher vonnöten. Life Long Guidance müsste auch dabei unterstützen, Lernen zu lernen, Orientierungshilfe anzubieten, Potentiale der Lernenden zu erheben und gleichzeitig die Motivation zu fördern. Die Beratung selbst soll die Aspekte von Bildungs-, Berufs- und Karriereberatung beinhalten.

Kompetenzenorientierung
Die Kompetenz eines Individuums kommt darin zum Ausdruck, inwieweit es der Person gelingt, Wissen, Fähigkeiten und Fertigkeiten in unterschiedlichen Kontexten zu bündeln. Eine wesentliche Herausforderung für LLL stellt sich daher darin, nicht-formales und informelles Lernen, Erfahrungslernen und soziale Kompetenzen transparent zu machen. Gleichzeitig sind die an verschiedenen Orten erworbenen Zertifikate auch von den verschiedenen Institutionen des Bildungsbereiches anzuerkennen. Kompetenz-Portfolios sind ein wichtiger Schritt in diese Richtung, ebenso wie Diploma Supplements oder das dem ECTS vergleichbare European Credit System for Vocational and Educational Training (ECVET). Gefördert wird diese transparente Anerkennung von erworbenen Qualifikationen und darstellbaren Kompetenzen durch die Entwicklung eines nationalen Qualifikationsrahmens (NQF) auf Basis des Europäischen Qualifikationsrahmens für Lebenslanges Lernen (EQF).

Förderung der Teilnahme
Für die Teilnahme am Lebenslangen Lernen müssen Barrieren identifiziert und abgebaut werden. Das Schnittstellenmanagement zwischen den verschiedenen Bildungsbereichen ist von großer Bedeutung. Für die Umsetzung von LLL braucht es den Abbau von sozialen und wirtschaftlichen Barrieren, von Informationsdefiziten und entsprechende institutionelle Rahmenbedingungen.

2.   Erforderliche Rahmenbedingungen

Das Konzept des Life Long Learning liegt quer und bringt eine Mainstreaming-Perspektive zum Ausdruck, die auf Basis der genannten strategischen Leitlinien betriebliche und Bildungsstrukturen durchleuchtet und auf Übereinstimmung mit diesen Grundprinzipien überprüft. Wie jeder Mainstreamingansatz greift er in bestehende Strukturen, Dogmen, Machtverteilungen ein und es ist klar, dass eine kohärente Life-Long-Learning-Strategie in einem Land daher nur mit Hilfe entsprechender politischer Gremien, die dieses Thema vorantreiben, in Angriff genommen werden kann. D.h. es braucht eine Bereichs- und Gesellschaftssektoren übergreifende Perspektive und eine Taskforce im Sinne einer politisch handlungsfähigen Struktur, die es ermöglicht, diese Querperspektive einzunehmen und politisch entsprechend zu stützen. Neben der politischen Entschlossenheit bildet vor allem ein systemlogischer Finanzierungsansatz ein Kernelement einer gelingenden Life-Long-Learning-Politik. Das hieße, die tradierten Strukturen der Bildungsfinanzierung zu hinterfragen und dort, wo es notwendig erscheint, anzupassen.

Life Long Learning setzt vor allem eine entsprechende Basisbildung unabhängig vom Alter der Lernenden als wesentliches öffentliches Gut voraus und empfiehlt einen Fokus auf lernerzentrierte Finanzierungsmodelle, die am Individuum ansetzen und eine entsprechende Qualitätssicherung der Bildungsangebote vorsehen.

In den meisten Ländern werden derzeit Ansparmodelle mit staatlicher Prämie bzw. geförderten Darlehen als dem Life Long Learning besonders zuträgliche Finanzierungsmodelle diskutiert, gekoppelt mit zielgerichteten Strukturförderungen für besonders förderwürdige Anbieter sowie besondere Förderung für Personen, die von einem lernerzentrierten Finanzierungsmodell nicht Gebrauch machen können. Öffentliche Gelder sollten jedenfalls eine maximale „Hebelwirkung" im privaten Bereich auslösen. Die Gewichtungsentscheidung zwischen der Höhe der öffentlichen und dem privaten Finanzierungsanteil sollten sich an forschungsbasierten Indikatoren orientieren und auch die Zugangschancen benachteiligter Bevölkerungsgruppen und gesellschaftliche sowie standortpolitische Nutzenabwägungen berücksichtigen. Das Thema Durchlässigkeit zwischen den einzelnen Sektoren des Bildungssystems, die Anrechnung andernorts erbrachter Lern- und Studienleistungen, sowie die Übergänge und das Schnittstellenmanagement zwischen den betrieblichen und den formalen Bildungseinrichtungen sind dafür von essentieller Bedeutung.

Die größte organisatorische Herausforderung besteht in neuen institutionellen Arrangements zwischen Betrieben und Bildungsinstitutionen im Sinne neuer Lernarchitekturen, neuer Formen dualer Ausbildung und vergleichbarer Systeme von Leistungs- oder Kreditpunkten als „Währung" zur Anrechnung von Bildungsleistungen. In einem Land wie Österreich, mit einer hohen Anzahl von Klein- und Mittelbetrieben, geht es vielfach darum, diese mittels öffentlicher Förderung

überhaupt zu einer strukturierten Personalentwicklung zu befähigen, da Betriebe und Bildungseinrichtungen nur dann gut miteinander arbeiten können, wenn es auch auf der strukturellen Ebene
gute „Kopplungsmöglichkeiten" gibt.

3.   Status Quo in Österreich und die Hot Spots der weiteren Diskussion

Die OECD hat in ihrer Länderprüfung dem Status Quo der Erwachsenenbildung und betrieblichen
Bildung in Österreich kein schlechtes Zeugnis ausgestellt: Es gibt ein hohes Ausbildungsniveau,
eine hohe Abschlussquote der Sekundarstufe zwei, eine hohe Priorität der beruflichen Erstaus-
bildung, gut ausgebaute zweite Bildungswege und breite Angebote zur Höherqualifizierung.
Insgesamt ist die Ausgangslage ermutigend. Für eine weitere signifikante Verbesserung sind
allerdings bestimmte Hürden und Barrieren gegeben, die auch die OECD in ihrer Berichterstattung
nennt:

- Eine starke Abgrenzung der einzelnen Sektoren (zwischen betrieblicher Weiterbildung
und formalen Bildungssysteme einerseits, zwischen den Sektoren des Bildungssystems
andererseits);
- eine Anbieter- und Angebotsorientierung;
- wenig übergreifende Strategien und Gremien;
- fehlende strukturelle Unterstützung der KMUs (um in eine kohärente LLL Strategie
einsteigen zu können).

Die quer liegende Perspektive des LLL müsste sehr konsequent politisch-finanziell gestützt
werden, damit es gelingt, von der an sich hohen Ausgangsbasis ein neues Niveau in Bezug auf
Lebensbegleitendes Lernen zu erreichen. Die gute Ausgangslage stimmt optimistisch, dass
Österreich in den nächsten Jahren bei entsprechender politischer Entschlossenheit in die Liga der
führenden Länder hinsichtlich LLL aufsteigen könnte. Für eine weitere Verbesserung wäre aber
ein breit getragener und kräftiger bildungspolitischer Impuls notwendig.

Wenn man die europäischen Impulse zu einer Politik des Lebensbegleitenden Lernens und den
Status Quo der bildungspolitischen Diskussion in Österreich miteinander vergleicht, dann lassen
sich die folgenden, besonders sensiblen bildungspolitischen Zonen identifizieren:

Das Ausmaß der Bildungsfinanzierung
Das Bildungssystem steht in einer starken Konkurrenz zum Gesundheitssystem und zum Pensions-
sicherungssystem. In einer alternden Gesellschaft ergeben sich besondere Probleme, Bildung als
Zukunftsinvestitionen zu verankern und dafür die entsprechenden Mehrheiten zu erhalten. Das
Ausmaß der Bildungsfinanzierung als solches wird sicher ein wesentliches Thema der politischen
Diskussion sein.

Die politischen Prioritäten

In Österreich ist die Politik der politisch bindenden Weißbücher (etwa im Unterschied zum angelsächsischen Raum) nicht sehr stark ausgeprägt. Es lassen sich zwar aus den verschiedenen Regierungserklärungen und sonstigen Planungsdokumenten einige Schwerpunkte erahnen, es gibt aber kein klares Konzept bzw. keine kohärente nationale Strategie des Lebensbegleitenden Lernens, aus dem man die bildungspolitischen Prioritäten klar ableiten könnte.

Die Finanzierungslogik des Bildungssystems

Es scheint besonders schwierig, rationale und nicht polemische Diskussionen zum Thema der Bildungsfinanzierung zu führen. Für einen konsequenten Einstieg in das Lebensbegleitende Lernen ist allerdings ein Hinterfragen der traditionellen Bildungsfinanzierung vonnöten. Oft fehlt es auch an klaren Indikatoren und Aussagen über die jetzige Struktur der Bildungsfinanzierung und an einer von allen geteilten, durch Zahlen und Daten gestützte Ausgangslage. Wenn etwa angeregt wird, die öffentliche Finanzierung auf bestimmte Bereiche der Basisbildung wie die Vollendung der Sekundarstufe 2 auszudehnen, kann derzeit niemand genau sagen, um welche Budgetgrößen es sich hier handeln würde. Das macht eine rationale datenbasierte Diskussion gerade zu Finanzierungsfragen besonders schwierig.

Lernerzentrierung

Ein weiterer „Hot Spot" ist sicher der Perspektivenwechsel von der Angebotszentriertheit und der Perspektive der einzelnen Institutionen hin zur Perspektive der individuellen Lernenden. Lernerzentriertheit impliziert einen großen Paradigmenwechsel. In einem Bildungssystem, das auf rechtliche Regulierung setzt und den Titel der abgebenden Institution als zentralen Berechtigungsweg für berufliche Karrieren definiert, ist auch die Frage der Anerkennungen und der Durchlässigkeit im Bildungssystem von besonderer Brisanz.

4. Stolpersteine/Spannungsfelder

Die Erfahrung bei der Implementierung von ECTS (European Credit Transfer System) hat schon gezeigt, dass das damit verbundene Workload-Denken – Curricula aus der Sicht der Studierenden und ihrer Arbeitsbelastung zu sehen – eine ziemliche Herausforderung für die gewachsenen österreichischen Bildungssysteme ist. Die meisten haben sich diese Workload-Perspektive nicht überzeugend zu Eigen gemacht und lange Zeit hat man versucht, die traditionellen Semesterstunden parallel zu ECTS zu führen. Viele Studienpläne sind nur oberflächlich auf die neue Studienarchitektur umgestellt worden – ein Phänomen, das sich durch den ganzen deutschen Sprachraum zieht.

Es wird entscheidend sein, wie weit das Thema Life Long Learning eine bildungspolitische Stützung durch die neuen Steuerungsinstrumente der Bildungspolitik wie indikatorbasierte Finanzierung, Leistungsvereinbarungen, Tätigkeitsberichte und Wissensbilanzen erfährt.

Von besonderer Brisanz ist derzeit an Österreichs Universitäten das Zugangsthema. Es ist zu klären, ob die Frage des Zugangs über das bisher übliche Berechtigungswesen der abgebenden Institution oder durch die Gestaltung des Zugangs durch die aufnehmende (und damit Berechtigung verleihende) Institution geregelt wird. Diese zwei Modelle unterscheiden den deutschen und den angelsächsischen Raum und machen es im Moment besonders schwierig, eine angelsächsisch inspirierte Studienarchitektur in Einklang zu bringen mit einer Regelung der Zugangsfrage, die eher auf dem Berechtigungswesen des deutschsprachigen Raumes beruht. Das Zugangsthema muss somit neu gestaltet und Anerkennungsfragen zeitgemäß bewältigt werden. Aus den Erfahrungen der letzten Jahre mit der Anerkennung in einzelnen Studienkommissionen von Studienleistungen, die etwa im Ausland erbracht wurden, weiß man, dass diese Anerkennungen oft von einer traditionellen Fachlogik und einer sehr selektiven und wenig offenen Anerkennungspraxis gekennzeichnet waren.

Das notwendige Ernstnehmen der „Bologna-Tiefendimensionen" würde den Paradigmenwechsel vom Teaching to Learning sowie eine tatsächliche Umsetzung des Workload-Denkens und eine konsequente Modularisierung nach sich ziehen. Zu diesen Tiefendimensionen gehört es aber auch, zu Grunde liegende Leitbilder – wie das Bild der klassischen Studierenden, der Lehrenden, das Bild von „Elite" und „offenem Hochschulzugang" – vorurteilslos zu diskutieren. Man sieht etwa an der Diskussion in Deutschland, wie restriktiv der Übergang vom Bachelor zum Masterbereich geplant wird. Der Master-Bereich wird überwiegend konsekutiv-wissenschaftlich und als kleiner elitärer Sektor gedacht. Wenn es im Master-Bereich um eine tatsächliche „Schließung" gehen soll, ist das einer Politik des Life Long Learning abträglich. Ebenso fällt auf, dass die berufsbegleitenden Studien und die hochschulische Weiterbildung eigentlich nicht wirklich integriert sind in die aktuellen Bologna-Diskussionen.

Eine durchgängige Ambivalenz der europäisch inspirierten LLL-Diskussion und der national realisierten Bildungspolitik liegt in der doppelten Botschaft: „Bilde ein besonderes Profil heraus, profiliere dich, zeige deine Besonderheiten" versus „Sei mobil, standardisiere, löse Anerkennungsfragen auf breiter Basis und mit Hilfe allgemeiner Währungen wie ECTS." Diese Botschaften löst bei den einzelnen Institutionen oft einen „double bind" aus und führt in der realen Umsetzung auch tatsächlich zu widersprüchliche Anforderungen.

Die in einigen Ländern wie auch in Österreich existierenden Parallelstrukturen zwischen den alten Studienarchitekturen und den neuen, oder die in bestimmten Bereichen, wie z.B. dem Lehrerbereich, dem Medizinerbereich oder dem Jusbereich nicht umgesetzten Bologna-Studienarchitekturen führen zu belastenden Doppelgleisigkeiten. Zunehmend drängend wird auch der fehlende nationale Qualifikationsrahmen (NQF), um auch aus der KonsumentInnensicht die Zunahme an Angeboten mit der Qualifikationsstruktur in Übereinstimmung zu bringen und auch Orientierung zu geben. Die Vorarbeiten für einen NQF in Anlehnung an einen EQF (European Qualifications Framework for Lifelong Learning) laufen erst langsam an.

Neben dem Qualifikationsrahmen fehlt aber auch in einem Hochschulsystem, das in den letzten Jahren vermehrt auf institutionelle Autonomie gesetzt hat, der bildungspolitische Rahmen der Schwerpunktsetzungen. Die Hochschulen etwa wurden in die institutionelle Autonomie entlassen, ohne dass es fachliche Schwerpunktsetzungen an einzelnen Standorten in politisch verbindlicher Weise gegeben hätte. Das macht die Abstimmungen auf bilateraler Ebene schwierig, kleinteilig und bislang nicht sehr erfolgreich.

Ein weiteres Spannungsfeld ist das hohe europäische Tempo in der Bildungspolitik. Nachdem gerade erst begonnen wurde Bologna, zumindest formal und strukturell, auf breiter Basis umzusetzen, kommt jetzt mit dem europäischen Qualifikationsrahmen das nächste große bildungspolitische Europathema. Dieses hohe europäische Tempo stößt auf beharrende, widerständige nationale Kulturen. Gerade Bildungsstrukturen sind eng verflochten mit nationalen Traditionen, Kulturen und Strukturen und lassen sich nicht von heute auf morgen aus diesem Kontext lösen. Weiters werden durch die Umstellung auf eine harmonisierte Europäische Studienarchitektur, durch höhere Mobilität und durch die Entstehung eines europäischen Hochschul- und Forschungsraumes bestimmte nationale Problemlagen verschärft. Die EU-Politik hat das Thema Zugang noch einmal in den Mittelpunkt gestellt und zwingt zur Lösung ohnehin virulenter Problembereiche.

5.   Herausforderungen und Prophezeiungen

Die große Herausforderung des Lebensbegleitenden Lernens im Hinblick auf die österreichische Bildungspolitik besteht darin, die hochschulische und die betriebliche Ausbildung klar miteinander zu verzahnen und neue Formen der dualen Ausbildung zu entwickeln. Eine weitere Anforderung besteht im didaktischen Grundmodell. Der Paradigmenwechsel „from Teaching to Learning" ist eine enorme Zumutung für traditionelle Bildungssysteme im deutschsprachigen Raum. Sie setzt vor allem voraus, dass man sich mit Didaktik, Curricula und Studienarchitekturen von inhaltlicher Seite auseinander setzt. Die meisten Studienreformen der letzten Jahre haben gezeigt, dass viele (Hochschul-)Lehrende genau das vermeiden wollen.

Eine große Herausforderung besteht auch in der Kompetenzenorientierung. Unter Kompetenzen versteht die europäische Kommission kognitive, funktionale, personale und ethische Kompetenzen. Schon der Bolognaprozess und seine Umsetzung zeigt, dass die Perspektive „Outcome" –

was bewirkt eine Ausbildung, ein Bildungsvorgang an Kompetenzzugewinn bei Personen – eine ungewohnte Blickrichtung ist für die bislang sehr input-orientierten Bildungssysteme.

Beim Thema Kompetenzenorientierung ist sofort auch die Frage des Nachweises von Bedeutung. Was bezeichnen wir als fachliche Kompetenzen, wie bilden wir soziale und Selbstkompetenzen ab? Wie fördern wir sie ganz explizit durch unsere Studien? Schulen wir Handlungsfähigkeit? Kompetenz heißt, Wissen und Fertigkeiten in unterschiedlichen Kontexten selbst gesteuert zu bündeln und ist Voraussetzung für ein gelingendes Leben zwischen Arbeit, Privatem und Lernen.

Lebensbegleitendes Lernen an den einzelnen Hochschulen wird stark davon geprägt sein, inwieweit die Leistungsindikatoren und Leistungsvereinbarungen dieses Thema in sich aufnehmen und die Themen Durchlässigkeit, Partizipationsraten, Erhöhung von Zugangschancen und Zugänglichkeit als Parameter in den Entwicklungsplänen vorkommen oder nicht. Es ist etwa in Finnland sehr beeindruckend, welche klaren Vorstellungen die Universitäten in Bezug auf regionale Entwicklungspläne haben, weil sie hierzu über die Vereinbarungsstruktur zwischen Staat und Hochschule sozusagen „ermuntert" werden. Wichtig sind skandinavische und angelsächsische Erfahrungen auch hinsichtlich eines unverkrampfteren Verhältnisses zu „mass education". „Massenhochschulsystem" ist im deutschen Sprachraum eigentlich immer noch ein eher pejorativer Begriff und es scheint so, als könnte man die Erhöhung der Partizipationsraten und meritokratische Selektions- und Auswahlverfahren bzw. Elitenbildung nicht wirklich in Übereinstimmung miteinander bringen. Insgesamt wäre natürlich der Adult Literacy Survey – eine Art Pisa für Erwachsene – eine ganz wichtige Begleituntersuchung, um das Thema des Lebensbegleitenden Lernens auch als zentrale Anforderung für die Hochschulsysteme aktuell und brisant zu halten.

Die LLL-Politik wird dann erfolgreich sein, wenn der Terminus Massenuniversität auch in österreichischen Breitengraden kein Schimpfwort, sondern letztlich ein gesellschaftliches Erfolgskriterium ist. Wenn es gelingt, die Differenzierung des Hochschulsystems und die aktive Gestaltung der Aufnahme mit einer Politik der Öffnung zu kombinieren. Eine offensive LLL-Politik (mit der Erhöhung der Partizipationsraten, der Erhöhung der Durchlässigkeit und wechselseitiger Anrechnung) wird allerdings nur dann in einer qualitätsvollen Weise möglich sein, wenn das Tabuthema des so genannten offenen Hochschulzuganges „entsorgt" wird und rationale Formen der Studienplatzbewirtschaftung und der Aufnahmegestaltung (nicht nur im Fachhochschulsektor, sondern auch im universitären Sektor) gefunden werden. Die Politik des Hinausprüfens als überwiegend praktizierte Form, Angebot und Nachfrage miteinander in Übereinstimmung zu bringen, muss als überholte Formen der Zugangsgestaltung betrachtet werden. In vielen Befragungen sind die Wünsche innovativer Betriebe an das Bildungssystem ziemlich deckungsgleich mit den Anforderungen, die die moderne Erwachsenenpädagogik an lustvolles und qualitätsvolles Lehren und Lernen formuliert. Es scheint so zu sein, als wären zwischen diesen zwei durchaus deckungsgleichen Zugängen Strukturen und Systeme beheimatet, die diese innovative Zugänge und Durchlässigkeiten behindern. Jedenfalls sind es – und das war auch ein Anlass für dieses erste Innsbrucker Bildungsgespräch – spannende Zeiten für Bildungssysteme und Bildungseinrichtungen. Dies eröffnet äußerst rosige Aussichten für Absolventen und Absolventinnen einer Fakultät für Bildungswissenschaften.

Literatur

BMBWK: OECD Länderprüfung über Erwachsenenbildung. Hintergrundbericht Österreich, Materialien zur Erwachsenenbildung Nr. 1, Wien 2004.

Donau-Universität Krems (Hg.):Vorschläge zur Implementierung einer kohärenten LLL-Strategie in Österreich bis 2010. Erstellt durch eine facheinschlägige ExpertInnengruppe im Auftrag des BMBWK. Endfassung, November 2005.

Eva Cendon/Ada Pellert: Hochschulreformen und Herausforderungen für die universitäre Weiterbildung in Österreich. In Jütte, Wolfgang/Weber, Karl(Hg.) Kontexte wissenschaftlicher Weiterbildung. Münster: Waxmann 2005. S. 214- 230.

Europäische Kommission, Einen europäischen Raum des lebenslangen Lernens schaffen, Brüssel, 2001.

Hans Pechar/Ada Pellert: Austrian Universities under Pressure from Bologna. In: European Journal of Education, 39 (2004), pp. 317-330.

OECD: Thematic Review on adult learning. Austria country note. Paris 2003.

Berufliche Entwicklung im Alter

Margarete Laschalt

Die derzeitigen demografischen Veränderungen führen u. a. dazu, dass Menschen länger als bisher im Berufsleben verbleiben müssen. Ältere Arbeitskräfte haben am Arbeitsmarkt bislang großteils eine nachteilige Stellung gegenüber ihren jüngeren Kollegen. Die Benachteilung älterer Personen in der Arbeitswelt basiert auf den Annahmen des Defizitmodells des Alters und der Gleichsetzung von Alternsprozessen mit nachlassender Leistungsfähigkeit, Flexibilität und Dynamik. Basierend auf den Erkenntnissen der Alternsforschung kann man davon ausgehen, dass Entwicklungs- und Leistungspotentiale bis ins höhere Alter hinein vorhanden sind. Um diese Potenziale auch im Alter nutzen zu können, ist es wichtig, dass die Arbeitskräfte die Möglichkeit haben, ihre Fähigkeiten und ihr Wissen während des gesamten Berufslebens zu nutzen und weiterzuentwickeln. Mit den Herausforderungen der Integration, Förderung und Weiterbildung älterer ArbeitnehmerInnen beschäftigte man sich nur wenig. Für Wissenschaft und Praxis stellt sich dieses neue Feld somit als gemeinsame Aufgabe.

1. Demografische Entwicklung

In den meisten Industrieländern finden derzeit demografische Entwicklungen statt, die zu einer Alterung und auch zu einer Schrumpfung der Bevölkerung führen werden. Der Anteil der über 60-Jährigen in Österreich wird bspw. von derzeit ca. 23 Prozent auf 37 Prozent im Jahr 2050 anstei-gen, während die Bevölkerung ab dem Jahr 2025 zu schrumpfen beginnen wird (UN 2005). Diese Veränderungen haben weit reichende Auswirkungen. Eine Verlängerung der Lebensarbeitszeit ist nicht nur aufgrund der Unfinanzierbarkeit der Pensionskassen erforderlich. In den nächsten Jahren wird es bei Fachkräften auch zu einem Mangel an Arbeitskräften kommen (vgl. Engelbrech 2002, Fuchs & Thon 2001). Eine Erhöhung der Zuwanderung oder der Frauenerwerbstätigkeit kann den Trend zwar abschwächen, nicht jedoch umkehren. Eine verstärkte Einbindung älterer Arbeitskräfte in das Berufsleben ist notwendig. Dass hier ein großes Potenzial vorhanden ist, zeigt sich an den Beschäftigungszahlen der 55- bis 64-Jährigen. 2003 waren in Österreich nur ca. 30 Prozent dieser Altersgruppe beruflich tätig.

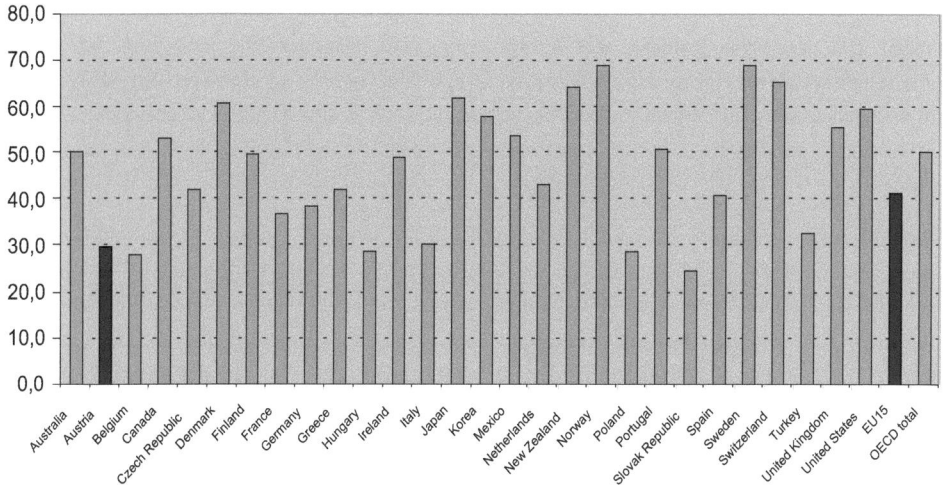

Abbildung: Beschäftigungsquoten der 55- bis 64-Jährigen 2003 im internationalen Vergleich
(vgl. OECD 2005)

Österreich hat damit eine der geringsten Beschäftigungsquoten älterer ArbeitnehmerInnen in der Europäischen Union, wobei sich die Situation auf EU-Ebene nicht sehr viel besser darstellt. Die Beschäftigungsquote der 55- bis 64-Jährigen betrug im EU(15)-Durchschnitt 40,6 Prozent. Nur in einigen Nordeuropäischen Staaten konnten deutlich höhere Beschäftigungsquoten erzielt werden (z. B. Schweden 68,3 Prozent, Dänemark 57,3 Prozent, Großbritannien 53,3 Prozent). Höhere Quoten weisen auch einige Industrieländer außerhalb der Europäischen Union auf: z. B. Japan 61,6 Prozent, Neuseeland 63,4 Prozent, Norwegen 68,4 Prozent, Schweiz 64,8 Prozent, Vereinigte Staaten 59,5 Prozent (vgl. OECD 2005).

2.   Gerontopsychologie

Wenn man sich mit dem Thema der beruflichen Entwicklung im Alter beschäftigt, stellt sich zunächst die Frage, warum man sich explizit mit älteren Menschen im Gegensatz zu jüngeren auseinandersetzt. Welche Veränderungen finden im Menschen statt, die es rechtfertigen ältere und jüngere Menschen getrennt zu betrachten? Dazu sollte zunächst eine kurze Betrachtung von Veränderungen im Lebensverlauf aus gerontopsychologischer Sicht erfolgen (vgl. Birren & Schaie 2001, Martin & Kliegel 2005):

Wahrnehmung: Die Wahrnehmung steht am Anfang des psychischen Informationsverarbeitungsprozesses. Informationen müssen aus der Umwelt aufgenommen und anschließend verarbeitet werden. Bei den Veränderungen der Sinnesorgane sind besonders die Hör- und Sehfähigkeit betroffen. Veränderungen in der Wahrnehmung beginnen bereits im mittleren Erwachsenenalter und vollziehen sich allmählich. Ältere Menschen verfügen in der Regel über geringere Seh- und Hörleistungen als jüngere. Kleinere Leistungsminderungen können jedoch meist gut kompensiert werden.

Psychomotorik: Nach der Erfassung sensorischer Informationen erfolgen meist Reaktionen des motorischen Systems. Psychomotorische Leistungen sind koordinierte, willentliche Bewegungsabläufe, die situationsadäquat ausgeführt werden müssen. Im Alter werden motorische Handlungen langsamer. Eine psychomotorische Handlung kann in die Reaktionszeit und die Bewegungszeit unterteilt werden. Die Reaktionszeit ist die Zeit, die beansprucht wird von der Reizdarbietung bis zum Beginn einer Handlung als Reaktion darauf. Die Reaktionszeit steigt mit dem Alter. Bei der Bewegungszeit, d. h. der Zeit, die zum Ausführen einer Handlung benötigt wird, zeigt sich in Untersuchungen kein eindeutiges Bild. Ein höherer Zeitaufwand für das Ausführen einer Handlung bei älteren Menschen lässt sich teilweise dadurch erklären, dass ältere Menschen mehr Wert auf die Genauigkeit der Handlung legen. Eine Veränderung der Rahmenbedingungen wirkt modifizierend auf die Leistung.

Kognition: Die Veränderung der kognitiven Leistungsfähigkeit wird häufig als Rechtfertigung von Altersgrenzen für die Berufstätigkeit, politische Ämter oder Führerscheinbesitz herangezogen. Die unterschiedlichen psychischen Funktionen und Fähigkeiten entwickeln sich im Lebenslauf auf unterschiedliche Weise und erreichen zu verschiedenen Zeitpunkten ihren Höhepunkt. Während Leistungen, die den schnellen Umgang mit neuen Informationen erfordern (**fluide Intelligenz**), im Alter eher abnehmen, können Fähigkeiten wie Allgemein- und Erfahrungswissen, Wortschatz und Sprachverständnis (**kristalline Intelligenz**) noch bis ins späte Erwachsenenalter zunehmen. Bei der **Gedächtnisleistung** geht es um das Einprägen, Behalten und Wiedererinnern von Informationen und Erfahrungen. Bei automatisierten Gedächtnisleistungen, wie Autofahren, Lesen oder Zählen zeigen sich keine Altersunterschiede. Während es auch kaum Unterschiede bei den Leistungen des Primärgedächtnisses (Behalten von einmal präsentierten Informationen) gibt, ist beim Arbeitsgedächtnis (gleichzeitiges Behalten und Verarbeiten) eine Abnahme im Alter feststellbar. Bei prospektiven Gedächtnisleistungen (zukünftige Ereignisse) konnten bisher keine eindeutigen Ergebnisse erzielt werden. Für das **Lernen** gibt es keine Altersgrenze. Allerdings ändern sich das Ausmaß und die Bedingungen effektiven Lernens. Alte Menschen profitieren stärker als jüngere von fördernden Bedingungen, wie beispielsweise (vgl. Martin & Kliegel 2005, S 264f):

- Verwendung von aus dem Alltag vertrauten Materials
- selbstbestimmtes Lerntempo
- höheres Niveau an schulischer und beruflicher Bildung
- körperliche Gesundheit der Lernenden
- Ausgleich sensorischer Veränderungen durch das Lernmaterial (z. B. durch Schriftgröße, Kontraste, Beleuchtung)
- Gelegenheit, sich mit dem neuen Lernmaterial und der neuen Lernsituation zu beschäftigen, so dass man weiß, was auf einen zukommt
- konkrete und eindeutige Instruktionen
- Möglichkeit externe Hilfen zu nutzen
- Vermeidung von Ermüdung oder Zeitdruck
- minimale Störungen durch Einführung neuen Materials
- Anpassen des Lernens an die individuellen Bedürfnisse und Stärken.

Emotionen: Alternsveränderungen von Emotionen sind v. a. für die Motivation von Verhalten, das Wohlbefinden und die soziale Kommunikation wichtig. Emotionale Ressourcen scheinen im Alter nicht abzunehmen, sondern eher effizienter zu werden. In der Lebensspanne kommt es auch zu Veränderungen in den Strategien zur Emotionsregulation. Ältere Menschen neigen demnach eher zur Konfliktvermeidung und wenden eher intrapsychisch-internale Strategien zur Emotionsregulation an.

Soziale Beziehungen: Soziale Beziehungen stellen eine Möglichkeit der Unterstützung durch andere Personen dar. Soziale Beziehungen helfen bei der Vorbereitung und Bewältigung von altersspezifischen Herausforderungen und können somit zu einer Stabilisierung des Wohlbefindens und der Autonomie älterer Menschen beitragen. Obwohl es eine quantitative Reduktion der sozialen Kontakte mit zunehmendem Alter gibt, finden in diesem Bereich wenig substanzielle Veränderungen statt: die Anzahl der wirklich eng eingeschätzten sozialen Beziehungen bleibt bis ins Alter recht stabil.

Bis in die 60er Jahre dominierte eine Defizitorientierung in der Betrachtung des Alters. Gemäß dem „Defizitmodell des Alters" wurde Altern mit generellen Abbauprozessen bereits ab dem mittleren Erwachsenenalter gleichgesetzt (vgl. Lehr 2003). Obwohl diese Theorie wissenschaftlich längst widerlegt werden konnte, scheint sie im Berufsleben – im Form von Stigmatisierungen älterer Beschäftigter (vgl. Dittmann-Kohli & van der Haijden 1996) – teilweise noch immer

Gültigkeit zu besitzen. Tatsächlich konnte in neueren Forschungen gezeigt werden, dass die wichtigsten mentalen Fähigkeiten bis in das achte Lebensjahrzehnt hinein stabil bleiben. Wesentlichere Veränderungen im hohen Alter wurden nur in nicht-alltagsrelevanten Bereichen festgestellt, die weniger Bedeutung für die betreffende Person hatten und während des Lebenslaufs weniger geübt wurden (Schaie 1996). Nach der Idee des „differenziellen Alterns" (Thomae 1983) ist zu betonen, dass die interindividuellen Unterschiede mit dem Alter ansteigen und meist größer sind, als Altersunterschiede.

3.   Ältere Menschen im Berufsleben

In Untersuchungen zur beruflichen Leistungsfähigkeit im Alter konnten kaum Leistungsunterschiede aufgrund des Alters festgestellt werden (vgl. Salthouse & Maurer 1996). Vielmehr ergeben sich aufgrund der Veränderungen im Lebensverlauf sowie der langjährigen Berufserfahrung Veränderungen in der Ausführung der Berufstätigkeit. Basierend auf den Erkenntnissen der Alternsforschung, kann man davon ausgehen, dass Entwicklungs- und Leistungspotenziale bis ins höhere Alter hinein vorhanden sind. Wenn diese Potenziale während des gesamten Berufslebens genutzt und weiterentwickelt werden können und mögliche Veränderungen in der Leistungsfähigkeit bei der Gestaltung der Arbeitsaufgabe und des Arbeitsplatzes berücksichtigt werden, können Unternehmen die Arbeitskraft ihrer Beschäftigten während des gesamten Berufslebens gewinnbringend nutzen und zudem auf spezifische Stärken Älterer zurückgreifen. Nach Heuft et al. (2000) lassen sich die Stärken älterer Beschäftigte mit den Begriffen „Fachkompetenz" und „Daseinskompetenz" fassen. Fachkompetenz wird dabei verstanden als Fähigkeiten und Fertigkeiten zum effektiven Umgang mit beruflichen Herausforderungen. Die Daseinskompetenz beschreibt Fähigkeiten und Fertigkeiten, die zur Bewältigung von Aufgaben, Anforderungen, Belastungen und Konflikten dienen.

Eine grundsätzlich positive Einstellung gegenüber älteren ArbeitnehmerInnen konnte auch bei Personalverantwortlichen aus Tiroler Betrieben im Rahmen von ExpertInneninterviews (Laschalt 2005) festgestellt werden. Dies zeigte sich in Aussagen wie „generell gesagt sind ältere Mitarbeiter gute Mitarbeiter", „Ältere sind eine Schützenhilfe für jüngere Mitarbeiter" oder „Ältere haben so viel Routine und Erfahrung entwickelt, dass sie damit locker das wettmachen, was ein Junger an physischer Qualität mehr mitbringt". Das große Potenzial älterer Arbeitskräfte wird von den befragten Personalverantwortlichen neben dem fachlichen Wissen und der langen Berufserfahrung vor allem in einer allgemeinen höheren Lebenserfahrung gesehen, die sie in- und außerhalb ihres Berufslebens gesammelt haben. Nach Ansicht einzelner Personalverantwortlicher zeichnet ältere Arbeitskräfte aus, dass sie beständiger und verlässlicher sind und unter Stress weniger impulsiv sondern eher „bedächtig" und „abgeklärt" reagieren.

Ältere Arbeitskräfte sind im Verlaufe ihres Berufslebens verschiedenen Risiken ausgesetzt, die zu einer Abnahme ihrer Leistungsfähigkeiten führen können und somit eine Schlechterstellung dieser Arbeitnehmergruppe am Arbeitsmarkt zur Folge haben können. Die Hauptrisiken älterer Arbeitskräfte sind nach Naegele (1992) das Gesundheits- und das Dequalifikationsrisiko. In der oben genannten ExpertInnenbefragung (Laschalt 2005) wurden als Problembereiche älterer ArbeitnehmerInnen v. a. die vergleichsweise hohe Kosten sowie Regelungen des Arbeitnehmer-Innenschutzes genannt. Ein weiteres Risiko wird in einer geringeren körperlichen Belastbarkeit gesehen. Diese Faktoren hängen aber sehr stark vom Einsatzbereich der Arbeitskraft während des Berufslebens ab. Sie kommen v. a. dort zu Tragen, wo hauptsächlich körperlich belastende Tätigkeiten und Routinetätigkeiten ausgeführt werden. Teilweise weisen die befragten Personal-verantwortlichen auch darauf hin, dass sich ältere ArbeitnehmerInnen in ihrer Arbeit stärker überfordert fühlen als jüngere. Mehrfach wird in der Befragung die Gefahr einer geringeren Flexibilität im Alter genannt. Neben einer „geistigen" Flexibilität und Veränderungsbereitschaft wird dabei auch eine geringere „geografische" Flexibilität gesehen, da ältere Menschen stärker in gefestigte Lebens- und Familienstrukturen eingebunden sind.

4.   Ansatzpunkte für die berufliche Entwicklung im Alter

Konzepte für die berufliche Entwicklung im Alter stehen derzeit kaum zur Verfügung. Die Arbeits- und Organisationspsychologie und die Beratungsliteratur legten ihren Schwerpunkt auf Themen der Nachwuchsförderung und der Auswahl neuer MitarbeiterInnen. Im so genannten „War for Talents" übertreffen sich Unternehmen gegenseitig mit attraktiven Angeboten für „junge, qualifizierte und engagierte" Nachwuchstalente. Mit den Herausforderungen der Integration, Förderung und Weiterbildung älterer ArbeitnehmerInnen beschäftigte man sich nur wenig. Im Folgenden werden Ansatzpunkte für Konzepte der beruflichen Entwicklung im Alter diskutiert (vgl. Keppelmüller 2004, Laschalt & Möller 2005):

Als Grundlage für eine Leistungsfähigkeit im Alter ist zuerst auf die Erhaltung der Gesundheit zu achten. Hier können Konzepte der Arbeitsgestaltung zur Reduktion der körperlichen und psychi-schen Belastung ebenso ansetzen wie Maßnahmen, die das Gesundheitsbewusstsein der MitarbeiterInnen bspw. in Form von gesunder Ernährung, Bewegung etc. erhöhen. Ebenso sind natürlich Investitionen in die Weiterbildung der Beschäftigten von großer Bedeutung. Hierbei geht es nicht nur darum, die in Zukunft erforderlichen Qualifikationen zu bestimmen, sondern auch die Lernfähigkeit- und Lernmotivation der Beschäftigten zu erhalten. Daneben sind aber auch Maß-nahmen in der Arbeitsorganisation und Arbeitsgestaltung erforderlich, um die Leistungsfähigkeit und Motivation bis ins Alter erhalten zu können. Durch einen systematischen Tätigkeitswechsel kann eine zu hohe Spezialisierung oder eine Stagnation des Wissens vermieden werden. Außerdem kann durch derartige Maßnahmen auch einseitigen (körperlichen oder psychischen) Belastungen vorgebeugt werden. „Hohe Anforderungen führen nicht zu gesundheitskritischen Beanspruch-ungen, solange Tätigkeitsspielräume eingeräumt werden", konnte Hacker (1998, S 132) zeigen. Durch Rollenveränderungen – bspw. mehr Beratungsfunktion anstelle von fachlicher Tätigkeit oder Übernahme von Projektleitungsfunktionen – können Handlungsspielräume eingeräumt und Belastungen verringert werden. Dadurch entstehen neue Herausforderungen und die älteren Beschäftigten haben außerdem die Möglichkeit, ihr Wissen an die jüngeren MitarbeiterInnen weiterzugeben. Handlungs- und Entscheidungsspielraume können auch auf Gruppenebene durch teilautonome Arbeitsgruppen geschaffen werden. Durch eine altersgemischte Zusammensetzung der Arbeitsgruppen kann wiederum der Wissenstransfer gefördert werden. Die Zusammenarbeit in altersgemischten Gruppen erfordert aber auch eine Basis gemeinsamen Respekts und eine Wertschätzungskultur. Bei Überlegungen zur beruflichen Entwicklung im Alter sind aber auch organisationale und gesellschaftliche Rahmenbedingungen zu berücksichtigen. Unternehmen sind häufig stark hierarchisch strukturiert. Wenn berufliche Entwicklung in einem hierarchischen Sinn gedacht wird, kommt es häufig vor, dass Menschen bereits mit 40 Jahren ein Karriereplateau erreichen (Möller & Volkmer 2005). Ein weiterer Aufstieg und neue Herausforderungen sind danach unwahrscheinlich. Daher ist es wichtig, neue Karrierewege vorzusehen, um bis zum Ende des Berufslebens Veränderungsmöglichkeiten und Herausforderungen zu ermöglichen. Auch Arbeitszeitmodelle sollten an die Bedürfnisse älterer Menschen angepasst und Modelle zum Übertritt in den Ruhestand angeboten werden.

5.   Ergebnisse aus dem Workshop im Rahmen der 1. Innsbrucker Bildungstage

Das Thema der beruflichen Entwicklung im Alter wurde in einem Workshop im Rahmen der 1. Innsbrucker Bildungstage am 18. November 2005 behandelt. Dabei wurde sowohl die Beschäftigten- als auch die Unternehmensperspektive betrachtet. Insgesamt wurde die Notwendig-keit betont, die Arbeit an den Lebenszyklus der Menschen anzupassen. Wenn ältere Menschen bspw. mehr Erholungszeit benötigen, sollte dies in der Arbeitsgestaltung bspw. in Form von mehr Pausen berücksichtigt werden. Als wichtiger Einschnitt bei älteren Menschen wird der Übertritt in den Ruhestand gesehen. Dabei soll möglichst frühzeitig ein „sanfter Ausstieg" aus dem Berufs-leben vorgesehen werden. Für ältere ArbeitnehmerInnen wäre es wichtig, ihren Horizont über den Pensionsantritt hinaus auszudehnen. Dies wäre insbesondere für die Teilnahme an Weiterbildun-gen von Vorteil, da ältere Menschen häufig an Weiterbildungen nicht mehr teilnehmen, weil die Zeit bis zur Pensionierung und somit auch der Nutzen scheinbar begrenzt ist. Für die Teilnahme an Weiterbildungen ist auch die Attraktivität des Weiterbildungsangebots von Bedeutung. Am besten wäre es nach Ansicht der WorkshopteilnehmerInnen, die älteren Beschäftigte selbst nach ihren Weiterbildungsbedürfnissen zu befragen und das Angebot entsprechend zu gestalten. Dabei stellt sich aber das Problem, dass es für die Betroffenen häufig schwierig ist, Wünsche zu äußern und die Weiterbildungsanforderungen selbst zu bestimmen. Insgesamt wäre eine starke Praxisorientierung in der Weiterbildung wünschenswert, so dass der Transfer der Weiterbildungsinhalte in den Berufsalltag leichter bewerkstelligt werden kann. Weiterbildung sollte aber vor allem keine Zwangsverpflichtung sein, sondern es sollte auch der persönliche Nutzen für die älteren Beschäftigten betont werden und als Anreiz für jede/n Einzelne/n dienen. Als Basis für die berufliche Entwicklung im Alter und die Zusammenarbeit der unterschiedlichen Altersgruppen in Unternehmen ist eine fördernde Unternehmenskultur von zentraler Bedeutung.

Literatur

Birren, J & Schaie, K (Hg.) (2001). Handbook of the psychology of aging. 5th ed. San Diego: Academic Press

Dittmann-Kohli, F. & Heijden, B. van der (1996). Leistungsfähigkeit älterer Arbeitnehmer – interne und externe Einflußfaktoren. Zeitschrift für Gerontologie und Geriatrie, 29, S 323-327

Engelbrech, G. (2002). Harte Zeiten für die Rekrutierung in Sicht. Personalführung 10/2002, S 50-60

Fuchs, J. & Thon, M. (2001). Wie viel Potenzial steckt in den heimischen Personalreserven? IAB Kurzbericht Nr. 15

Hacker, W. (1998). Allgemeine Arbeitspsychologie. Psychische Regulation von Arbeitstätigkeiten, Bern (u. a.): Huber

Heuft, G., Kruse, A. & Radebold, H. (2000). Lehrbuch der Gerontopsychosomatik und Alterspsychotherapie. München: Reinhardt

Keppelmüller, P. (2004). Intergenerative Personalentwicklung. In: K. A. Geißler, S. Laske & A. Orthey (Hg.). Handbuch Personalentwicklung. Loseblattsammlung, Deutscher Wirtschaftsdienst

Laschalt, M. (2005). Betriebliche Konsequenzen demografischer Alterung. Ergebnisse einer ExpertInnenbefragung in Tirol. In: K. H. Geißler, S. Laske, A. Orthey (Hg.). Handbuch Personalentwicklung, Loseblattsammlung, 99. Ergänzungslieferung September 2005

Laschalt, M. & Möller, H. (2005). Der ältere Arbeitnehmer – ein vernachlässigtes Subjekt in der Personalentwicklung. Der demographische Wandel und seine Herausforderungen für eine zeitgemäße Mitarbeiterführung. Journal für Psychologie 13, 1/2 2005, S 127-146

Lehr, U. (2003). Psychologie des Alterns. 10. korrigierte Auflage, Wiebelsheim: Quelle und Meyer

Martin, M & Kliegel, M (2005). Psychologische Grundlagen der Gerontologie. 1.Auflage, Stuttgart: Kohlhammer.

Möller, H. & Volkmer, U. (2005). Das Karriereplateau. Herausforderungen für Unternehmen; Mitarbeiter/innen und Berater/innen. Organisationsberatung, Supervision, Coaching, 1/05, S 5-20

Naegele, G. (1992). Zwischen Arbeit und Rente. Gesellschaftliche Chancen und Risiken älterer Arbeitnehmer. Augsburg: Maro

OECD (2005). Factbook 2005. Online: http://puck.sourceoecd.org/factbookpdfs/05-01-02.pdf (Zugriffsdatum: 12.12.2005)

Salthouse, T & Maurer, T (1996). Aging, Job Performance, and Career Development. In: Birren, J & Schaie, K (Hg.) Handbook of the Psychology of Aging, 4. ed., San Diego: Academic Press, S 353-364.

Schaie, K.W. (1996). Intellectual development in adulthood. In: J.E. Birren & K.W. Schaie (Hg.). Handbook of the psychology of aging, 4. ed., San Diego: Academic Press. S 266-286

Thomae, H. (1983): Alternsstile und Altersschicksale. Ein Beitrag zur Differentiellen Gerontologie, Bern, Stuttgart, Wien: Hans Huber

United Nations (2005). World Population Prospects. The 2004 Revision Database. United Nations populations division. Online: http://esa.un.org/unpp/ (Zugriffsdatum: 12.12.2005)

Neue Lernkulturen:
Von allwissenden Lehrmeistern zu starken Lernräumen

Christian Kraler und Michael Schratz

LehrerInnen, die alles wissen, und mit diesem Wissen ihren SchülerInnen immer einen Schritt voraus sind, gibt es schon länger nicht mehr. Neue Medien, komplexes Wissen, globale Zusammenhänge haben Wissen als Gut verändert und ebenso die Formen, dieses zu erwerben, zu behalten, oder auch wieder (als nicht mehr relevant) zu verlernen. Traditionelle Formen der Wissensweitergabe in linearen Lehr-Lern-Prozessen genügen den Anforderungen einer Wissensgesellschaft nicht mehr, ebenso wenig wie das Anhäufen von Wissen. Gefragt sind Menschen, die kompetent mit den Herausforderungen einer sich schnell verändernden Wissensgesellschaft umgehen können und „lebenslang lernen" wollen, sowie Menschen, die solche Lernprozesse initiieren, gestalten und begleiten können.

Dass dabei die Frage nach der Qualität von Wissen derzeit noch wenig thematisiert wird und wir uns darüber hinaus fragen müssen, ob Menschen das lernen (können/dürfen/wollen), was wir als Gesellschaft brauchen, ist eine Frage über die Nachhaltigkeit heutiger Bildung. Der Schritt vom vermittelnden Lehren zum lebenslangen Lernen ist dementsprechend ein Paradigmenwechsel, der nicht nur die Formen des Wissenserwerbs sondern auch das Wissen an sich verändert.

1.   Vom Lernen und Lehren

Nicht erst seit PISA ist das Lernen ein zentrales Anliegen für die Entwicklung von Unterricht. Jan Amos Komensky (Comenius) hat bereits in seiner „Großen Didaktik" (1632) gefordert: „ERSTES UND LETZTES ZIEL UNSERER DIDAKTIK SOLL ES SEIN, die Unterrichtsweise aufzuspüren und zu erkunden, bei welcher die Lehrer weniger zu lehren brauchen, die SchülerInnen dennoch mehr lernen; in den Schulen weniger Lärm, Überdruss und unnütze Mühe herrsche, dafür mehr Freiheit, Vergnügen und wahrhafter Fortschritt" (Comenius 1985 [1632], S. 9). Über „wahrhaften" Fortschritt lässt sich anhand der Ergebnisse großflächiger Tests wohl streiten. Sie haben aber eine heftige Debatte erzeugt, die den Unterricht wieder stärker in den Fokus rückt.

Diese Debatte ist allerdings nicht neu, sondern hängt immer von der zeitgeistigen Auseinandersetzung mit dem gesellschaftlichen Stellenwert von Schule und Unterricht an der Schnittstelle von Bewahren und Verändern ab. Meinungsbildend sind hierbei vor allem (Bildungs-)PolitikerInnen, Medien, Öffentlichkeit und facheinschlägige wie politikberatende Forschung.

Seit etwa Mitte der 90er Jahre ist insbesondere in der facheinschlägigen Forschung und Praxis ein zunehmender Trend zu beobachten: weg von einem lehrerzentrierten Unterricht hin zu einem, wo die SchülerInnen im Mittelpunkt stehen (Schröder 2002, S. 153ff). Insofern scheint sich das Pendel in Richtung der eingangs zitierten Forderung von Comenius zu bewegen. Im Gefolge dieser Schülerorientierung begann sich auch in der LehrerInnenausbildung der Schwerpunkt vom Lehren auf das Thema Lernen zu verlagern (Cochran-Smith 2005, S. 4). Leitend dabei ist die Überlegung, dass die zugrunde liegenden Lernprozesse sowohl in der Schule wie in der LehrerInnenbildung dieselben sind. SchülerInnen lernen Stoffinhalte und vieles Mehr am Lernort Schule. Studierende erwerben die Kompetenzen für das spätere Unterrichten am Lernort Universität. Quintessenz ist, dass beide inhaltlich vorstrukturierte, organisierte Lernprozesse durchlaufen, deren formal vorgegebener Abschluss mit dem Wunsch eines bestimmten Outputs verbunden ist und in der Regel überprüft wird.

Zum Thema Lernen liegt inzwischen eine kaum noch überschaubare, qualifizierte, allgemein- und fachdidaktische ein- und weiterführende Literatur vor. Auf das Kerngeschäft der Schule bzw. schulischen Lernens – den Unterricht – bezogen, stellt sich in letzter Konsequenz die Frage nach seinem Erfolg oder Misserfolg. Dieser wird klassischerweise über die Beurteilung von SchülerInnenleistungen gemessen. Wesentlich dabei sind die unterschiedlichen Zugänge zum Unterricht, die sich wiederum auf die Konstruktion von Beurteilungsverfahren auswirken. In diesem Zusammenhang bestimmt der Zugang zum Unterricht, wie sich Lehren und Lernen zwischen den drei Bezugspunkten Lehrperson, Lernende und Lerninhalt konstituiert (vgl. Abbildung 1).

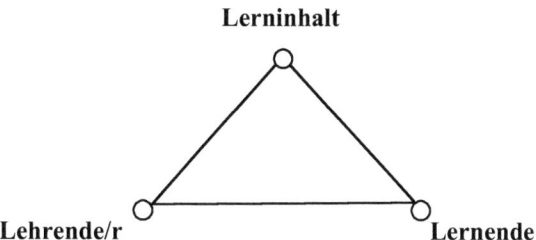

Abbildung 1: Zusammenhang zwischen Lehren und Lernen

Die Beziehungen zwischen den Eckpunkten dieses imaginären Dreieckes stehen im Mittelpunkt dessen, wie Unterricht organisiert wird. Es gibt jeweils einen (vorgegebenen) Inhalt, den die SchülerInnen lernen sollen, wofür die Lehrperson eine Beziehung herstellen muss, um den Lernenden die Aneignung des Lerninhalts zu ermöglichen bzw. erleichtern. Dadurch nehmen LehrerInnen eine zentrale Rolle ein, da sie bestimmen, was SchülerInnen wie und wann lernen sollen. Man spricht in diesem Zusammenhang häufig von funktionalem, episodischem Lernen (Schmidt 2005, S. 102). Damit sind Fragen der Didaktik und Methodik angesprochen, welche in der Lehrerausbildung eine wichtige Rolle einnehmen.

2. Lehren und Lernen im Wandel

Seit der beginnenden Entwicklung des heutigen Schulwesens im Mittelalter lag der Schwerpunkt schulischen Unterrichts beim Vermitteln elementarer (Lesen, Schreiben, Rechnen) bzw. höherer Kulturtechniken (Sprachen, Rhetorik, spezifische Inhalte). Schulen hatte vielfach noch nicht die vielfältigen Aufgaben von heute zu erfüllen. Entsprechend dem Menschenbild vom Kind als noch „unfertigem", nicht autonomem kleinen Erwachsenen gestaltete sich das didaktische Handeln. Der über das Wissen verfügende Lehrmeister „trichterte" den Schülern die jeweiligen Inhalte primär mittels repetitiver Methoden wie Auswendiglernen, Wiederholen und Bestrafung ein (vgl. etwa Reble 1992, Aries 1992). Ausgangspunkt jeder „Didaktik", Methodik und Organisation des Unterrichts war der Schulmeister. Im Regelschulsystem, soweit man von einem solchen bis ins 18./19. Jahrhundert hinein sprechen kann, herrscht im Schulalltag die Doktrin des kumulativen Eimermodells nach dem Vorbild des Nürnberger Trichters vor. Dieses angeleitet passive Lernen durch Lehren ging von folgender Prämisse aus:

> „Zu Beginn des Prozesses verfügen nur die Lehrenden über 'objektives' Wissen. Durch den Unterricht vermitteln sie es an die Lernenden – und zwar möglichst vollständig und ohne Veränderung. Die Aufgabe der Lehrenden ist es dement-

sprechend, das Unterrichtsgeschehen systematisch zu planen, die Wissensinhalte quasi, in Scheiben zu schneiden', zu präsentieren, zu erklären und schließlich den Lernfortschritt dadurch sicherzustellen, dass alle dieselben Aufgaben mit demselben Lernerfolg bearbeiten. Die Lernenden bleiben in dieser Auffassung in einer passiven Position: ihre Aufgabe besteht lediglich darin, das Vorgegebene effizient zu verarbeiten." (Gräsel/Mandl 1999, S. 372f.).

Johann Friedrich Herbart (1776-1841) lieferte als erster eine systematische, wissenschaftlich Begründung von Unterrichtsmethoden. Er leitete Lehrverfahren aus der systematischen Analyse des individuellen Lernprozesses ab. Sein Konzept einer allgemeinen Methodenlehre wurde in der Folge weiterentwickelt und bestimmte die unterrichtsmethodische Ausbildung vor allem der GrundschullehrerInnen bis in die Anfänge unseres Jahrhunderts.

Aus heutiger Sicht haben sich Restelemente dieses „klassischen", lehrerzentrierten Schülerlernens, das sich auf eine passive Rezeption der vorgetragenen Unterrichtsinhalte reduziert, vor allem im „traditionellen" Frontalunterricht erhalten. Aus didaktischer Sicht lässt für moderne schulische Lernformen vereinfacht etwa folgendes Kontinuum aufspannen (siehe Abb. 2). Auf der Personenachse spannt sich über das Nähe-Distanz-Kontinuum der Bogen zwischen individuumsbezogenem Lernen, d.h. Lernen des Einzelnen und Lernen in Gruppen verschiedenster Größe unterschieden werden (vgl. Johnson/Johnson 1999). Auf der didaktischen bzw. Lernarrangement-Achse reicht das Spektrum von einer, primär passiv rezipierenden, stark vorstrukturierten, gelenkten Darbietung des Lernstoffes („Frontalunterricht") bis hin zu sehr offenen Lernformen, wobei erstere gerne als lehrerzentriert Lernformen, letztere als schülerorientiert bezeichnet werden (vgl. Gasser 2001, S. 30f; Meyer 2000).

Die angegebenen Beispiele in den vier Quadranten sollen mögliche methodische Umsetzungen illustrieren. Ob beispielsweise Hausaufgaben eher offen oder geschlossen sind, hängt letztendlich vom jeweiligen Einzelfall ab. Genauso verhält es sich bei den anderen Beispielen: Projektunterricht etwa könnte je nach Intention genauso gut auch individuum- statt gruppenbezogen gestaltet werden.

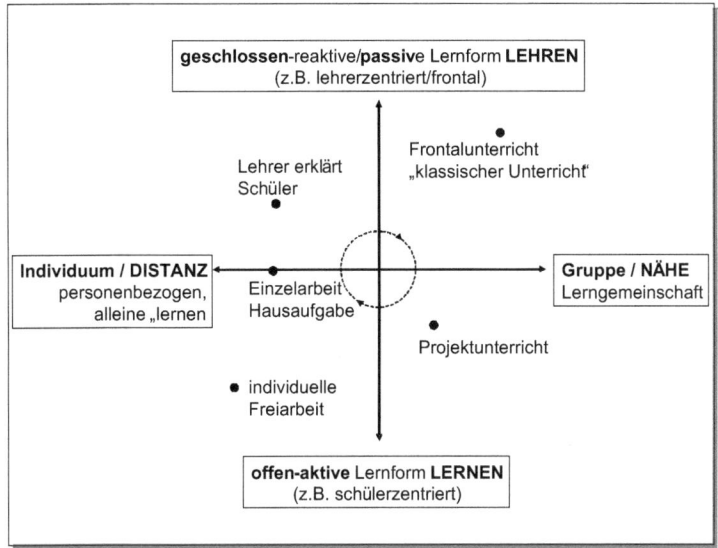

Abbildung 2: Spannungsfeld Lernformenkontinuum

Allen lehrerzentrierten Lernformen, in der Abbildung insbesondere denen im rechten oberen Quadranten, ist die primäre Orientierung an der LehrerInnenperspektive gemeinsam. Dahinter steckt die Annahme der schulmeisterlichen Kompetenz, wonach nur die Lehrperson über das nötige Wissen um Stoffinhalt und deren adäquate didaktisch-methodische Vermittlung verfügt.

Im Laufe des 19. Jahrhunderts wurden alternative Unterrichtsmethoden konzipiert, teils in direktem Widerspruch zur Lehre der Herbartianer, teils spontan als Erfindungen von Praktikern. Ein Blick in die Geschichte der Didaktik der letzten Jahrhunderte zeigt, dass die Hinwendung zur Adressatenperspektive, der paradigmatische Wechsel vom lehrer- und lehrzentrierten zum schüler- bzw. lernzentrierten Unterricht sich nicht plötzlich vollzogen hat. Insbesondere reformpäda-gogische Ansätze waren hierfür wegweisend (Maria Montessori, Peter Petersens Jena-Plan, Rudolf Steiners Waldorf-Pädagogik u.a.). Deren Konzeptionen einer „Pädagogik vom Kinde aus" (Montessori) ging mit einer unterrichtsdidaktischen Betonung der unteren beiden Quadranten aus Abbildung 2 einher. Dem Individuum und der Gruppe werden viele Freiheiten in Planung und Durchführung thematischer Lernprojekte übergeben, der Grad der Selbststeuerung auf Schülerseite wesentlich erhöht.

Diesen Wechsel von der Lehrer- zur Schülerperspektive berücksichtigend kann aus Sicht der Lehr-person in Bezug auf die Lernprozesssteuerung grob zwischen drei Lehr-Lernformen mit in der

Praxis fließenden Übergängen unterschieden werden: angeleitetes, moderiertes und autonomes Lernen (vgl. Gasser 2001, S. 30f). Bei angeleitetem Lernen behält der/die Lehrende die Kontrolle, „gibt Anordnungen, legt Details fest, geht schrittweise vor, kontrolliert, korrigiert, lässt wiederholen, lobt, bestätigt, verstärkt, etc." (Gasser 2001, S 31). Beim moderierten Lernen geht es vor dem Hintergrund des Prinzips der „minimalen Hilfe" darum, „Lernprozesse situativ, mit Aufgaben, Materialien und Lernangeboten anzuregen, anzuleiten, zu unterstützen" (Gasser 2001, S 31). Beim autonomen Lernen erhalten Schüler den größtmöglichen Grad an Selbstkontrolle und Selbststeuerung. „Die Lehrerin ist bestenfalls Lernberaterin, Anlaufstelle bei Schwierigkeiten, fachliche Gesprächspartnerin" (Gasser 2001, S 31).

In der folgenden Grafik (Abbildung 3) werden die drei Lernprozesssteuerungsmomente mit dem Lernformenkontinuum (Abbildung 2) verbunden:

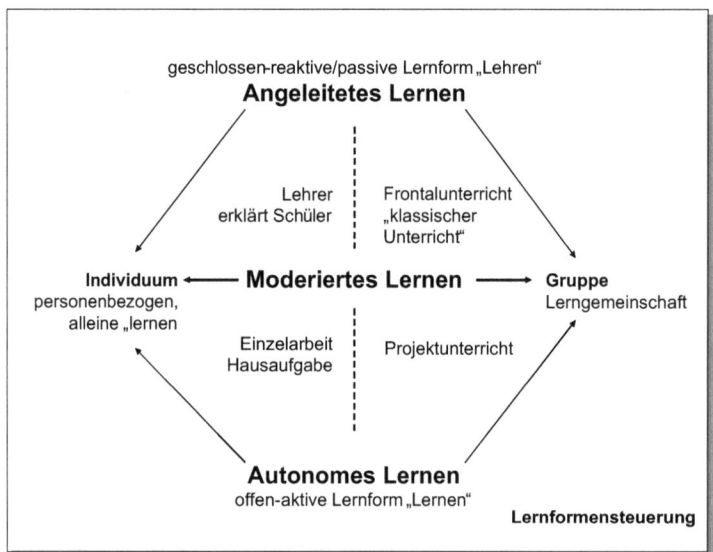

Abbildung 3: Lernformensteuerung

Modernes angeleitetes Lernen wie etwa in einem didaktisch gezielt eingesetzten Frontalunterricht darf dabei mit dem „klassischen" Bild von frontaler Einwegkommunikation keinesfalls verwechselt werden (vgl. etwa Meyer/Meyer, 1997).

Auch wenn sich der didaktische Fokus und die schulische Realität vom lehrerzentrierten, passivaufnehmenden Lernen zu selbstgesteuerten Lernformen hin verschiebt (Neber 1978, Knowles 1975, Weinert 1982), kommt der Lehrperson im Unterrichtssetting im Schulalltag immer noch eine zentrale Rolle zu. Im Unterricht organisiertes Lernen bedingt, vom Lernenden aus gesehen, innere Veränderungsmomente und äußere Anregungen. Das Lehren ist direkt für die äußere Anregung und indirekt für eine möglichst nachhaltige Unterstützung der beim Lernenden stattfindenden Veränderungsprozesse mit verantwortlich.

> „Lehren ist die methodisch geordnete Vermittlung eines Lehrinhalts an den Lernenden in einer pädagogisch vorbereiteten Umgebung" (Jank/Meyer 2002[5], S. 48)

Ein weiterer kurzer Blick zurück in die Geschichte zeigt jedoch, dass nicht nur die Unterrichtsformen, didaktischen Konzepte und Methoden, sondern auch das grundlegende Verständnis derselben einem historischen Wandel unterworfen ist.

> „Eines der wesentlichsten Merkmale dieses Wandels [...] ist die Ablösung der Vorstellung, dass Unterrichtsmethode jeweils an die leibhaftige Anwesenheit eines Lehrers (und eines Klassenraumes) gebunden zu sein habe. Die Entstehung neuer Formen *selbstorganisierten* (autodidaktischen) Lernens wie auch die Übertragung zentraler Lehrfunktionen an Medien [...] markieren einen historischen Wandel, der sich auch in einem veränderten Verständnis von Unterrichtsmethode niederschlägt. Hinzu kommt, dass – nicht zuletzt unter dem Einfluss antiautoritärer Bewegungen - die Lernenden als diejenigen in den Mittelpunkt rücken, um deretwillen Schulen eingerichtet werden und Unterricht veranstaltet wird. Nicht dass die Lehrer lehren, sondern dass die Adressaten lernen, wird als Hauptziel des Unterrichts erkannt." (Flechsig/Haller 1977, S. 185)

3.   Konstruktivistisches Lernen ohne LehrerInnen?

Seit den 80er/90er Jahren des 20. Jahrhunderts verschärfen Erkenntnisse aus Hirnforschung und daraus resultierende erkenntnistheoretische Folgerungen den Wechsel vom Lehren zum Lernen um ein weiteres Moment: was im Detail und wie SchülerInnen lernen, ist – konstruktivistischen Lerntheorien zufolge – von Lehrenden nur in höchst bedingtem Maß beeinflussbar. Lernen kann letztendlich nur als Vollzug von Selbstlernen konzipiert werden (Schmidt 2005, S. 105). Der Bremer Hirnforscher Gerhard Roth etwa weist darauf hin, dass

> „ein guter Lehrer den Lernerfolg nicht direkt erzwingen, sondern günstigstenfalls die Rahmenbedingungen schaffen (kann), unter denen Lernen erfolgreich abläuft" (Roth 2004, S. 496).

Gezieltes Lernen braucht jedoch in der Regel eine Form von Kontextualisierung, eine inhaltliche Verortung, einen Lernraum.

Die (grundsätzliche) Gestaltung der pädagogisch vorbereiteten Umgebung – der Begriff geht ursprünglich auf das reformpädagogische Konzept Maria Montessoris zurück – ist primär Aufgabe der Lehrperson mit ihrem didaktischen Know-how. Die zentrale Frage ist nun, wie möglichst optimal gestaltete Lernräume beschaffen sein müssen, um bei SchülerInnen nachhaltig wirksame Lernprozesse insbesondere auch bezogen auf spezifische Lerninhalte zu initiieren.

Konstruktivistische Lerntheorien liefern in diesem Zusammenhang besonders fruchtbare Modelle. Erkenntnistheoretische Grundannahme dabei ist, dass jedes Individuum seine Erkenntnisse selbst konstruiert. Lernen ist diesem Ansatz zufolge kein Abbildungsprozess, wo Lehrende in mundgerechte Portionen geschnittenes Wissen Schülern „löffelweise füttern". Vielmehr handelt es sich um einen individuellen, aktiven Aufbauprozess (Steiner 2001, S. 167), wo SchülerInnen ihre kognitiven Landkarten, Handlungsräume und Kompetenzen sukzessive erweitern.

In heute pädagogisch relevanten konstruktivistischen Theorien (vgl. etwa Jank/Meyer 2002, S. 293ff.) wird dem Konstruktionsprozess der lernenden Person das Hauptgewicht beigemessen. Eine direkte instruktive Beeinflussung der Lernenden ist, wie oben erwähnt, nur bedingt möglich. Inhaltlich zielgerichtetes (funktionales episodisches) Lernen ist trotzdem nicht dem Zufall überlassen. Insbesondere primär an selbstgesteuerten Lernprozessen orientierte reformpädagogische Unterrichtsmethoden haben hierzu Wege aufgezeigt. Entscheidend für eine nachhaltige Nutzung der konstruktiven Eigenaktivität der Lernenden sind entsprechend situierte Lernräume.

> „Wenn Wissen stets eine individuelle Konstruktion und Lernen ein aktiver, konstruktiver Prozess in einem bestimmten Handlungskontext ist, muss die Lernumgebung den Lernenden Situationen anbieten, in denen eigene Konstrukionsleistungen möglich sind und kontextgebunden gelernt werden kann." (Reinmann-Rothmeier & Mandl 2001, S. 615)

Für LehrerInnen und den Unterricht folgt aus dieser Herangehensweise etwas Entscheidendes, das über den (reformpädagogischen) didaktisch-methodischen Zugang einer ganzheitlichen Pädagogik vom Kinde aus hinausgeht: Lernende können zwar nicht unmittelbar, direkt beeinflusst werden, wohl jedoch indirekt, über die gezielte Gestaltung lernsituations- und themenadäquater Lernräume.

Aus Sicht des/der Lehrenden ist somit die Lernumgebung eines der zentralen Momente für erfolgreiches und nachhaltiges Lernen (in schulischem Kontext). Dies gilt über konstruktivistische Modelle hinaus wohl für jede moderne Didaktik. Speziell vom Standpunkt der konstruktivistischen Didaktik ist somit für Lehr-Lern-Settings der leitende Gedanke:

Konstruktivistische Instruktionsansätze beeinflussen und steuern Lernprozesse bei den Lernenden indirekt über die Bereitstellung adäquater Lernräume.

Neueste neuropsychologische Forschungsergebnisse weisen darauf hin, dass stimulierende Schlüsselsymbole die Merkfähigkeit nachhaltig verbessern (Otten/Quayle/Abraham et al. 2006). Übertragen auf Lernräume zeigen Erkenntnisse dieser Art zusätzlich die Relevanz der zeitlichen Dimension auf: Lernende sollten sich möglichst bereits vor Beginn der Lernsequenzen in einer adäquat gestalteten Umgebung befinden, um bildlich gesprochen die notwendige, zielgerichtete Awareness aufbauen zu können.

4. Starke Lernräume

4.1. Lehren in „starken Lernräumen"

Zur Gestaltung entsprechender Lernräume liegen bereits praktisch erprobte Konzepte vor (vgl. etwa Niggli 2005, Reinmann-Rothmeier/Mandl 2001, S. 613ff., Dubs 2005, S. 223f., Gasser 2001, S. 33ff., Wahl 2005). Rolf Dubs nennt nachhaltig lernwirksame Arrangements „starke Lernumgebungen". In diesen wird

> „die unterrichtliche Anordnung [...] so getroffen, dass sich die Lernenden ihr deklaratives und prozedurales Wissen aus komplexen, realistischen Problemen in authentischen Situationen konstruieren. Erst innerhalb solcher komplexer, mehrdimensionaler Lehr-Lern-Arrangements [...] lassen sich multiple Kontexte [...] herstellen und multiple Perspektiven [...] einbringen. Das alte Prinzip ‚vom Einfachen zum Komplexen' und die didaktischen Reduktionen genügen nicht, um verstandenes Wissen, das anwendbar ist, zu konstruieren." (Dubs 2005, S. 225)

Im Unterschied zu Dubs und anderen Autoren verwenden wir, wie in Abschnitt 4.2. begründet wird, statt „Lernumgebung" durchgehend den Begriff Lernraum. Entscheidend ist, dass auch im konstruktivistischen Lernparadigma die Lehrperson keineswegs überflüssig wird. Primäre Aufgabe für Lehrerinnen und Lehrer im Unterrichtsalltag wird weniger die Informationsvermittlung, sondern vielmehr eben die Schaffung entsprechender Lernräume, in denen Lernende selbstgesteuert ihre kognitiven Landkarten aufbauen und erweitern können.

Die Dynamik zwischen Instruktion durch Lehrende und Konstruktion durch Lernende besteht im Kern darin, dass LehrerInnen die Autonomie und Initiative von Lernenden akzeptieren, unterstützten und fördern (Dubs 2005, S. 226). Die Lernenden übernehmen im Unterschied zu klassischen didaktischen Konzepten zwar erheblich mehr Verantwortung für ihren Lernprozess. Dennoch liegt die primäre Hauptverantwortung bei den Lehrenden. Diese müssen altersstufenspezifisch einen Prozess der schülerseitigen Selbst- durch lehrerseitige Fremdsteuerung initiieren. Falls SchülerInnen das Angebot erfolgreich (im Sinn des Lernsettings) nutzen und in der Folge autonom bzw. eigenverantwortlich lernen, ist im günstigen Fall ein sich positiv verstärkender Kreislauf initiiert. Andernfalls muss der Lernraum in Absprache mit allen Beteiligten rearrangiert werden, um selbstgesteuerte Lernprozesse erfolgreich anzuregen. Erste Untersuchungen zeigen, dass mit der didaktischen Fokussierung auf indirekte Lernsteuerung über Lernräume nachhaltig bessere Lernergebnisse erreicht werden können (vgl. Schallies et al. 2005).

4.2. Der Lernraumwürfel: 6 Dimensionen starker Lernräume

Rudolf Dubs und andere Autoren (etwa Reinmann-Rothmeier/Mandl 2001, S. 613ff. und Wahl 2005) verwenden statt Lernraum den Begriff Lernumgebung. Uns erscheint in diesem Zusammenhang der Terminus Lernraum deshalb passender, da er die notwendige Dimensionierung des darunter verstandenen Konzepts gleich sprachlich mitintendiert: Lernraum meint wesentlich mehr als das adäquate Arrangement einer möglichst anregenden räumlichen Unterrichtsumgebung, die selbststeuerndes Lernen fördert. Der Begriff Lernraum ist im didaktischen Zusammenhang als dimensionierende Metapher zu verstehen. Den Ausgangspunkt bildet die Frage: Welche unterschiedliche zentralen Aspekte spielen im Zusammenhang mit der Gestaltung starker Lernumgebungen eine Rolle und wie lassen sich diese kategorisieren?

Im Folgenden werden sechs kategorisierende Dimensionen zur Strukturierung starker Lernräume mit der je entscheidenden Frage vorgestellt.

1) Soziale Dimension: Wer lernt?
2) Sachdimension: Was wird gelernt?
3) Raumdimension: Wo wird gelernt?
4) Zeitdimension: Wie lange und intensiv wird gelernt?
5) Didaktisch-methodische Dimension: Wie wird gelernt?
6) Kontextdimension: Unter welchen Rahmenbedingungen wird gelernt?

Im Unterricht „zum Leben erwecken" lassen sie sich auf unterschiedlichste Weise. Die konstruktivistische Didaktik ist wie alle anderen Modelle als Weiterentwicklung bestehender Unterrichtskonzeptionen zu verstehen und hat dementsprechend viele Methoden (vgl. etwa Reich 2006, S. 265ff) nicht neu erfunden, sondern baut vielmehr auf der Tradition von insbesondere pädagogisch-philosophischen (Dewey u.a.), reformpädagogischen (Montessori u.a.), psychologischen (Piaget), soziologischen (Luhmann) und erkenntnistheoretischen Konzeptionen (Wygotski, Glaserfeld, von Foerster, …) auf.

Zieldimension: Wozu wird gelernt?

Ein zentrales Moment fehlt in der angeführten Dimensionierung als eigenständige Kategorie. Die
   Zieldimension: Wozu wird gelernt?

Aufgrund der intensiven wechselseitigen Abhängigkeit mit den genannten Dimensionen erscheint uns eine Isolierung nicht zielführend. Besonders deutlich wird die Abhängigkeit der Zieldimension über biographische Aspekte mit der sozialen Dimension, über Vorgaben auf Makro-, Meso- und Mikrosystemebene durch die Kontextdimension und Lehr-Lehrarrangements der didaktischen Dimension.

Daher ist die Zieldimension als übergeordnetes, leitendes und gleichzeitig immanentes Prinzip bei der Strukturierung aller anderen Dimensionen zu verstehen (vgl. Meyer 2004, S. 67 ff.; Kraler 2000, 118 ff. und 172 ff.; Kraler 2000a).

1) Soziale (und personale) Dimension – Wer lernt?

Nachhaltiges schulisch-unterrichtlich organisiertes Lernen findet gewöhnlich in einem rituali-sierten sozialen Kontext statt. Im Regelschulsystem befindet sich normalerweise ein Klassen-verband mit einer Lehrperson in einem Unterrichtsraum. Der Lernprozess wird von individuellen Faktoren (Biographie, Motivation, Gefühle, …) und Gruppenaspekten (Gruppendynamik, Interaktion – Kommunikation, …) mitbestimmt (vgl. Tschira 2005, S 167ff.).

Sowohl aus der Sicht des Individuums als auch aus der der Gruppe ist hierbei entscheidend, dass nachhaltiges Lernen immer hochgradig kommunikative Momente beinhaltet (vgl. Straka/Macke 2002, S. 199ff.). Da starke Lernräume nach Dubs (2005, S. 225) komplexe, realistische Problem-stellungen beinhalten, ist

> „die Lernsituation so anspruchsvoll, dass sie vom einzelnen allein nicht bewältigt
> werden kann, sondern kollektives Lernen und/oder eine Lernberatung durch die
> Lehrperson erfordert." (Dubs 2005, S 225)

Lernen ist somit auf einen Diskurs angewiesen, in dem sich Lernende wie Lehrende zwar der Hierarchie bewusst sind, die Autonomie und Selbststeuerung des jeweils anderen jedoch respek-tieren und unterstützen. Die kommunikative Ausrichtung bedingt zudem die Hereinnahme des emotionalen Moments, wie etwa Schulz von Thuns kommunikationspsychologische Konzeption zeigt (Schulz von Thun 1981). Für die Konstituierung starker Lernräume ist somit eine Be-ziehungsdidaktik (Reich 2006, S. 15 ff.) zwingend notwendig. Das selbstgesteuerte Lernen komplexer Sachverhalte etwa bedarf eines anderen Umgangs mit Fehlern. Das geht insbesondere in Gruppen über kognitive Aspekte hinaus, bringt Wertungen und Emotionalität ins Spiel.

2) Sachdimension: Was wird gelernt?

Was gelernt werden soll, wird im gegenwärtigen Regelunterricht curricular gewöhnlich über kanonisierte Schulfächer über Rahmenlehrpläne vorgegeben. Die Inhalte des Mathematikunter-richts etwa sind, trotz aller Bemühung um Anwendungsbezogenheit, klar abgegrenzt von anderen Fächern (Schröder 2002, S. 82ff.). Diese traditionelle Fächeraufteilung widerspricht der Realität und der Konzeption starker Lernräume. Bereits „klassische" Methoden wie fächerübergreifender

Unterricht, Projektunterricht oder themenbezogener Unterricht zeigen hier Alternativen zur nachhaltigen Vermittlung von Wissen auf.

Die Einbindung weiterer Instrumente zur Förderung selbstgesteuerter und reflexiver Lernprozesse wie etwa über Portfolios bringt nachweislich bessere Lernergebnisse (vgl. etwa Schallies et.al. 2005), bedingt jedoch auch ein grundlegendes Umdenken bei Lehrenden in Bezug auf die direkte Steuerung von Lernzielen (vgl. etwa Reich 2006, S. 238ff.). Mit der gewünschten Erweiterung der Sachdimension weg von kanonisierten Fachinhalten hin zu fächerübergreifenden realitätsnahen Fragestellungen müssen sich auch Beurteilungskriterien ändern. Komplexität steht eindeutigen Ergebnissen in den meisten Fällen diametral gegenüber. Konkret am Beispiel: Nach welchen Kriterien etwa beurteilt man ein Präsentationsportfolio? Eine reine richtig-falsch Taxonomie wird hier zu kurz greifen und am intendierten Ziel vorbei gehen.

Pointiert formuliert könnte man die Frage nach dem „Was?" bzgl. starker Lernräume so beantworten: mehr auf einmal, aber insgesamt nicht so viel.

3) Raumdimension: Wo wird gelernt?

Unter der Raumdimension wird der konkrete, physische Lernraum, die physische Lernumgebung verstanden. Im Regelunterricht ist damit normalerweise der Klassenraum gemeint. Gasser berichtet von einer Umfrage, wo SchülerInnen besser lernen:

> „Von 92 Mittelschülerinnen und -schülern konnte genau ein Schüler in der Schule
> besser lernen als daheim, weil er als Bauernsohn zu Hause voll mitzuarbeiten hatte
> und für das Lernen schlicht keine Zeit aufbringen konnte." (Gasser 2001, S. 33).

Der Zusammenhang zwischen flächenmäßiger Klassengröße, Klassenausstattung und Anzahl der SchülerInnen ist nahe liegend. Moderne Lernlandschaften, wie Nebenräume, Nischen, runde Tische, Bibliotheken, Werkstätten laden eher zum Lernen „vor Ort" ein.
Wirklichkeitsnahes Lernen darf nicht mit außerschulisch-räumlicher Realität verwechselt werden. Vorrangig geht es um zum jeweiligen Lernthema passende Gestaltung des Lernortes.

> „Dies bedeutet, dass modern eingerichtete Schulzimmer nicht mehr die Struktur
> fixer und nach vorn bzw. auf Wandtafel und Lehrerpult ausgerichteter Bankreihen
> aufweisen, sondern den Charakter einer Lernlandschaft mit Lernorten und Arbeits-
> plätzen für Einzelne, für Lernpartner, Kleingruppen, Halbklassen haben." (Gasser
> 2001, S. 35).

Derartige räumliche Gestaltungen sind materialintensiv und würden wohl für viele Schulen eine erhebliche Umstrukturierung der bisher klassenbezogenen Raumkonzeption bedeuten.

4) Zeitdimension: Wie lange und intensiv wird gelernt?

Aus dem „Wo" und „Was" wird ersichtlich, dass der künstliche, fachspezifische 45-Minuten-Takt einer Schulstunde dem Konzept starker Lernräume widerspricht. Maria Montessori etwa hat ein auf das Lernindividuum bezogenes Alternativkonzept entworfen, in dem der/die Lernende den Arbeitsrhythmus und die Beschäftigungsdauer weitgehend selbst bestimmt. Diese freie, selbstgesteuerte Entscheidung führt zu einer Disziplin, die von innen kommt und nicht von außen aufoktroyiert wird. – In Montessori-Klassen ist es erstaunlich ruhig... .

In der Regel gilt für starke Lernräume, dass die zur Verfügung stehende Zeit nicht zu kurz sein darf. Bereits im Regelschulsystem bieten sich hier über fächerübergreifenden Unterricht und Doppelstunden Möglichkeiten an.

5) Didaktisch-methodische Dimension: Wie wird gelernt?

Die Frage ist nicht mehr, wie kann gelehrt – sondern, wie kann nachhaltig gelernt werden. Welche Methoden ermöglichen es Lernenden, Wissen als aktives Individuum zu konstruieren. Reformschulkonzepte haben es zu Beginn des Letzten Jahrhunderts bereits vorgezeigt. In der aktuellen didaktischen Diskussion führt beispielsweise Hilbert Meyer bei seinen 10 Merkmale guten Unterrichts die Methodenvielfalt an,

> „um der Vielfalt der unterrichtlichen Aufgabenstellungen gerecht zu werden, zum anderen, um die Heterogenität der Lernvoraussetzungen und der Interessen der Schülerinnen und Schüler zu beachten." (Meyer 2004, S. 74).

Entscheidend bei der Wahl der Methoden ist, inwieweit diese die Eigenaktivität der Lernenden derart fördern und fordern können, dass diese Wissen nachhaltig konstruieren können. Gerade die konstruktivistische Didaktik hat hierzu ein reichhaltiges Methodenrepertoire von Laborsettings, Tutoren/Paten, Lernberichten, Gruppenpuzzeln, der Aristotelischen Wiese, Werkstrassen über reflexive Methoden (Tschirna 2004, S. 326ff.) und vieles mehr gesammelt. Kersten Reich stellt einen umfassend kommentierten Methodenpool unter *http://www.uni-koeln.de/ew-fak/konstrukt/didaktik/* zur Verfügung (vgl. auch Reich 2006, S. 265ff.).

6) Kontextdimension: Unter welchen Rahmenbedingungen?

Kontextdimensionen beziehen sich auf gesellschaftliche, bildungs- und schulpolitische, strukturelle und organisationale Aspekte, die den unterrichtlichen Rahmen und somit auch starke Lernräume direkt oder indirekt beeinflussen bzw. mitgestalten. Die grundlegende Entscheidung wo (in der Schule) und was (Allgemein- und Basiswissen aus einem Fächerkanon) gelernt werden soll, wird durch gesellschaftliche Rahmenbedingungen vorgegeben. Durch die Geschichte und durch verschiedene Kulturen zeigt sich, dass Schule als Subsystem der Gesellschaft diese widerspiegelt (Wiater 2005). Helmut Fend hat in seiner 1980 erschienenen „Theorie der Schule" festgestellt, dass Schule mehr ist als nur Wissensvermittlung. Er nannte – aus gesellschaftlicher Sicht – drei

Hauptfunktionen: Qualifikation (Vermittlung von Schlüsselqualifikationen für das Beschäftigungs-system), Selektion oder Allokation (das schulische Auslesesystem weist Positionen in der Sozial-struktur zu), Integration und Legitimation (durch Vermittlung von Werten und Normen werden die Jugendlichen in das gesellschaftliche System integriert). Seitdem sind viele weitere Aufgaben dazugekommen: Vermittlung von Lernkompetenzen, Aufbewahrungsfunktion, Innovationsfunk-tion, Integrationsfunktion, kompensatorische Funktion, familienergänzende Funktion, Präventions-funktion, um nur einige zu nennen.

Im ersten Moment scheint mit diesen Vorgaben der Spielraum zur Gestaltung starker Lernum-gebungen sehr eingeschränkt zu sein. Ein Blick auf die lebendige Schulentwicklungsdebatte seit etwa Mitte der 90ger Jahre zeigt jedoch, dass dem nicht so ist. Der Gestaltungsspielraum scheint mit der Übernahme zusätzlicher Funktionen für Schulleitung und Lehrerkollegien m.E. aufgrund neuer Instrumente paradoxerweise fast größer geworden zu sein (vgl. etwa Schratz 1998, Schratz 2003)

4.3. Annäherung an eine neue Lernkultur

Didaktische Rahmen für die Gestaltung starker Lernräume gibt es inzwischen verschiedenste. Besonders bewährt haben sich neben klassischen Methoden wie offenem, genetischen oder entdeckendem Lernen u.a. die Situated Cognition-Bewegung, der Anchored Instruction-Ansatz, der Cognitive Apprenticeship-Ansatz (Reinmann-Rothmeier/Mandl 2001, S. 613 ff.) bzw. das Konzept des Problem-Based Learning (Weber 2004). Fraglich bleibt, inwieweit diese Ansätze sich in unserem veränderungsträgen Bildungssystem verwirklichen lassen. Antje Tschira resümiert:

> „Um sich auf die Methoden richtig einlassen zu können, empfiehlt es sich, den üblichen Schulrahmen zu vergessen (Klassenverbände, 45-Minuten-Takt, Schul-fächer etc.), denn innerhalb dieses Rahmens mag vieles nicht durchführbar sein. Aber warum sollte Schule nicht auch ganz anders organisiert werden können? Das ist in vielerlei Hinsicht sogar unabdingbar, um sinnvolles Arbeiten zu ermög-lichen." (Tschira 2005, S. 326)

Letztendlich läuft die erfolgreiche Umsetzbarkeit einer lernparadigmatischen Auslegung im hier vorgestellten Sinn darauf hinaus, inwieweit alle betroffenen Systemebenen von der rahmen-strukturierenden Schulpolitik bis hin zur Lern-Lehrinteraktion der unmittelbar Betroffenen im Unterricht sich auf die notwendigen Veränderungen am bestehenden Status Quo einlassen können.

Im abschließenden Kapitel zeigen wir auf, dass die Implementation der geforderten Lernkulturen eines Musterwechsels bedarf, der durch kreative Lösungen geprägt ist.

5.   Musterwechsel und kreative Lösungen

Die Sicherheit ist im Schulwesen auf allen Ebenen verloren gegangen. Die Behaglichkeit des Bezugs auf die guten Erfahrungen der Vergangenheit ist gestört. Die zaghaften Ansätze der inner- schulischen Evaluation werden regelmäßig durch die kalte Dusche externer Assessments überrollt. Politik macht wieder Schule. Bildungspolitische Positionen zählen. Doch ist die Aufstellung nicht mehr eindeutig. Ideologie und Rahmenbedingungsdebatten verweben sich mit Inhalts- und Methodenfragen. Strukturdebatten kreuzen sich mit Prozessgestaltungsfragen. Es scheint, als stünde das gesamte professionelle Selbstverständnis der Schule auf dem Prüfstand. Es scheint einzutreffen, was Niklas Luhmann aus systemtheoretischer Sicht fragte, nämlich „ob das Erziehungssystem aus eigenen Beständen neue Reflexionsideen generieren kann oder ob es auf Irritationen und strukturelle Kopplungen mit seiner gesellschaftlichen Umwelt angewiesen ist – nicht zuletzt, um sich als Differenz erfahren zu können" (Luhmann 2002, 196). Die Irritationen, welche die gegenwärtige Debatte um PISA und die Einführung der Bildungsstandards ausgelöst hat, treffen wir auf allen Ebenen des Schulsystems an. Auf der Mikroebene ist davon vor allem der Unterricht betroffen.

Selbstständigkeit, Eigenverantwortung, Kreativität und divergentes Denken können nicht verord- net werden. Wenn Lernprozesse gelingen sollen, dann müssen sie auch scheitern können. Der Umgang mit offenen Prozessen muss gelernt werden. Offene Prozesse leben vom Feedback, sie gedeihen am besten im Resonanzraum. Die Schule ist in ihrem unterrichtlichen Wirken häufig resonanzarm. Sie kennt „richtig und falsch", aber nicht „interessant, spannend, gut gedacht, etc." Die Kunst und Professionalität des Lernens ist schwach entwickelt. Vielfach besteht Ratlosigkeit, wenn es um die Lösung von anstehenden Problemen geht. Meist werden die alten Muster einer Problemlösungsstrategie eingesetzt, die dem Teufelskreis des Machens unterliegen (siehe Abbildung 4).

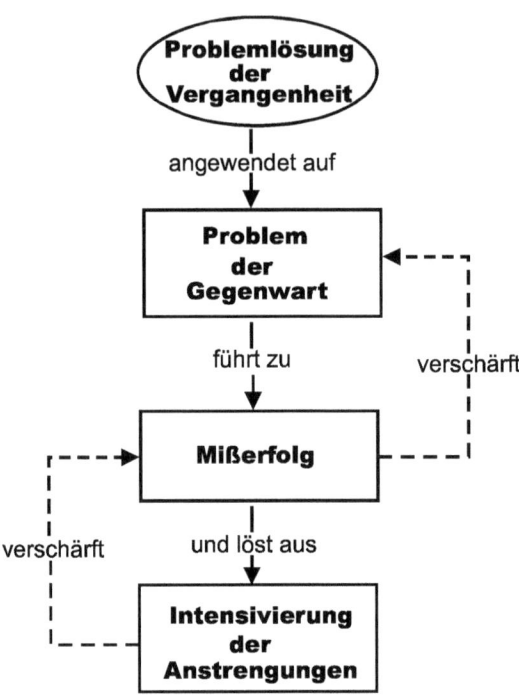

Abbildung 4: Teufelskreis alter Lösungsansätze (nach Krüger/Ebeling 1991)

In dieser Problemlösungsmentalität liegt die Falle des „Managens" von Unterrricht (*classroom management*).

> „Die angemessene Wahrnehmung eines Problems steckt mit dem Problem schon unter einer Decke und trägt zur Kontinuierung des Problems, aber nicht dazu bei, es durch seine Lösung aus der Welt zu schaffen. Wer ein Problem löst, hat es auf eine gewisse Weise nicht angemessen verstanden. Denn wer ein Problem löst, hat das Problem nicht im Problem, sondern in der Lösung gesehen. Er ist mit einem Wissen um die Lösbarkeit des Problems an das Problem herangegangen und hat Mittel und Wege gefunden, diese Unterstellung einzulösen." (Baecker 1994, S. 117-118)

Dazu gehört das Entdecken neuer Möglichkeiten zur Lösung von komplexen Problemen, das Arbeiten an den Systemgrenzen, das Schaffen eines neuen Paradigmas durch .

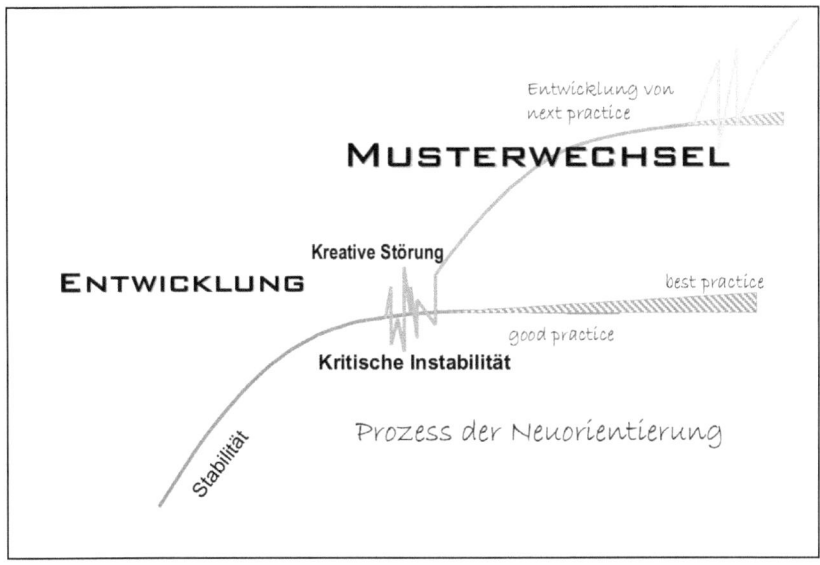

Abbildung 5: Musterwechsel über kreative Störungen

Abbildung 5 zeigt auf, dass Menschen auf Veränderungsdruck zumeist mit dem Versuch reagieren, „die Leistung im Rahmen bestehender Funktionalität zu verbessern" (Kruse 2004, 19). Kruse unterscheidet daher zwischen Funktionsoptimierung, die einer typischen Lernkurve entspricht, die am Anfang eine starke Steigerung aufweist, dann aber ein (Lern-)Plateau auftritt, das zu einer gewissen Entwicklungssättigung führt. Es tritt der so genannte „Deckeneffekt" auf, nach dem weitere Verbesserungen nur mehr unter Einsatz von großen Kraftreserven möglich sind. Das alte Muster stößt gleichsam an die in ihm stehenden Möglichkeiten. Um Individuen und Systeme dennoch – im Sinne der Funktionsoptimierung – zu höheren Leistungen anzuspornen, werden Modelle von best practice als Zielperspektive zur Motivationsförderung eingesetzt (beispielsweise durch die Schaffung von Modellschulen), die diese Leistungen allerdings meist nur unter besonderen Bedingungen zu erbringen vermögen. Aus diesem Grund werden sie zum Teil auch nicht mehr als anzustrebende Zielvorgabe angesehen, da die Kontextbedingungen in „normalen" Schulen damit nicht vergleichbar sind.

Um das alte Muster zu verlassen, sind Ereignisse bzw. Interventionen nötig, die eine Perspektive für Neues eröffnen, die den Weg zur „next practice" weisen. Ein solcher Musterwechsel ist im Sport beispielsweise im Hochsprung zu finden, als die Spitzenleistungen über den traditionellen Straddle nicht mehr überboten werden konnten, sich durch die Einführung des Fosbury Flops bei der Olympiade in Mexiko neue Möglichkeiten eröffneten. Der unorthodoxe Anlauf von Richard

Douglas Fosbury wurde zunächst eher misstrauisch beurteilt, da er nicht in das alte Muster passte. Erst als die unbekannte 16jährige deutsche Gymnasiastin Ulrike Meyfahrt bei der Olympiade in München mit dem Fosbury Flop den Olympiasieg errang, hat sich das neue Muster als die neue Sprungform durchzusetzen begonnen.

An diesem Beispiel lässt sich gut erkennen, dass Prozessmusterwechsel meist ein Angriff auf das Etablierte sind und daher in der Regel misstrauisch beobachtet werden. Veränderungen des Status quo werden selten mit Begeisterung aufgenommen. Durch die anfängliche Unsicherheit erfolgt meist auch insgesamt eine gewisse Instabilität: Die alten Muster greifen nicht mehr, die neuen sind noch nicht habitualisiert. Es handelt sich um eine Art Inkubationsphase für die Integration des Neuen, das das Alte durcheinander bringt oder sogar in Frage stellt. Daher brauch Lernen Spielräume und Fehlertoleranz. „Die Selbstorganisationstheorie lehrt uns, dass eine grundlegende Musteränderung eine Instabilität benötigt und in der Instabilität die weitere Entwicklung des Systems prinzipiell unvorhersagbar ist." (Kruse 2004, 57) „In der Instabilität verringert sich in Systemen zwar vorübergehend die Handlungsfähigkeit, aber die Anapassungsfähigkeit ist erhöht, und sie werden kreativ." (Kruse 2004, 61) Daher brauchen Prozessmusterwechsel eine Vision und die Bereitschaft, sich auf Leistungseinbrüche und Verunsicherung einzulassen.

Literatur

Ariès, Ph. (1992). Geschichte der Kindheit. München: dtv.

Baecker, D. (1994). Postheroisches Management. Berlin: Merve.

Cochran-Smith, M. (2005). The New Teacher Education: For Better or for Worse? Educational Researcher, Vol. 34, No 7, pp. 3-17.

Comenius, J. A.: Große Didaktik (hrsg. v. A. Flitner). Stuttgart: Klett-Cotta, 1985.

Dubs, R. (2005). Konstruktivistische Überlegungen zur Unterrichtsgestaltung. In: Baumgart, F./Lange, U./Wigger, L. (Hrsg.). (2005). Theorie des Unterrichts, S. 223-230. Bad Heilbrunn: Klinkhardt.

Fend, H. (1980). Theorie der Schule. München, Wien, Baltimore.

Flechsig, K.H. & Haller, H.D. (1977). Einführung in didaktisches Handeln. Stuttgart: Klett.

Johnson, D.W. & Johnson, R. T. (1999[5]). Learning Together and Alone. Cooperative, Competitive, and Individualistic Learning. Boston, London: Allyn and Bacon.

Gasser, P. (2001). Lehrbuch Didaktik. Bern: h.e.p.

Gräsel, C. & Mandl, H. (1999). Problemorientiertes Lernen in der Methodenausbildung des Pädagogikstudiums. Empirische Pädagogik,13(4), 371-391.

Greif, S. [1.4. 2006]. Selbstorganisierende Prozesse beim Lernen und Handeln. – Neue Erkenntnisse aus der Grundlagenforschung und ihre Bedeutung für die Wissensgesellschaft. <http://www.psycho.uos.de/fach/aopsych/Mitarbeiter/greif/Resourcen/neuro-sol4.pdf>

Jank, W. & Meyer, H. (2002^5). Didaktische Modelle. Berlin: Cornelsen Scriptor.

Knowles, M. (1975). Self-Directed Learning: A Guide for Learners and Teachers. New York: Association Press.

Kraler, Ch. (2000). Schülerorientierte Didaktik im Mathematikunterricht. Band 1: Mathematikbild und Sinnfrage. Dissertation: Universität Innsbruck.

Kraler, Ch. (2000a). Die Einstellung von Schülerinnen und Schülern zum Mathematikunterricht. In: Buber, R. & Zelger, J. (Hrsg.). Gabek II. Zur Qualitativen Forschung. Innsbruck: Studienverlag, S. 357-387.

Krüger, W./Ebeling, F. (1991): Psychologik: Topmanager müssen lernen, politisch zu handeln. In: HARVARDmanager 2, S. 47-56.

Kruse, P. (2004). Next Practice. Erfolgreiches Management von Instabilität. Veränderung durch Vernetzung. Offenbach: Gabal Management Verlag.

Luhmann, N. (2002). Das Erziehungssystem der Gesellschaft. Frankfurt/M.: Suhrkamp.

Meyer, H. & Meyer, M. (1997). Lob des Frontalunterrichts. In: Meyer, M. et al. (Hrsg.). (1997). Lernmethoden-Lehrmethoden, pp. 34-37. Friedrich - Jahreshefte XV, Seelze.

Meyer, H. (2000^{11}). UnterrichtsMethoden. II: Praxisband. Berlin: Cornelsen Scriptor.

Neber, H.C./Wagner, A. & Einsiedler, W. (Hrsg.). (1978). Selbstgesteuertes Lernen. Psychologische und pädagogische Aspekte eines handlungsorientierten Lernens. Weinheim, Basel: Beltz.

Niggli, A. (2005). Die Passung von Instruktion und Selbstlernen als Grundelement arrangierter Lernwelten. In: Voß, R. (Hrsg.). LernLust und EigenSinn, S. 42-53. Heidelberg: Carl Auer.

Otten, L.J./Quayle, A.H./Akram, S./Ditewig, Th. & Rugg, M.D. (2006). Brain activity before an event predicts later recollection. Published online: 26 February 2006; doi: 10.1038/nn1663, <http://www.nature.com/neuro/journal/vaop/ncurrent/abs/nn1663.html>

Reble, A. (1992). Geschichte der Pädagogik. Stuttgart: Klett-Cotta.

Reich, K. (2006^3). Konstruktivistische Didaktik. Lehr und Studienbuch mit Methodenpool. Weinheim, Basel: Beltz.

Reinmann-Rothmeier, G. & Mandl, H. (2001^4). Unterrichten und Lernumgebungen gestalten. In: Krapp, A. & Weidenmann , B. (Hrsg.). (2001^4). Pädagogische Psychologie, S. 601-646. Weinheim: Beltz.

Roth, F. (2004). Warum sind Lehren und Lernen so schwierig. Zeitschrift für Pädagogik 50 (7/8), S. 496-506.

Schallies, M./Dumke, J./Häcker, Th./Wellensiek, A./Eysel, C./Bergmann, S./Mühlhäuser, E./Linsler, Th./Pfeifer, G./Bachner, J. (2005). BLK-Modellversuchsprogramm „Lebenslanges Lernen" – Programmelement: „Qualität des Lernens verbessern, Schulkultur und Lernumgebungen entwickeln". BLK Abschlussbericht 2005.

Schmidt, S.J. (2005). Selbstorganisation und Lernkultur. In: Voß, R. (Hrsg.). (2005). LernLust und EigenSinn, S. 99-108. Heidelberg: Carl Auer.

Schratz, M. (2003). Qualität sichern: Schulprogramme entwickeln. Seelze: Kallmeyer.

Schratz, M. & Steiner-Löffler, U. (1998). Die Lernende Schule. Arbeitsbuch pädagogische Schulentwicklung. Weinheim, Basel: Beltz.

Schratz, M. & Weiser, B. (2002): Dimensionen für die Entwicklung der Qualität von Unterricht. In: SE – Journal für Schulentwicklung 4/2002, 36-47.

Schröder, H. (2002^2). Lernen – Lehren – Unterricht. Lernpsychologische und didaktische Grundlagen. München, Wien: Oldenburg.

Schulz von Thun, F. (1981 fortlaufend). Miteinander reden, Band 1-3. Reinbek: Rowohlt.

Straka, G. & Macke, G. (2002). Lern-Lehrtheoretische Didaktik. Münster, New York, Berlin: Waxmann.

Steiner, G. (2001). Lernen und Wissenserwerb. In: Krapp, A. & Weidenmann, B. (Hrsg.). (20014). Pädagogische Psychologie, S. 137-206. Weinheim: Beltz.

Tschira, A. (2005^2). Wie Kinder lernen – und warum sie es manchmal nicht tun. Heidelberg: Carl Auer.

Wahl, D.: (2005). Lernumgebungen erfolgreich gestalten. Vom trägen Wissen zum kompetenten Handeln. Bad Heilbrunn: Klinkhard.

Weber, A. (2004). Problem-Based Learning. Ein Handbuch für die Ausbildung auf der Sekundarstufe II und der Tertiärstufe. Bern: hep.

Weinert, F.E. (1982). Selbstgesteuertes Lernen als Voraussetzung. Methode und Ziel des Unterrichts. Unterrichtswissenschaft (2), 99-110.

Wiater, W. (2005). Theorie der Schule. In: Apel, H.J. & Sacher, W. (Hrsg.). Studienbuch Schulpädagogik. (S. 29-49). Bad Heilbrunn: Klinkhardt.

Medienkompetenz und lebenslanges Lernen
Zeitdiagnostische Gesprächsangebote und Überlegungen am Beispiel von Social Software

Theo Hug und Patricia Köll

Medienkompetenz war lange Zeit das Herzwort medienpädagogischer Diskurse. Seit einigen Jahren erweist sich der Ausdruck jedoch als Drehtürbegriff, der sowohl in wissenschaftlichen als auch in wirtschaftlichen, politischen, rechtlichen und bildungspraktischen Zusammenhängen Verwendung findet. Dabei spielen unterschiedlichste Akzentsetzungen, Begründungsweisen und Funktionen eine Rolle. Das Spektrum reicht von verbreiteten Fokussierungen auf Aspekte des technologischen Geschicks und der Mediennutzung über Fragen der Informationsbewältigung und Wissensorganisation bis hin zur gesellschaftlichen Partizipationskompetenz und zur Befähigung zum reflexiven Selbstmanagement in der globalen Kultur. Der vorliegende Beitrag reflektiert einige Ausgangspunkte zur Frage des Lernens in Medien-, Wissens- und Netzwerkgesellschaften (1) sowie die Bedeutung der Medienkompetenz-Diskurse im Kontext lebenslangen Lernens (2). Im dritten Abschnitt werden einige Optionen im Zusammenhang von Social Software Entwicklungen diskutiert (3) und schließlich am Beispiel des Projekts „medienpaedagogik.at / Lifelong Learning & New Media" veranschaulicht (4).

1. Lernen in Medien-, Wissens- und Netzwerkgesellschaften – Aspekte einer Problemkonstellation

1.1 Inflation und Notwendigkeit griffiger Selbstbeschreibungen gesellschaftlicher Trends

Wer sich für eine zeitgemäße Befassung mit Themen des Lernens und der Bildung interessiert, kommt nicht umhin zu fragen, in welcher Zeit und in welcher Gesellschaft wir denn leben. Auch wenn die Antworten bisweilen vereinfachend und einseitig ausfallen, so zeigt bereits eine oberflächliche Betrachtung derselben, dass wir es mit vielfältigen Varianten gesellschaftlicher Selbstbeobachtung zu tun haben. Dies lässt sich durch explizierende Hinweise auf das fragende Wir beispielsweise unter Generationen-Begriffen leicht verdeutlichen. Welches Wir ist gemeint? Die Gleichzeitigkeit des Ungleichzeitigen wird da schon auf der Ebene von Etikettierungen klar: Flakhelfer-Generation, KKK-Generation, 68er-Generation, Generation Woodstock, Null-Bock-Generation, Just-do-it-Generation, 89er-Generation, MP3-Generation, Web-Generation, Fun-Generation, Spaß-Generation, Generation @, Generation Golf, Generation Dinks[1], Netzwerk-kinder, Millennials, Bobos, etc. Je nach Selbst- und Fremdzuschreibung und je nach Milieu, Bildung, Einkommen, sozialem Status und Geschlecht werden wir unterschiedliche zeitdiagnostische Beschreibungen bekommen, die sich nicht von einem „archimedischen Punkt" aus objektivieren lassen.

Ähnlich verhält es sich mit den zeitdiagnostisch-soziologischen Beschreibungen. Das Spektrum reicht hier von der Erlebnis- und Kommunikations- über die Informations- und Wissens- bis hin zur Medien- und Weltgesellschaft (s. Schimank/Volkmann 2000, 2002). Wenn wir von der Verwendung solcher Ausdrücke im Sinne leerer Worthülsen einmal absehen, dann eröffnen die jeweiligen Beschreibungen unterschiedliche Reflexionshorizonte und Möglichkeiten der Kontingenzverarbeitung. Insgesamt haben wir es mit einer Inflation verschieden griffiger Selbst-beschreibungen von gesellschaftlichen Trends zu tun. Siegfried J. Schmidt spricht in diesem Zusammenhang von „operativen Fiktionen" (Schmidt 2006, S. 4). Damit wird die doppelte Perspektive der Unerlässlichkeit solcher Beschreibungen für die Gestaltung von Kommunika-tionsprozessen und der Unvermeidlichkeit ihres fiktionalen Charakters betont. Er fasst solche operativen Fiktionen als reflexive Strukturen auf und unterscheidet dabei

> „im Wissensbereich Erwartungserwartungen und im Motivations- und Intentionsbereich Unterstel-lungsunterstellungen. Wenn wir miteinander kommunizieren, unterstellen wir stillschweigend, dass die Kommunikationsmittel, die wir verwenden, ähnlich verwendet werden, dass die Themen, die wir behandeln, ähnlich interpretiert werden u.s.w. Wir unterstellen auch, dass die Intentionen, ein Gespräch zu führen, von beiden Seiten loyal und vergleichbar sind. All das können wir nicht über-prüfen, und deshalb spreche ich von Fiktion. Es handelt sich um eine operative Fiktion, weil ohne

---

[1] Double income no kids.

diese Fiktion keine Sprache, keine Kommunikation, keine Kognition funktionieren würde. Funktioniert eine operative Fiktion, bewährt sie sich; funktioniert sie nicht, brauchen wir eine neue, um mit dem Scheitern umgehen zu können. Das heißt, es gibt keinen Punkt, an dem wir unsere Handlungen festmachen könnten: Es gibt nicht die eine Wirklichkeit, die eine Wahrheit oder die eine Moral. All das entsteht in den Prozessen, in denen wir uns befinden. Und all diese Prozesse setzen voraus, dass wir bei anderen Menschen und Kulturen ähnliche Intentionen, Erfahrungen und Semantiken voraussetzen." (Schmidt 2006, S. 4)

Damit rücken dynamische, prozessuale und transversale Aspekte im Umgang mit zeitdiagnostisch-soziologischen Beschreibungen in den Vordergrund. Tatsachen-Ansprüche werden so probeweise vorausgesetzt und auf ihre Anschließbarkeit überprüft und nicht als Faktum hingestellt. Analoges gilt für Beschreibungen, die auf Transformationsprozesse abheben: Auch hier liegt der Akzent auf der sukzessiven Beobachtung dieser Prozesse und deren Bedingungen und nicht auf einer einmal getroffenen Transformationsdiagnose, die in der weiteren Folge unterstellt wird.

1.2   Mediengesellschaft – Wissensgesellschaft – Netzwerkgesellschaft

Im Zusammenhang unserer Überlegungen erachten wir jene Diskurszusammenhänge als besonders relevant, die Medialisierungs-, Wissens- und Netzwerkprozesse ins Zentrum der Betrachtungen stellen. Dafür sprechen empirische und theoretische Argumente, die unter den Auspizien einer „medialen Wende" bedeutsam geworden sind. Damit ist grosso modo gemeint, dass Medialität keine optionelle Dimension darstellt, die zur Bestimmung von Erziehung, Bildung, Sozialisation, Kommunikation, Gesellschaft und Kultur quasi hinzukommen kann oder auch nicht. Sie bezeichnet vielmehr die unausweichliche Verfasstheit dieser Bereiche. Im Anschluss an die Beobachtungen, die zur Rede von der Medialisierung der Lebenswelten geführt haben, zeichnet sich seit einigen Jahren unter den Titeln „medial turn" (R. Margreiter) und „mediatic turn" (G. Sonesson, W. van Bisbergen / J. de Mul) ein paradigmatischer Wandel ab. In Analogie zu bekannten Fokussierungen auf Sprache (linguistic turn), Kognition (cognitive turn), Zeichen (semiotic turn) oder Bilder (iconic turn) wird hier das Augenmerk auf Medien gelegt.

Die Rede von einer solchen „medialen Wende" meint auf einer meta-theoretischen Ebene eine Alternative und Ergänzung der etablierten Paradigmen, die sich durch eine Konzentration auf Medien, Medialität und Medialisierung auszeichnet. Auf einer empirischen Ebene wird die Bedeutung der Medien für Prozesse der Kommunikation, des Wissensaufbaus und der Wirklichkeitskonstruktion hervorgehoben. Der Ausdruck „Medialisierung der Lebenswelten" beinhaltet dann gewissermaßen beide Aspekte: Die erfahrbare Alltagswelt und Beobachtungen der „Mediendurchdringung" sowie die Unhintergehbarkeit medialisierter Welten und deren Funktion als Ausgangspunkte für unsere Erkenntnisbestrebungen.

Göran Sonesson (1997) hat als einer der ersten diese Herausforderungen im Zusammenhang kultursemiotischer Überlegungen thematisiert. Im deutschen Sprachraum hat Reinhard Margreiter

(1999) den Ausdruck „medial turn" geprägt und in ersten Ansätzen charakterisiert. Er erläutert dieses „Medien-Apriori" wie folgt:

> „Nicht nur die Neuen Medien, sondern auch die ‚alten' Medien Oralität, Literalität und Buchdruck – genauer: die jeweilige historische *Konstellation interagierender Medien* – sind als dieses Apriori zu begreifen und funktional zu beschreiben. Medienphilosophie stellt somit weitaus mehr dar als eine sogenannte Bereichsphilosophie, denn *Medialität* ist nicht eine periphere, sondern *die* zentrale Bestimmung des menschlichen Geistes" (Margreiter 1999, S. 17; Hervorhebungen im Org.).

An der Universität Rotterdam ist weiters eine Arbeitsgruppe damit befasst, unter dem Titel „mediatic turn" und unter Berücksichtigung globalisierungstheoretischer Positionen die Ontologie der Medialisierung auszubuchstabieren (Binsbergen & Mul, o.J.).

Die theoretische Ausarbeitung dieser Programme steht am Anfang. Die Konsequenzen für die Diskurse der Medienkompetenz und des Lebenslangen Lernens (LLL) werden erst auszuloten sein. Vorderhand erscheinen auf diesem Hintergrund drei Beschreibungsperspektiven besonders relevant:

- Die Perspektive *Medienkulturgesellschaft* fokussiert die Ko-Evolution medialer, sozialer, politischer, ökonomischer und kultureller Veränderungen. Die Einführung neuer Medien schafft historisch immer wieder neue Spielräume der Kommunikation und Kognition sowie der Politik und Ökonomie. Die historischen Medien-Konstellationen stellen dann jeweils für gewisse Zeiträume Strukturbedingungen der Vergesellschaftung und der Wirklichkeitskonstruktion dar (vgl. Schmidt 2000, S. 175 ff; 2005).
- In der Perspektive *Wissensgesellschaft* werden Dimensionen der Schaffung, Verfügung, Verteilung und Tradierung von Wissen problematisiert. Dabei geht es vor allem um die Bedeutung unterschiedlicher Wissensformen sowie um deren Zusammenspiel und deren Stellenwert als Produktionsfaktoren. Gerade die Vielgestaltigkeit des Wissens, seiner Repräsentationsformen und seiner sozialen Verteilung stellt eine besondere Herausforderung für die Pädagogik dar. Diese lässt sich nicht mit euphorischen Wissensgesellschafts-Verkündungen, sondern nur mit differenzierten Reflexions- und Orientierungsangeboten bewältigen (vgl. Höhne 2004, Kübler 2005).
- In der Perspektive *Netzwerkgesellschaft* wird eine uralte menschliche Praxis weiter gedacht (vgl. Davies 2003, Castells 2005). Durch den Einfluss der Informationstechnologien entwickeln sich aus traditionellen Netzwerken heute Informationsnetzwerke, die weit reichende Transformationsprozesse in Arbeits-, Bildungs- und Lebenswelt in Gang gesetzt haben

Werden diese Perspektiven mittels offener und flexibler Konzepte modelliert, so ergeben sich spannende Möglichkeiten der integrativen Betrachtung. Zukunftsweisende Analysen von „Wissensprozessen in der Netzwerkgesellschaft" finden sich etwa bei Gendolla und Schäfer (2005).

1.3   Bildung in der Netzwerkgesellschaft

Die Frage nach der Bildung in Netzwerkgesellschaften ist mit einigen Paradoxien und Ambivalenzen verknüpft. Hier zwei Beispiele für entsprechende Spannungsfelder:

- Europäisierung und Internationalisierung des Bildungswesens – Reformresistenzen

  Die Mobilitätserwartungen der europäischen Binnenmärkte sind Teil des medialen Alltagsdiskurses geworden. Mit ihnen korrespondieren Prozesse des Abgleichs und der Normierung, die auf der Ebene gesetzlicher Bestimmungen ansatzweise gelingen. Auf der Ebene faktischer Vollzüge hingegen sind wir weit entfernt von jenen Formen der „Durchlässigkeit" und der geografischen und sozialen Mobilität, die subjektiv und institutionell gleicher Maßen befriedigend sind. Unübersehbar sind die Reformresistenzen auf nationaler, regionaler und teilweise auch auf institutioneller und individueller Ebene.

- Kommerzialisierung des Wissens – Sozialpflichtigkeit des Wissens

  Die These der zunehmend betriebswirtschaftlichen Kalkulation der Wissensproduktion gewinnt vermehrt an Bedeutung (Hug/Perger 2003, S. 10 f). Nicht nur in betrieblichen oder journalistischen Kontexten wird heute mehr denn je in erster Linie profitables und digitalisierbares Wissen vermehrt. Analoges gilt zunehmend für das gesamte institutionalisierte Bildungswesen. Anderseits werden auch die Probleme immer deutlicher, die mit einseitig verteilten Wissensbeständen, der gesellschaftlichen Macht wissenschaftlicher Erkenntnisse und undemokratischen Formen der Verfügung über Wissen verbunden sind. Die Bildungskosten-Berechnungen führen in die Irre, wenn sie am Ende die Demokratie kosten (s. Hierdeis 2006, S. 129).

Die Liste ließe sich fortsetzen und weiter ausführen anhand von Spannungsfeldern wie marktorientierte Qualifizierung – Persönlichkeitsbildung, Edutainment – Medienbildung oder anhand der Herausforderungen und Versprechungen des Lebenslangen Lernens. Die zentrale Frage bleibt: Wie können Lern- und Bildungsprozesse Einzelner unter den Bedingungen medialisierter Lebenswelten befördert werden?

Eine erste wichtige Forderung, die sich auf dem Hintergrund der zeitdiagnostisch-soziologischen Skizzen ergibt, bezieht sich auf die Gestaltung von flexiblen Lernformen und Lernumgebungen sowie deren kollaborativen Nutzungsmöglichkeiten. Unter diesem Aspekt verlagert sich der Akzent in Bildungsprozessen von einer statischen Ausrichtung hin zu einem dynamischen Prozess. Dies verlangt neue, zusätzliche Kompetenzen, die es ermöglichen aus einem Überangebot aus Informationen gezielt auszuwählen und zu prüfen, Wissen zu generieren und zu kommunizieren und mit weiteren Bausteinen bzw. Ressourcen zu vernetzen. Medienkompetenz erweist sich für diese Tätigkeiten sowohl in praktischer als auch in theoretischer Hinsicht als unumgängliche Schlüsselkompetenz.

Um die komplexen Zusammenhänge in diesen dynamischen Bildungsprozessen zu unterstützen und für Lernprozesse zugänglich und sichtbar zu machen, ist eine Analyse der einzelnen Schritte notwendig. Roell (2005) definiert diese Arbeitsschritte wie folgt:

(Kodifizierte) Information suchen und finden
Persönliche Information organisieren (PIM)
Information verstehen und einordnen
Bedeutungen aushandeln
Ideen entwickeln
Ein persönliches Netzwerk aufbauen und pflegen
In Gemeinschaften zusammenarbeiten

Tabelle 2: Anforderung an WissensarbeiterInnen (Roell 2005)

Daraus ergeben sich neue Fragen, die es zu erörtern gilt. Was bedeutet es,

- wenn sich Lehrende und Lernende untereinander vernetzen und auf neue Weise auch außerhalb institutionellener Kontexte in Kommunikation treten können? (Rollenverteilung)
- wenn Lehrende nicht mehr als einzige Wissensquelle dienen, sondern weltweit Wissensressourcen abgerufen werden können? (hierarchische Strukturen, selbstgesteuertes Lernen etc.)
- wenn Lernen in Kommunikationsnetzwerken stattfindet (informelles Lernen, bottom-up Lernprozesse)
- wenn Konnektivität eine neue Kernkompetenz für Lernen und Lehren darstellt (vgl. Siemens 2005a)

Siemens (2005a) geht diesen Fragen im Zuge einer konnektivistischen Lerntheorie nach. Er zeigt auf, dass klassische Lerntheorien nicht falsch sind, aber den Ansprüchen einer Wissensgesellschaft nicht mehr genügen. Eine Lerntheorie für das digitale Zeitalter muss sowohl Netzwerkbildung und dezentrales Lernen berücksichtigen. Aus dieser Perspektive richtet sich der Fokus in Lernprozessen nicht mehr ausschließlich auf Inhalte, sondern mindestens in gleichem Maße auf die Lernumgebung, die es ermöglicht Knotenpunkte und Verbindungen für die individuelle Wissenskonstruktion aufzubauen.

Ähnliche Elemente finden sich auch in beziehungsorientierten Konstruktivismus-Didaktiken (Voß 2002, Reich 2004) und in der konstruktivistischen Theorie des *Situated Cognition* (vgl. Mandl/ Gruber/Renkl 1997, S. 168 f). Situativität definiert in traditioneller Perspektive örtliche, soziale und kulturelle Komponenten. Die Lernumgebung in Verbindung mit individuellem Vorwissen, sozialem und kulturellem Setting entscheidet in hohem Maße, wie eigenes Wissen konstruiert wird. Neu daran ist nun, dass diese Prozesse vorwiegend in digitalen Netzwerken ablaufen. Das weltweite Netz steht sozusagen als individualisierbare Lernumgebung zur Verfügung, in der selbstgesteuerte Lernprozesse möglich sind.

Entsprechend bleibt die Gestaltung von Lernarrangements nicht mehr auf eine einzelne Institution beschränkt. Lernen findet in der Wissensgesellschaft idealerweise in interdisziplinären Netzwerken statt, in denen Wissen und Kompetenz aus vielen verschieden Organisationen zusammenfließt und kommuniziert wird. Netzwerke bestimmen in Lernprozessen des 21. Jahrhunderts wesentlich über Erfolg und Misserfolg.

1.4   Vision einer vernetzten Gesellschaft

Der Medienphilosoph Marshall McLuhan hatte bereits in den 60er Jahren, als erste Computer und Netzwerke im Entstehen waren, die Vision eines „Global Village". Erste euphorische Annahmen, dass jede(r) durch das Internet eine Stimme bekommen konnte, mussten aber bald einer Desillusionierung weichen. Trotz Entwicklung eines weltweiten Netzwerkes war die Vision des „Gobal Village" nicht zu verwirklichen und zwar aus ganz pragmatischen Gründen:

- Zugang (technische Ressourcen),
- finanzielle Ressourcen und
- Medienkompetenz (Fähigkeiten und Fertigkeiten zur Anwendung, Orientierung und Gestaltung).

In unserem Kulturkreis scheitern erfolgreiche Online–Kommunikationsprozesse weniger an finanziellen Ressourcen und Zugangsbeschränkungen zum Internet, sondern am so genannten „Second Digital Divide" (Hargittai 2002).

An Kommunikations- und Vernetzungsprozessen im Internet konnte lange Zeit nur teilnehmen, wer die komplizierten technischen Abläufe im Hintergrund verstand, uneingeschränkten Zugang hatte, die Fachterminologie beherrschte oder die finanziellen Ressourcen besaß, um sich dies als Dienstleistung zukaufen zu können. Tim Berners-Lee, der Erfinder des Web, kommentiert diesen Konflikt in seinem eben eröffneten Blog am M.I.T. wie folgt:

"In 1989 one of the main objectives of the WWW was to be a space for sharing information. It seemed evident that it should be a space in which anyone could be creative, to which anyone could contribute.[…] Strangely enough, the web took off very much as a publishing medium, in which people edited offline. Bizarely, they were prepared to edit the funny angle brackets of HTML source, and didn't demand a what you see is what you get editor. WWW was soon full of lots of interesting stuff, but not a space for communal design, for discource through communal authorship." (Berners-Lee 2005)

Während die Vorteile des Netzes bislang einer Techno-Elite (Castells 2005) vorbehalten waren, scheint nun durch Social Software ein erster Schritt in Richtung „Humanisierung des Netzes" (Sixtus 2005) gelungen zu sein.

2.   Aspekte der Medienkompetenz-Debatte

2.1   Medienkompetenz – Entstehung und diskursive Ausfaltung

Die Medienkompetenz-Diskussion wurde bekanntlich bereits Anfang der 70er Jahre von Dieter Baacke gestartet und von ihm (s. Baacke 1997, S. 98 ff; Lauffer / Volkmer 1995) und vielen anderen kontinuierlich weiter ausdifferenziert. Der Ausdruck „Medienkompetenz" ist mittlerweile jedoch zum politischen Kampfbegriff geworden, der gerne von juristischer, psychologischer, technologischer oder wirtschaftlicher Seite für sich in Anspruch genommen wird (vgl. Gapski 2001). Dabei wird zunehmend deutlich, dass die Medienpädagogik am ehesten imstande ist, die diversen Diskursstränge zusammen zu denken und integrative Konzepte vorzulegen.

In den diversen Diskurssträngen geht es im Einzelnen um die Befähigung

- zum mündigen Rezipienten im Sinne individueller und demokratischer Orientierung
- zur Wahrnehmung technischer Bilder und zum reflexiven Umgang mit neuen Codes und medialen Symbolen
- zum aktiven Mediennutzer, der Entwicklungs– und Gestaltungsmöglichkeiten auslotet
- zur kritischen Reflexion ethischer, ökonomischer, interkultureller, politischer, geschlechtsspezifischer, sozialer oder juristischer Aspekte der Informations- und Kommunikationstechnologien
- zur Informationsbewältigung, Wissensorganisation und zum Medienmanagement oder
- zum emanzipatorisch motivierten Medienanbieter.

Diese Kompetenzbereiche werden unterschiedlich gebündelt und gewichtet (vgl. exemplarisch Rein 1996, Schell u. a. 1999, Bonfadelli 2004). Was das Grundverständnis der diversen Bündelungen und Gewichtungen betrifft, sind allerdings immer wieder Verkürzungen anzutreffen. So hat insbesondere Baacke (1997, S. 99) betont, dass Medienkompetenz im Sinne einer gesellschaftlichen Partizipationskompetenz verstanden werden und weder subjektivistisch noch rationalistisch verkürzt werden soll. Abgesehen von der häufigen Vernachlässigung der Körperlichkeit und der Emotionalität der Menschen sind auch Bedenken im Hinblick auf andere Verkürzungen wie die tendenzielle Verabsolutierung einzelner Dimensionen, die Auflistung von Dimensionen[2] mittels unreflektierter Anwendung eines Komponentenmodells oder die Fokussierung nationaler Perspektiven unter Missachtung globaler Entwicklungen angezeigt.

Solcher Verkürzungen lassen sich vermeiden, wenn bei der Modellierung und Beförderung von Medienkompetenz folgende Aspekte Beachtung finden:

- Reflexion und Gestaltung verschiedener Perspektiven statt Reduktion der Bemühungen auf eine technologische, ökonomische, medienkritische oder pädagogische Dimension

---

[2] Stefan Aufenanger hat die Dimensionen seines Medienkompetenz-Konzepts (1997) auf dem Hintergrund eines Theorieprogramms strukturgenetischer Ansätze und der Arbeiten von Jürgen Habermas begründet; er stellt hier eine Ausnahme dar.

- Fähigkeit zur verantwortungsbewussten Integration pädagogischer, sozial-politischer und ökonomischer Motive
- integrative Entwicklung sozial–kommunikativer, technischer, theoretischer, methodo-logischer und selbstreflexiver Kompetenzdimensionen in Relation zu Lebensabschnitten, sozio–kulturellen Problemlagen und spezifischen Anwendungskontexten
- Fähigkeit zum Übergang zwischen Medienwelten und Wirklichkeitsbereichen (transversale Kompetenz)
- Meta-Medienkompetenz als Orientierungs- und Navigationskompetenz.

Mit diesen Eckpunkten ist nicht ein einzelner Begriff von Medienkompetenz charakterisiert, sondern vielmehr ein Programm umrissen, mit dem spezifischere Modelle in prozess- und problemadäquater Weise generiert werden können.

2.2 Medienkompetenz, Bildung und Lebenslanges Lernen

Ein so verstandener Medienkompetenz-Diskurs ist eng mit dem Bildungs-Diskurs verknüpft, wobei es auch hier gilt Einseitigkeiten und Verkürzungen zu vermeiden. Die vordergründigsten Fallstricke liegen in der Reduktion von Bildung auf qualifikatorische Aspekte, in der Beschwörung problemlösender Effekte bei gleichzeitiger Ausblendung der problemgenerierenden Dimensionen sowie in der Problematik einer primär ökonomie-getriebenen Bildungspolitik. Andererseits greifen auch die Vorstellungen von wohl abgerundeter Ganzheitlichkeit und Dauerhaftigkeit mancher breiter angelegten Bildungskonzepte angesichts der eingangs skizzierten Zeitdiagnosen zu kurz. Letztere legen bricolierende Bildungskonzepte nahe, die wie folgt charakterisiert werden können:

- Auffassungen der „Akteur-Welt-Relation", die sich durch reziproke Interdependenz-ketten, partielle Bindungen auf Zeit und die Anerkennung pluraler, fragmentierter Selbst- und Weltverhältnisse („schwacher Subjektbegriff") auszeichnen
- stückweise Wissensvernetzung statt ein allumfassender Wissensrahmen als Aus-gangspunkt, ergebnisorientiertes Zusammenspiel von focal knowledge und tacit know-ledge sowie Akzente auf Wissensdimensionen, die auf dem Kontinuum Instantwissen – Langzeitwissen (Hug/Perger 2003) mittlere Positionen einnehmen
- Fähigkeiten und Fertigkeiten zur kreativen und lösungsorientierten Problembearbeitung im Spannungsfeld von Phantasie und Kalkül mit begrenzten Ressourcen (Vermögen)
- Konzentration auf Teilprozesse und partielle Vernetzungsleistungen, Fähigkeit zur sukzessiven Selbst-Überschreitung (individueller Prozess).

Diese Charakteristika und die Anerkennung des epistemologischen Pluralismus legen einen Bildungsbegriff nahe, für den zumindest drei Aspekte wichtig sind: Pluralitätskompetenz, reflexive Lernfähigkeit und Überwindung diskursiver Zwänge (vgl. Hug 1996, S. 55 ff).

	Bildung als Pluralitäts-kompetenz	Bildung als reflexive Lernfähigkeit	widerstreitende Bildung
Erläuterung	transversale Kompetenz, Befähigung zum gedeih-lichen Umgang und zur geschickten Intervention in pluralen Lagen	Befähigung zur mehrper-spektivischen Reflexion von Lernprozessen	Überwindung diskursiver Zwänge, Verzicht harmonisierende Ideale
thematische Relevanz	Umgang mit Lebenswelten als Medienwelten, Formaten, Codes, Metaphernkompetenz	(Re-)Organisation von Lern-prozessen, Medien-, Affekt- und Aufmerksamkeitsmanagement	Referenzmodalitäten, Modularisierung und Modalisierung der Wirklichkeitserfahrung
deshalb	**Bildung als Medienbildung** – Bildung mit Medien statt gegen Medien **Bildung als Fähigkeit und Befähigung zum Differenzmanagement**		

Tabelle 2: Bildung im Zeichen des epistemologischen Pluralismus (Hug 1996)

Harmonisierende Tendenzen haben in diesem Konzept eine relative Bedeutung. Der Akzent liegt eher auf der Entwicklung von Kompetenzen zum Differenzmanagement (vgl. Schmidt 2002, S. 92).

Die Komplementarität von Lernen und Bildung einerseits sowie Kompetenz und Performanz ande-rerseits ist für viele Konzepte tragend geworden. Dies gilt auch für die Ebene der Europäischen Bildungspolitik. So wurde im November des Vorjahres ein Vorschlag für eine Empfehlung des Europäischen Parlaments und des Rates zu Schlüsselkompetenzen für lebenslanges Lernen angenommen,

"in dem erläutert wird, welches die grundlegenden Fähigkeiten, Kenntnisse und Einstellungen sind, über die jeder Europäer in einer wissensbasierten Gesellschaft und Wirtschaft verfügen sollte. Die folgenden acht Schlüsselkompetenzen wurden ermittelt: (1) muttersprachliche Kompetenz; (2) fremd-sprachliche Kompetenz; (3) mathematische Kompetenz und grundlegende naturwissenschaftlich-technische Kompetenz; (4) Computerkompetenz; (5) Lernkompetenz; (6) interpersonelle, interkul-turelle und soziale Kompetenz und Bürgerkompetenz; (7) unternehmerische Kompetenz; (8) kulturel-le Kompetenz. Diese Kompetenzen stützen sich auf bestimmte Grundfähigkeiten, zu denen in allen Lebensbereichen nützliche Aspekte wie kritisches Denken, Kreativität, europäische Dimension und aktive Bürgerschaft zählen." (Europäischer Rat 2005)

Dass diese Fähigkeiten „zur Entfaltung der Persönlichkeit, zu aktiver Mitwirkung und zu verbes-serter Beschäftigungsfähigkeit" (ebd.) beitragen können, steht außer Zweifel. *Wie* dies im Detail der Fall sein kann, steht allerdings auf einem anderen Blatt. Wenn hier etwa von „Computer-kompetenz" die Rede ist, dann wird deutlich, dass symbolische Seite der Medienentwicklungen unterbelichtet geblieben ist und nicht einmal auf einer konzeptionellen Ebene angemessen zum Ausdruck kommt. Wir können es uns aber nicht leisten, neue Technologien in Milliardenhöhe zu fördern und die vergleichsweise äußerst bescheidenen Investitionen in den Bereichen Bildung und Erziehung auf halbierte Schlüsselkompetenzen hin auszurichten oder die gekürzten Mittel auch in thematischer Hinsicht auf den Umgang mit Technik zu verkürzen. Was die Performanz der unterschiedlichen Dimensionen und deren Zusammenspiel betrifft, so deuten die „Umsetzungen" einschlägiger Konzepte keinesfalls konsequent auf Zielhorizonte des kritischen Denkens, der Kreativität und der Persönlichkeitsbildung. Entsprechende Nachweise liegen jedenfalls nicht vor. Analoges gilt für problematische Effekte. Einzelbeobachtungen der Beförderung von kritisch-reflexiven und kulturell-kommunikativen Kompetenzen sowie von begrenzten Qualifizierungen um den Preis von Unterordnung, Egomanie und Konkurrenz sind gleichermassen ernst zu nehmen. Exemplarisch lässt sich dies am Beispiel von Lernangeboten mit Fernstudiencharakter verdeutlichen. Einerseits werden die meisten EntscheidungsträgerInnen die folgenden fünf Anhaltspunkte unterschreiben, die Christopher McIntosh für erfolgreiche Studienprogramme hervorhebt:

"In the planning of distance higher education one needs reliable and up-to-date information and analysis in a variety of areas, chiefly the following five: (1) learners and their needs; (2) teachers and their needs; (3) the needs of employers and the market; (4) didactic methods; (5) technological developments (such as methods of online delivery of learning material)." (McIntosh 2005, S. 8)

Andererseits lässt sich in etlichen Einrichtungen beobachten, dass in den Implementierungsprozessen (1) und (2) zuerst gestrichen werden, (5) häufig im Vordergrund steht, (4) auf der Basis beschränkter Horizonte unzureichend bedient wird und (3) aus dem Blick gerät. So kommt es nicht selten vor, dass am Ende des Tages Serviceeinrichtungen als gut ausgestattete Innovationsbremsen wirken, anstatt Services im Dienste der Bedürfnisse von Lehrenden und Studierenden zu bieten. Im vierten Abschnitt werden wir zeigen, dass Social Software einige Möglichkeiten bietet, lernerorientierte Perspektiven in einer integrativen Weise zu befördern. Was die Theorie und Praxis von gouvernementalitätskritisch reflektierten Ansätzen der Medienkompetenz betrifft (Heel 2005), so stehen wir allerdings erst am Anfang der Entwicklungen.

Menschen des 21. Jahrhunderts werden unterschiedliche Aufgaben im Laufe eines Arbeitslebens bewältigen müssen, und dies kann nur durch stetige Weiterbildung gewährleistet werden. Es gilt daher einerseits als europaweites Ziel, Lebenslanges Lernen und damit selbstgesteuerte Bildungsprozesse in den Vordergrund zu rücken (vgl. Chisholm, Larson und Mossoux 2004). Andererseits gilt es, Klarheit in den Relationen von Selbst- und Fremdsteuerung zu bekommen, Räume für instrumentelle und expansive Lernformen zu gestalten, differenzierte und umsichtige Nutzenabwägungen zu tätigen sowie Tendenzen der Beförderung „benevolenter Subordinationsverhältnisse" (B. Rathmayr) in Grenzen zu halten.

3.   Social Software – Entstehung und Charakteristik

3.1   Social Software – Eine Begriffserklärung

Zur Social Software zählt man neben Weblogs auch Podcasts, Wikis, Social Bookmarking-Systeme, Instant Messaging und Internetforen. Unter diesem Begriff fasst man Software-Systeme zusammen, die Kommunikation und Interaktion im Netz unterstützen bzw. erst ermöglichen. Der Begriff ‚Social Software' hat sich ca. um 2002 etabliert und impliziert eine Unterscheidung in „soziale" und „nicht soziale" Software. Wenn soziale Software ein Ausdruck für Software ist, die Interaktion und Kommunikation im Web unterstützt, muss man davon ausgehen, dass dies bis zu diesem Zeitpunkt nicht selbstverständlich war.

Weblogs eröffnen neue Dimensionen der Teilnahme an globalen Kommunikationsprozessen. Menschen, die zwar Zugang zum Netz haben und sich das auch finanziell leisten können – und das ist in der europäischen Staatengemeinschaft die überwiegende Mehrheit – können nun als aktive Produzenten im Web auftreten. Technisch gesehen wird das durch die strikte Trennung von Inhalt und Form über ein Content Management System ermöglicht. Vom Verfassen eines Beitrages bis zum Veröffentlichen sind es meist nur wenige Minuten. Die Software koordiniert die technischen Vorgänge im Hintergrund, sodass sich AnwenderInnen auf die Inhalte konzentrieren können.

3.2   Entstehung von Weblogs

Weblogs sind in den 90er Jahren in den USA entstanden. Tragend war dabei das Bedürfnis, interessante Webseiten mit Kommentaren zu versehen und weiterzuschicken. Den Beginn der Weblog-Ära setzt man mit 1997 an, als John Barger[3] sein Netztagebuch erstmalig als „Weblog" bezeichnete (s. Burg 2002). Weblogs haben sich vor allem im englischsprachigen Raum verbreitet. Einer der ersten erfolgreichen Blogger in Deutschland war der Schockwellenreiter (seit 2000)[4]. Seit diesem Zeitpunkt steigt sowohl die Anzahl der Blogs als auch der Bekanntheitsgrad von Blogs im deutschsprachigen Raum kontinuierlich an. [5]

Besondere Aufmerksamkeit erlangten Weblogs im US-Präsidentschaftswahlkampf 2004 und durch Katastrophen wie 9/11 oder der Tsunami Katastrophe. Die informelle Berichterstattung vor Ort, die sich minutenschnell um den Erdball verbreitete, rückte Blogs vermehrt in die öffentliche Diskussion (vgl. blogbar.de 2004).

---

[3] http://www.robotwisdom.com
[4] http://www.schockwellenreiter.de/
[5] http://klauseck.typepad.com/prblogger/2005/12/wbstudie.html

Was kennzeichnet das Weblog?[6]

o   **Beiträge** stehen im Mittelpunkt von Weblogs. Diese werden umgekehrt chronologisch angezeigt, und können Texte, Bilder oder Video- oder Audiodateien enthalten Der neueste Eintrag steht oben, ältere Texte finden sich weiter unten oder sind über ein automatisch generierendes Archiv zugänglich.

o   **Kommentare** können einfach und unkompliziert zu jedem Beitrag von der Leserschaft verfasst werden und sind ebenfalls sofort online zu sehen. Dies fördert auf unkomplizierte Art und Weise eine Zwei-Weg-Kommunikation. Die Leserschaft kann ihre Stellungs-nahmen oder Verweise auf andere Websites und Quellen darlegen.

o   **Kategorien bzw. Tags** ermöglichen es thematisch verwandte Inhalte zu gruppieren und für die Leserschaft leichter auffindbar zu machen.

o   Das **Blogroll** ist eine Spalte, in der thematisch verwandte Weblogs oder aus Sicht des Betreibers interessante Websites aufgelistet und verlinkt werden.

o   Anhand des **Kalenders** kann man per Mausklick die am jeweiligen Tag oder im jeweiligen Monat veröffentlichten Beiträge aufrufen.

o   Mit der **Such- und Abofunktionen** besteht die Möglichkeit sich die jeweils neuesten Einträge bzw. Kommentare automatisch als RSS-Feed zuschicken zu lassen.

o   Durch **RSS (Real Simple Syndication)** werden einzelne Blogbeiträge in das maschinen-lesbare XML Format umgewandelt und unter einer eindeutigen Internetadresse als Feed bzw. als reine Nutzdaten ohne den Ballast von Layout-Infos bereitgestellt. So kann man die entsprechenden Nachrichtendienste kostenfrei abonnieren und sich per Mausklick ein maßgeschneidertes persönliches Informationsangebot zusammenstellen.

Quelle: Zerfaß und Boelter 2005

4.   Projektbeispiel medienpaedagogik.at / Lifelong Learning & New Media

Um Studierende bereits während des Studiums auf die beruflichen und lebenspraktischen Anforderungen der Netzwerkgesellschaft vorzubereiten, müssen neben traditionellen formellen Lernprozessen auch informelle und selbstgesteuerte Lernprozesse gefördert und unterstützt werden. In Bildungsprozessen nach traditionellem top-down Modell wird diesen Lernformen je-doch nur bedingt Platz zugestanden.

Neue Webpublishing Technologien, wie Weblogs und Portfolios, ermöglichen durch zunehmend einfach zu bedienende technische Funktionen (trackback[7], RSS[8]) Kommunikationsprozesse in

---

[6] Das Geschlecht des Wortes Weblog im deutschen Sprachgebrauch ist noch nicht einheitlich definiert. Der Trend zeigt in Richtung einer Definition von Weblog als Neutrum
(vgl. http://de.wikipedia.org/wiki/Diskussion:Weblog#Hei.C3.9Ft_es_.22der.22_oder_.22das.22_Weblog.3F).

Netzwerken zu unterstützen. Technologie erweist sich jedoch nur dann als zweckmäßig, wenn Menschen diese Kanäle mit Ihren Meinungen, ihren Ideen und Angeboten kontinuierlich füllen, aber auch kritisch begutachten, gegeneinander abwägen und fähig sind, zwischen unterschiedlichen Perspektiven und Fachgebieten Verbindungen und Brücken herzustellen, um diese als Wissensressourcen zu nutzen.

Diese Grundüberlegungen führten zur Auswahl eines Weblogs als technische Basis für das Projekt *medienpaedagogik.at – LifelongLearning & NewMedia*, um nonformelle Prozesse der Wissenskonstruktion und Wissensorganisation in Netzwerken strukturell zu ermöglichen.

4.1 Ziele des Projekts

Das Weblog verfolgt drei Ziele, die nachfolgend kurz dargestellt werden sollen.

4.1.1 Österreichweite Vernetzung medienpädagogischer Institutionen bzw. Verbände, Gruppierungen etc. und Förderung des (in)formellen Wissensaustausches

In das Konzept werden sowohl ExpertInnen aus Wissenschaft und Wirtschaft als auch DiplomandInnen und DissertantInnen eingebunden. Diese können sich als AutorInnen betätigen als auch Onlineberatungen anbieten. Studierende erhalten so die Gelegenheit sich auf dem Blog mit ihren Forschungszielen und Interessensgebieten publik zu machen, eine Stimme zu erhalten, Netzwerke zu knüpfen und mit ExpeteInnen in Austausch zu treten. Dies kann besonders in der Studienabschlussphase als Sprungbrett dienen, um den Übergang von Studium zu Beruf bzw. weiteren wissenschaftlichen Wegen zu ermöglichen. Durch die technischen Möglichkeiten der einfachen Vernetzung wird ein Austausch zwischen ExpertInnen, AbsolventInnen und Studierenden strukturell unterstützt.

4.1.2 Förderung selbstgesteuerter Lernprozesse der TeilnehmerInnen

David Gray (1999) von der Surrey Universität, England, einer der führenden Experten auf dem Gebiet des selbstgesteurten Lernens betont, dass besonders das Zusammenspiel von informellem Lernen und neuen Technologien eine entscheidende Entwicklung im Prozess von fremdbestimmten zu selbstbestimmten Lernprozessen darstellen wird.

Durch das stark dialogisch ausgerichtet Design eines Weblogs sowie einfachen Möglichkeiten zu kommentieren, zeichnen sich Weblogs als dezentral organisierte Communities aus (Harper 2005). Das heißt, die TeilnehmerInnen werden nicht etwa durch eine zentrale Aufsichtsperson, sondern durch die „many-eyeball-theory" der Community gefordert, ihre Beiträge sorgfältig zu verfassen und Verantwortung dafür zu übernehmen, da eine breite Schicht diese lesen wird und gegebenen-

---

[7] Funktion, mit der Weblogs Informationen über Reaktionen bzw. Kommentare ihren Blog betreffend, durch einen automatischen Benachrichtigungsdienst (Ping) untereinander austauschen können.

[8] Really Simple Syndication: diese Funktion speichert eine Kurzbeschreibung der Blog-Inhalte in maschinenlesbarer Form, welche mit einem Aggregatorprogramm (Reader) automatisch erfasst wird und an die die Nutzer weitergeleitet wird.

falls kommentieren bzw. kritisieren kann. Wie viel geschrieben wird, wann geschrieben wird, wie viele Beiträge geschrieben werden, wird nicht zentral vorgegeben. Jedoch hat sich gezeigt, dass der Arbeitsprozess nicht beim Schreiben endet, sondern AutorInnen durch Kommentare bzw. Verlinkungen und im Zuge des Recherchierens eingebunden sind in einen kontinuierlichen Lese-Schreibprozess. Weblogs fokussieren nicht ausschließlich die Textproduktion, sondern sie bilden eine enge Symbiose zwischen Lesen und Schreiben (vgl. Perschke und Lübcke 2005). Das Schreiben ist vielmehr das Folgeprodukt oder Endprodukt des Lesens – ich lese etwas, verlinke, schreibe darüber, kommentiere und lese wieder andere Kommentare und bin so eingewoben in einen Zirkel des Lesen – Recherieren – Schreiben (ebd.).

4.1.3 Beratungs-, Anlauf- und Vermittlungsstelle für Fragen rund um Medien und Lebenslanges Lernen, Förderung von Medienkompetenz

Durch das direkte Arbeiten am Weblog kann man Lernende auf zwei Ebenen erfassen: Vordergründig steht die Vermittlung von Sachwissen und Faktenwissen zeit- und ortsunabhängig zu vermitteln. Zugleich werden durch die Online-Aktivitäten informelle Lernprozesse im Bereich Medienkompetenz sowohl auf Seite der Studierenden als auch der Leserschaft vermittelt.

Im Zuge der zunehmenden Medialisierung unserer Lebenswelt verstehen wir unter Medienkompetenz einen medienpädagogischen Ansatz, der weit über einzelne technisch – instrumentalisierte Fähigkeiten hinausreicht. Medienkompetenz ist in diesem Kontext nicht als eine zusätzliche Komponente zu den traditionellen Kulturtechniken wie Lesen und Schreiben zu verstehen; Medienkompetenz muss vielmehr als Prozess verstanden werden, der sich über die Lebensspanne hinzieht. Nur wenn ich erkenne, wie ich mich in der Welt orientieren kann, wie ich mein Leben durch die intelligente Nutzung von Medien qualitativ verbessern kann, wie dies mein berufliches und privates Leben effizienter und inhaltsreicher macht, bin ich medienkompetent. Da sich Medien und Mediensysteme und in diesem Zusammenhang auch gesellschaftliche und soziale Gefüge ständig weiterentwickeln, ist bei der Vermittlung bzw. dem Erwerb von Medienkompetenz in hohem Maße auf Prozesscharakteristiken und informelle Lernwege zu achten. Durch die Kontinuität des Blogschreibens, das Recherchieren im Netz, das Eingebunden-Sein in die „Blogosphäre" und in die laufenden Diskussionen kann sich individuell gesteuerte Medienkompetenz entwickeln.

4.2   Fazit

Im Zuge der Technikeuphorie der „New Economy" wurde zu wenig Wert auf kulturelle Aspekte der Medienentwicklung und auf das „soziale Kapital" von Netzwerken (vgl. Davies 2003) gelegt. Ähnlich wie Siemens (2005b) verweist Davies darauf hin, dass man diesen Faktor nicht unbeachtet lassen kann, da sich soziale Netzwerke auf jeden Fall durch die immanente Vernetzungsstruktur der Software bilden: informell, still und leise.

Heute geht es nicht nur darum zu erkennen, dass in Informationsnetzwerken ein großes Kapital liegt (online wie offline). Vielmehr geht es darum, die entsprechenden Handlungs- und Gestaltungsspielräume auf breiter Basis zu erweitern und die möglichst gerechte Verteilung dieses Kapitals zu befördern. Das Projekt „medienpaedagogik.at/blog" setzt also nicht auf eine Suche nach pädagogischen Schonräumen jenseits medialisierter Kommunikationsformen, sondern auf Partizipation und auf Medienangebote, die für individuelle Lernprozesse nutzbar gemacht werden können und die Wege zur Medienkompetenz für alle Altersgruppen und für beide Geschlechter eröffnen.

Literatur

Aufenanger, Stefan (1997) Medienpädagogik und Medienkompetenz. Eine Bestandsaufnahme. In: Enquete-Kommission Zukunft der Medien in Wirtschaft und Gesellschaft. Deutschlands Weg in die Informationsgesellschaft. Deutscher Bundestag (Hrsg.) Medienkompetenz im Informationszeitalter. Bonn, S. 15 - 22.

Baacke, Dieter (1997) Medienpädagogik. Tübingen: Niemeyer.

Berners-Lee, Tim (2005) So I have a blog. [Internet-Dokument] http://dig.csail.mit.edu/breadcrumbs/node/38 (Zugriff 08.02.2006).

Binsbergen, Wim van; Mul, Jos de (eds.) (o.J.): The mediatic turn: Aspects of the ontology of mediation. (s. Buchankündigung unter http://www.shikanda.net/general/gen3/index_page/philosop.htm; Zugriff: 2005-05-15)

Blogbar.de (2004) Blogs und die Tsunami-Katastrophe. [Internet- Dokument] http://www.blogbar.de/archiv/2004/12/28/blogs-und-die-tsunami-katastrophe/ (Zugriff 08.02.2006)

Bonfadelli, Heinz (Hrsg.) (2004) Medienkompetenz und Medienleistungen in der Informationsgesellschaft. Beiträge einer internationalen Tagung. Zürich: Pestalozzianum.

Burg, Thomas (2002) Microcontent Management Systeme – Weblogs als Business Anwendung. [Internet-Dokument] http://randgaenge.net/texts/microcontent/ (Zugriff: 27.02.2006)

Castells, Manuel (2005) Die Internet Galaxy. Internet, Wirtschaft und Gesellschaft. Wiesbaden: VS Verlag für Sozialwissenschaften.

Chisholm, Lynne A.; Larson, Anne & Mossoux, Anne-France (2004) Lifelong Learning: citizens' views in close-up. Luxemburg: Cedefop – European Centre for the Development for Vocational Training. [Internet-Dokument] http://www.jugendpolitikineuropa.de/static/common/jp_download.php/191/lifelonglearning.pdf (Zugriff: 08.02.2006)

Davies, William (2003) You don't know me, but ... Social Capital & Social Software. London: TheworkFoundation. [Internet-Dokument]
http://www.theworkfoundation.com/pdf/1843730103.pdf (Zugriff: 6.02.2006).

Dörr, Günther (2001) Schule der Zukunft unter dem Einfluss der Informations- und Kommunikationstechnologien. [Internet-Dokument]
http://www.edupolis.de/konferenz2001/texte/forum4_doerr.pdf (Zugriff: 06.02.2006)

Europäischer Rat (2005) Lebenslanges Lernen und Schlüsselkompetenzen für alle: ein entscheidender Beitrag zu Wohlstand und sozialem Zusammenhalt. [Internet-Dokument]
http://europa.eu.int/rapid/pressReleasesAction.do?reference=IP/05/1405&format=HTML&age d=0&language=DE (Zugriff 08.02.2006).

Gapski, Harald (2001) Medienkompetenz. Eine Bestandsaufnahme und Vorüberlegungen zu einem systemtheoretischen Rahmenkonzept. Opladen: Westdeutscher Verlag.

Gendolla, Peter; Schäfer, Jörgen (Hrsg.) (2005) Wissensprozesse in der Netzwerkgesellschaft. Bielefeld: transcript Verlag.

Gray, E. David (1999) The Internet in Lifelong Learning: Liberation or Alientation. In: International Journal of Lifelong Education Vol. 18; S. 119 – 126.

Hargittai; Eszter (2002) Second-Level Digital Divide: Differences in People's Online Skills. [Internet- Dokument]
http://firstmonday.org/issues/issue7_4/hargittai/index.html (Zugriff 08.02.2006).

Harper, Christopher (2005) Blogging and Journalistic Standards; Conference paper MIT4; The work of stories [Internet-Dokument]
http://web.mit.edu/comm-forum/mit4/papers/harper.pdf (Zugriff: 19.05.05).

Heel, Thomas (2005) Die Subjekte der Medienkompetenz. Der pädagogische Medienkompetenz-Diskurs im Licht des Gouvernementalitätsansatzes. Innsbruck, unveröff. Diplomarbeit.

Hierdeis, Helmwart (2006) Geld, Bildung und Demokratie – Was darf Bildung kosten? In: Korczak, Dieter (Hrsg.) Geld und andere Leidenschaften. Macht, Eitelkeit und Glück. Kröning: Asanger, S. 113 – 131.

Höhne, Thomas (2004) Pädagogik und das Wissen der Gesellschaft. Erziehungswissenschaftliche Perspektiven. [Internet-Dokument]
http://geb.uni-giessen.de/geb/volltexte/2004/1830/ (Zugriff: 19.05.05).

Hug, Theo (1996) Wissenschaftsforschung als Feldforschung – ein erziehungswissenschaftliches Projekt. In: Störfaktor. Zeitschrift kritischer Psychologinnen und Psychologen. Jg. 8 / H. 3, Nr. 32, S. 45 – 63.

Hug, Theo; Perger, Josef (Hrsg.) (2003) Instantwissen, Bricolage und Tacit Knowledge ... Wissensformen in der westlichen Medienkultur. Innsbruck: Studia.

Kirchhöfer, Dieter (2000) Informelles Lernen in alltäglichen Lebensführungen. Chancen für berufliche Kompetenzentwicklung. QUEM-Report Heft 66; Berlin.

Kübler, Hans-Dieter (2005) Mythos Wissensgesellschaft. Gesellschaftlicher Wandel zwischen Information, Medien und Wissen. Eine Einführung. Wiesbaden: VS Verlag für Sozialwissenschaften.

Lauffer, Jürgen; Volkmer, Ingrid (Hrsg.) (1995) Kommunikative Kompetenz in einer sich ändernden Medienwelt. Opladen: Leske & Budrich.

Mandl, Heinz; Gruber, Hans & Renkl, Alexander (1997) Situiertes Lernen in multimedialen Lernumgebungen. In: Issing, Ludwig; Klimsa, Paul (Hrsg.): Information und Lernen mit Multimedia, 2. überarbeitete Auflage; Weinheim, Basel: Beltz Psychologie-Verlags-Union, S. 167-178.

Margreiter, Reinhard (1999) Realität und Medialität: Zur Philosophie des „Medial Turn". In: Medien Journal; Nr. 23; S. 9 -18.

McIntosh, Christopher; Varoglu, Zeynep (eds.) (2005) Perspectives On Distance Education: Lifelong Learning & Distance Higher Education. Commonwealth of Learning/UNESCO 2005 [Internet-Dokument]
http://www.col.org/LLLinHigher/PSeries_LLLDHE.pdf (Zugriff: 09.02.2006).

Perschke, Rasco; Lübcke, Maren (2005) Zukunft Weblog?! – Lesen, Schreiben und die Materialität der Kommunikation. Anmerkungen zu einem neuen Typus der Online-Kommunikation aus kommunikationstheoretischer Sicht. In: Schmidt, Jan; Schönberger, Klaus & Stegbauer, Christian (Hrsg.) (2005) Erkundungen des Bloggens. Sozialwissenschaftliche Ansätze und Perspektiven der Weblogforschung. Sonderausgabe von kommunikation@gesellschaft 2005. [Online-Publikation]
http://www.soz.uni-frankfurt.de/K.G/B7_2005_Perschke_Luebke.pdf (Zugriff: 09.02.2006)

Reich, Kersten (2004) Konstruktivistische Didaktik: Lehren und Lernen aus interaktionistischer Sicht. 2., überarb. Auflage, Weinheim: Beltz.

Rein, Antje von (Hrsg.) (1996) Medienkompetenz als Schlüsselbegriff. Bad Heilbrunn: Klinkhardt.

Roell, Martin (2005) Knowledge Blogs: Persönliche Weblogs im Intranet als Wissensmanagement-Instrumente In: Picot, Arnold; Fischer, Tim (Hrsg.) Weblogs Professionell. Grundlagen, Konzepte und Praxis im unternehmerischen Umfeld. Heidelberg: Dpunkt Verlag.

Schell, Fred; Stolzenburg, Elke & Theunert, Helga (Hrsg.) (1999) Medienkompetenz. Grundlagen und pädagogisches Handeln. München: Kopäd.

Schimank, Uwe; Volkmann, Ute (Hrsg.) (2000/2002) Soziologische Gegenwartsdiagnosen. 2. Bände, Opladen: Leske + Budrich.

Schmidt, Siegfried J. (2000) "Kalte Faszination". Medien. Kultur. Wissenschaft in der Mediengesellschaft. Weilerswist: Velbrück Wissenschaft.

Schmidt, Siegfried J. (2002) "Von Bildung zu Medienkompetenz – und retour?" In: Kappus, Helga (Hrsg.): Nützliche Nutzlosigkeit. Bildung als Risikokapital. Wien: Passagen, S. 63 – 96.

Schmidt, Siegfried J. (2005) Lernen, Wissen, Kompetenz, Kultur. Vorschläge zur Bestimmung von vier Unbekannten. Heidelberg: C. Auer.

Schmidt, Siegfried J. (2006) „Zwischen Fundamentalismus und Beliebigkeit." Gesprächsnotizen. Auszüge aus einem Gespräch zwischen Thomas Feuerstein und Siegfried J. Schmidt, das im Oktober 2005 stattfand. Erstabdruck in: Klaus Thoman (Hrsg.), Thomas Feuerstein. Outcast of the Universe, Wien 2006, S. 221 – 226; auch als WWW-Dokument abrufbar unter http://www.myzel.net/Narration/schmidt.html (Zugriff: 09.02.2006)

Siemens, George (2005a) Conncetivism. A Learning Theory for the Digital Age. [Internet-Dokument] http://www.elearnspace.org/Articles/connectivism.htm (Zugriff: 09.02.2006).

Siemens, George (2005b) When learning goes underground ... [Internet-Dokument] http://www.connectivism.ca/blog/47 (Zugriff: 09.02.2006).

Sixtus, Mario (2005) Die Humanisierung des Netzes. In: zeit.de [Internet-Dokument] http://www.zeit.de/2005/35/C-Humannetz (Zugriff: 06.02.2006).

Sonesson, Göran (1997) The multimediation of the lifeworld. In: Nöth, Winfried (ed.): Semiotics of the Media. Proceedings of an international congress, Kassel, March 1995. Berlin & New York: Mouton de Gruyter, S. 61-78 (abrufbar auch im Internet unter http://www.arthist.lu.se/kultsem/sonesson/media_1.html; Zugriff: 15-05-2005)

Voß, Reinhard (2002) Unterricht ohne Belehrung – Kontextsteuerung, individuelle Lernbegleitung, Perspektivenwechsel. In: Voß, Reinhard (Hrsg.) Unterricht aus konstruktivistischer Sicht. Neuwied / Kriftel: Luchterhand, S. 35 - 55.

Zerfaß, Ansgar; Boelter, Dietrich (2005) Die neuen Meinungsmacher. Weblogs als Herausforderung für Kampagnen, Marketing, PR und Medien. Graz: Nausner & Nausner.

Weitere verwendete Internet-Adressen (Zugriff: 08-02-2006):

http://www.robotwisdom.com

http://www.schockwellenreiter.de/

http://klauseck.typepad.com/prblogger/2005/12/wbstudie.html

http://de.wikipedia.org/wiki/Diskussion:Weblog#Hei.C3.9Ft_es_.22der.22_oder_.22das.22_Weblog.3F

Die Lernstilanalyse nach Kolb und ihre Konsequenzen für die Hochschul- und Schuldidaktik und die berufliche Aus- und Weiterbildung

Heidi Möller

Menschen lernen auf unterschiedliche Weise. Manche erschließen sich die Welt primär durch abstrakte Konzeptualisierung, andere durch Beobachtung, konkrete Erfahrung, Reflexion oder durch aktives Experimentieren. Solche individuelle Präferenzen und Persönlichkeitsmerkmale werden häufig unter dem Begriff der „Lernstile" zusammengefasst. Unterschiedliche Lernstile haben Auswirkungen auch auf das Organisationslernen, das Lernen zweiter Ordnung, das in Zeiten von Organisationsreformen notwendig geworden ist wie nie zuvor. Die Art und Weise, wie Organisationsmitglieder lernen ist ein wichtiges, weil bestimmendes Merkmal der Kultur von Systemen.

In einem ersten Schritt haben die TeilnehmerInnen des Workshops „ihren" Zugang zum Lernen anhand des Lernstiltests (Kolb) kennen gelernt und reflektiert. In einem weiteren Schritt haben wir uns den Konsequenzen unterschiedlicher Lernstile für die Hochschul- und Schuldidaktik und die berufliche Aus- und Weiterbildung zugewendet.

Warum Lernstiltests?

Lernstiltests sind in Mode. Die Suche nach Lernoptimierung in Schule, Beruf und Weiterbildung findet allerorten statt, denn die Wissensgenerierung und der Wissenstransfer lassen häufig zu wünschen übrig. Als prominentes Beispiel sei hier auf die Ergebnisse der Pisa-Studie verwiesen, die Deutschland und Österreich in eine tiefe Krise der Ernüchterung führte und Kränkung der Selbstbeschreibung als Bildungsnationen bedeutete. Es bleibt zu hoffen, dass sich diese „Not" selbstreflexiv „wendet" und zu Verbesserungen oft recht verkrusteter Bildungssituationen in den deutschsprachigen Ländern führt. Für Weiterbildung geben Privatpersonen, Firmen und die öffentliche Hand Milliarden aus, der Impact jedoch ist oft enttäuschend. So nimmt es nicht Wunder, dass Lehrende, EntscheidungsträgerInnen und Administration nach Verbesserungen der Lernsituationen für Kleinkinder, Erwachsene und ältere MitbürgerInnen Ausschau halten. Lernstiltests, wie sie Kolb (1984) oder Honey & Munford (1992) entwickelten, sowie Methoden zum Besseren Lernen wie Superlearning oder Suggestopädie, scheinen hier ein vielversprechender Ausweg aus dem

Dilemma zu sein. Welche Blüten eine zunächst lobenswerte Intention treiben kann, dazu sagt Coffield (in diesem Band) Profundes.

Dennoch scheint mir der Ansatz Kolbs durchaus für die Lehr- und Lernpraxis brauchbar. Wird ein solcher Ansatz nicht zu Tode administriert (s. Coffield) so kann er sinnvolle Anregung zur Didaktik in Schule, Beruf, Universität und Weiterbildung liefern.

Der Lernstiltest nach Kolb

Nach dem Organisationspsychologen Kolb geschieht Lernen aufgrund von Erfahrungen und ist ein ständig sich fortsetzender Prozess. In Anlehnung an Lewin betont Kolb (1984) den Prozesscharakter des Lernens. Kolb systematisierte dieses erfahrungsbezogene Lernen und unterschied vier unterschiedliche Lernstile: *konkrete Erfahrung, Beobachtung und Reflexion, abstrakte Konzeptualisierung und aktives Experimentieren.* Die Mischung aus diversifizierten Kompetenzen, Fähigkeiten und Fertigkeiten ist bei jedem Menschen unterschiedlich ausgeprägt. Bei der/dem einen mag der Aspekt der abstrakten Konzeptualisierung im Vordergrund stehen, bei der/dem anderen das aktive Experimentieren. Das Lernmodell von Kolb sieht folgendermaßen aus:

1.   Konkrete Erfahrung
Rezeptiver, erfahrungsorientierter Ansatz des Lernens, der stark auf gefühlsorientierten Urteilen basiert. Einfühlsame, am Menschen orientierte Lehrer. Finden theoretische Überlegungen nicht hilfreich, ziehen Einzelfallbetrachtung vor. Lernen am meisten durch Feedback von „Peers" (Gleichgesinnten).

2.   Abstrakte Konzeptualisierung
Analytischer, konzeptioneller Ansatz des Lernens, basiert stark auf logischem Denken und rationaler Evaluation. Mehr orientiert auf Dinge und Symbole als auf Menschen. Beste Lernsituation: Autoritätsgelenkt und unpersönlich, Betonung von Theorie und systematischer Analyse. Solche Menschen sind frustriert durch offene Lernsituationen des Entdeckungslernens wie Übungen und Simulation.

3.   Aktives Experimentieren

Aktive, „tätige" Orientierung gegenüber Lernen, die stark auf Experimentieren basiert. Beste Lernformen sind: Projekte, Hausaufgaben, Kleingruppendiskussionen. Abneigung gegenüber passiven Lernformen wie Vorlesung. Diese LernerInnen sind meistens extravertiert.

4.   Reflektive Beobachtung

Annähender, zögernder und reflektierender Zugang zum Lernen. Solche LernerInnen stützen sich auf sorgfältige Beobachtung ab, um sich ein Urteil zu bilden. Sie ziehen Lernsituationen wie die Vorlesung vor, welche ihnen erlaubt, die Rolle des „objektiven Beobachters" einzunehmen. Eher introvertiert. (zit. nach Fatzer 1990, 232)

Solche „Prototypen gibt es sicherlich niemals in Reinform. Aber die Berücksichtigung unterschiedlicher Zugänge zur Erschließung des Lerngegenstandes kann die Unterrichts- und Seminarplanung nah an den Bedürfnissen der Lernenden segeln lassen. Zunehmend wird auch in der E-learning-Debatte auf die Lernstile Rücksicht genommen, wo die Lernstilanalyse einen wichtigen Beitrag zur Individualisierung der Lernumgebung und somit zu einer qualitativen Verbesserung der virtuellen Lernmöglichkeiten beitragen kann.

Fallbeispiel:

Als Dozentin in einem Masterstudiengang „Systemische Supervision und Organisationsentwicklung einer deutschen Universität war ich zum zweiten Mal eingeladen, den Seminarblock „Einführung in die Personalentwicklung" zu unterrichten. Der Studiengangsleiter warnte mich vor: das sei eine schwierige Gruppe, ich würde wohl wenig Spaß an ihr haben können. Er sei sehr, sehr unzufrieden mit diesem Jahrgang und hoffe, ich fasse diesen Lehrauftrag als Job auf und würde nicht allzu frustriert wieder abreisen und der Universität dennoch gewogen bleiben.

Nicht allzu freudig machte ich mich auf den Weg und versuchte – angeregt durch ein Gespräch mit meiner Kollegin Rappe-Giesecke – einen anderen Einstieg in das Thema. Da Personalentwicklung nun zuvorderst den Auftrag hat, Menschen in Arbeit zum Lernen anzuregen und im Lernen zu halten, entschied ich mich, das Seminar mit Hilfe des Lernstiltests nach Kolb zu beginnen. Die Stimmung war gedrückt, die Kontaktnahme zäh, das Angebot wurde aber angenommen. Eine Aufstellung im Raum nach der Auswertung des Lernstiltest (s. unten) brachte folgendes Ergebnis: die Hälfte der Gruppe waren AssimilatorInnen und die andere AkkomodatorInnen! So standen sie einander diametral entgegen, schauten sich in der eigenen Subgruppe an und betrachteten die anderen. Es fiel ihnen wie Schuppen von den Augen: Deshalb also streiten wir uns ständig! Gefiel der einen Gruppenhälfte ein Dozent besonders gut, dass missfiel er den anderen. Die Lehrveranstaltungsevaluation war stets mittelmäßig, 50% rateten extrem gut, die anderen 50% besonders schlecht. Keine gemeinsame Einschätzung bestimmter Seminarinhalte war möglich. War den einen etwas besonders wichtig, hielten die anderen den Inhalt für komplett überflüssig. Die Selbstreflexion – ausgelöst durch die Aufstellung im Raum – half, die Gruppendynamik zu verstehen. Vor allem wurde es möglich, den Gruppenkonflikt zu entindividualisieren und in der weitern Folge des dreitägigen Seminars durch den ständigen Wechsel zwischen Theorie- und Praxisanteilen eine fast harmonisch anmutende Lernsituation zu schaffen.

Das Beispiel mag anschaulich dafür stehen, dass erfahrungsorientierte Lernformen auf Abwehr stoßen können – ebenso wie strukturiert/kognitive Lernformen zurückgewiesen werden, wenn ich als für die Lehreinheit Verantwortliche nicht weiß, mit welchen Lerntypen ich zu tun habe.

Verlauf des Workshops:

Die TeilnehmerInnen des Workshops: Studierende, lernende LehrerInnen, PersonalentwicklerInnen, berufliche WeiterbildnerInnen und TrainerInnen waren hochmotiviert, ihren speziellen Zugang zu Lernsituationen zu erfahren und machten sich die Mühe, den an manchen Stellen recht sperrigen Test auszufüllen. In einem ersten Schritt lernten die TeilnehmerInnen des Workshops „ihren" Zugang zum Lernen anhand des Lernstiltests von Kolb kennen. Die individuellen Ergebnisse wurden in ein Koordinatensystem übertragen.

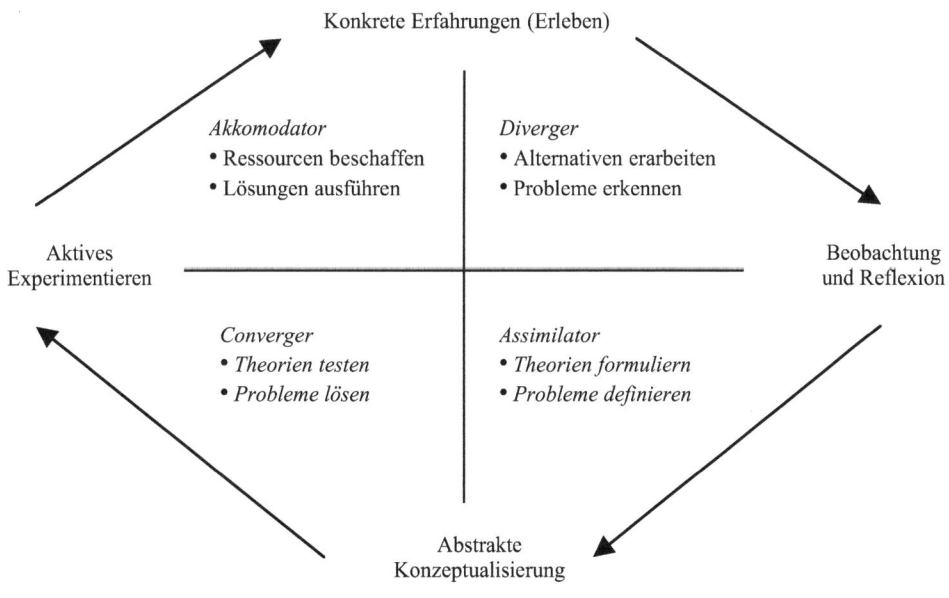

Lernmodell nach Kolb

Jede/jeder fand so „seinen" oder „ihren" speziellen, persönlichen Lerntypus.

Der/Die AssimilatorIn

Seine/Ihre dominanten Lernfähigkeiten sind Abstrakte Konzeptualisierung (AC) und Reflektive Beobachtung (RO). Die größte Stärke einer solchen Person liegt im Erarbeiten von theoretischen Modellen. Sie kann verstreute Beobachtungen in eine integrierte Erklärung einbringen. Diese Person ist, ebenso wie der Converger, weniger interessiert an Menschen und beschäftigt sich mehr mit abstrakten Konzepten, aber weniger mit der praktischen Anwendung von Theorien. Die Theorie muss präzis und logisch sein, wenn nicht, würde eine solche Person die Fakten nochmals überprüfen. Mathematik und Naturwissenschaften sind hauptsächliches Interesse. In Organisationen findet man diesen Lernstil meist in Forschungs- oder Planungsabteilungen.

Der/Die AkkomodatorIn

Er/Sie hat die gegenteiligen Lernstärken des Assimilators. Diese Person ist am besten im Bereich der konkreten Erfahrung (CE) und des Aktiven Experimentierens (AE). Sie kann am besten Dinge ausführen, Pläne oder Experimente, und sich in neue Erfahrungen hineinbegeben. Sie nimmt auch eher Risiken auf sich als Personen der anderen drei Lernstile. Wir haben diese Person eine/n AkkommodatorIn genannt, weil sie sich Situationen aussucht, in denen sie sich anpassen können muss. Wenn eine Theorie oder ein Plan nicht den Fakten entspricht, wird eine solche Person von diesen absehen und zu den Fakten kommen. Diese Person wird Probleme in einer intuitiven Versuch-und-Irrtum-Art lösen und sich stark auf die Informationen anderer Leute abstützen. Oftmals sind solche Leute ungeduldig. Der Hintergrund solcher Leute ist meistens praktisch oder technisch, in Richtung von „Business". Solche Menschen trifft man meistens in aktionsorientierten Jobs einer Organisation wie Marketing oder Verkauf.

Der/Die ConvergerIn

Die dominanten Lernfähigkeiten sind Abstrakte Konzeptualisierung (AC) und Aktives Experimentieren (AE). Die größten Stärken des Convergers liegen in der praktischen Anwendung von Ideen. Diese Person ist dort, wo es eine eindeutige Antwort auf eine Frage oder ein Problem gibt. Die Forschung zeigt, dass ConvergerInnen relativ unemotional sind und es vorziehen, mit Dingen statt mit Personen zu tun zu haben. Sie tendieren dazu, enge technische Interessen zu haben und spezialisieren sich meist auf technische Wissenschaften. Dieser Lernstil ist charakteristisch für viele Ingenieure.

Der/Die DivergerIn

Hat die gegenteiligen Lernstärken des Convergers. Diese Person beherrscht den Bereich der Konkreten Erfahrung (CE) und der Reflektiven Beobachtung am besten. Sie verfügt über spezielle Fähigkeiten, konkrete Situationen von vielen Perspektiven zu betrachten. Wir nennen diesen

Typus den/die DivergerIn, weil er/sie ein/eine IdeengeneratorIn ist, wie dies im Brainstorming angestrebt wird. Die Forschung zeigt, dass DivergerInnen interessiert an Menschen, imaginativ und emotional sind. Sie haben breite kulturelle Interessen und tendieren in Richtung Kunst. Dieser Stil ist typisch für Leute im Bereich von Gesellschafts- und Geisteswissenschaften. BeraterInnen, OrganisationsberaterInnen und Personalverantwortliche können durch diesen Lernstil charakterisiert werden.

In dem Workshop wurden die Ergebnisse des Lernstiltests anhand der folgenden Leitfragen zunächst mit der Nachbarin/dem Nachbarn reflektiert:

- Wenn Sie das Resultat mit Ihrer eigenen Einschätzung vergleichen: Entspricht es dem Bild, das Sie von sich selbst haben?
- Oder ärgern Sie sich über das Resultat?
- Oder entspricht der Lerntyp einem negativen Wunschbild oder sogar einem Typus, der Sie nie sein möchten? (vgl. Fatzer 1990, 235)

Was haben wir miteinander gelernt?

Die acht AkkomodatorInnen, sieben AssimilatorInnen, drei DivergerInnen und drei Converger-Innen stellten sich danach im Raum in den jeweiligen skalierten Feldern auf, verständigten sich zunächst in ihren Subsystemen, gaben sich Feedback, lieferten Kommentare und setzten sich mit ihrem Typus auseinander. In einer weiteren Seminarsequenz wurde im imaginativen Rollentausch mit mir als Workshopleiterin herausgearbeitet, wie didaktisch wohl mit einer solch ausgestalteten Lerngruppe sinnvoll gearbeitet werden müsste.

In einer sich anschließenden Theorieeinheit wurde die Bedeutung von unterschiedlichen Lerntypen in der Arbeitswelt fokussiert. Teamkonflikte können produziert werden, wenn es uniforme Zugänge zu neuen Gegenständen gibt. BuchhalterInnen erschließen sich möglicherweise die Welt anders als Werbefachleute, PersonalentwicklerInnen haben vermutlich andere Lernstile als NaturwissenschaftlerInnen. Der Zugang über Lernstile ist jedoch nicht nur retrospektiv sinnvoll, wenn es gilt Kommunikationsschwierigkeiten zu verstehen oder Missverständnissen auf den Grund zu gehen. Prospektiv sollte eine Führungskraft darauf achten, dass sie sich ihr Team im Sinne von „managing diversity" möglichst diversifiziert in puncto Lernstile zusammensetzt. Die Stärken und Schwächen der jeweiligen Lernstiltypen, ihre jeweiligen Möglichkeiten und Grenzen gilt es so zu nutzen, dass die Schwächen der einen durch die Stärken des anderen ausgeglichen werden. Der Lernstiltest wird in diesem Fall als Instrument der Teamdiagnostik, Teamentwicklung und MitarbeiterInnenrekrutierung zum Einsatz kommen.

In einem weiteren Schritt wurde in drei Kleingruppen (die Studierenden, die PE-lerInnen und TrainerInnen, WeiterbilderInnen und LehrerInnen) an den Konsequenzen unterschiedlicher Lernstile für die jeweiligen Lebens- und Arbeitswelten der TeilnehmerInnen gearbeitet. Welche Implikationen hat ein testgestützter Zugang über die Lernstile für die Hochschul- und Schuldidaktik und die berufliche Aus- und Weiterbildung?

Auffallend waren vor allem die Parallelitäten der Lernstiltests zum jeweiligen individuellen Leseverhalten. Ein lohnender Aspekt weiterer Forschung könnte sein, Lernstile auch unter Abwehraspekten zu beleuchten. Was hindert eine abstrakte Konzeptualisierin eigentlich am aktiven Experimentieren? Ist es Angst davor, in unkontrollierbare Situationen zu kommen? Ist es die Angst sich zu blamieren ? Die Angst vor Gefühlen? Was vermeidet ein hingegen ein/eine aktive(r) ExperimentiererIn? Mag er/sie nicht innehalten? Droht bei weniger Handlungsorientierung der Kontakt mit innerer Leere? Welche Scheu vor der Theorie wurde wie biographisch erworben?

Wir waren uns einig darin, dass ein Switchen zwischen den Stilen und Typen zu reichhaltigsten Lernerfolgen führen müsste. Es lohnt sich darüber nachzudenken, wie Menschen möglichst unterschiedliche Zugänge zum Lerngegenstand erschlossen werden können!

Literatur

Fatzer, G. (1990). Ganzheitliches Lernen. Humanistische Pädagogik und Organisationsentwicklung. Paderborn: Junfermann.

Honey, P. & Munford, A. (1992). The Manual of Learning Styles. Maidenhead: Berkshire

Kolb, D. A. (1981). Learning Styles and Disciplinary Differences (S. 232 - 255). In: Chickering, A. W. (Hrsg.), The Modern American College. San Francisco: Jossey-Bass.

Kolb, D.A. (1984). Experimental Learning. Englewood Cliffs, New Jersey: Prentice Hall.

Personalentwicklung an Universitäten im Spannungsfeld von Entwicklung und Anpassung

Stephan Laske

Neben dem „Bildungsmanagement" zählt Personalentwicklung nach wie vor zu den wichtigsten personalpolitischen Technologien, nicht nur in Wirtschaftsunternehmen – auch die unterschiedlichsten Bildungsorganisationen setzen seit einigen Jahren darauf, die Potenziale der Mitarbeiterinnen und Mitarbeiter systematischer als bisher zu nutzen und auszubauen.

Im Rahmen des Workshops wurde ein kritischer Blick auf Rahmenbedingungen, Wirkungen und mögliche Nebenwirkungen von Personalentwicklung geworfen. Dabei ging es nicht zuletzt darum, sich mit der unvermeidlichen Widersprüchlichkeit dieses (im Übrigen durchaus sinnvollen) personalpolitischen Instruments auseinander zu setzen.

1. Eine kleine „tour d'horizon" zur Aktualität von Personalentwicklung

Die wachsende Komplexität und die zunehmende Dynamik der Gesellschaft lassen die Frage nach der Überlebens- und Entwicklungsfähigkeit von Organisationen immer wichtiger werden. Einerseits scheinen die tradierten zentralistischen und kontrollbetonten Steuerungslogiken von sog. „Misstrauensorganisationen" unter den Bedingungen eines raschen Wandels und diskontinuierlicher Veränderungen zunehmend an Effizienz zu verlieren. Andererseits haben sich bisher noch keine überzeugenden Logiken etablieren können, die der Dialektik von Stabilität und Veränderung, von Tradition und Innovation, von Freiheit und Bindung hinreichend Rechnung tragen. Wo es aber keine funktionstüchtigen a-personalen oder regelhaften Koordinationsinstrumente gibt, ist das menschliche Arbeitsvermögen gefragt, gilt es nach Möglichkeiten zu suchen, welche die auf-tretenden Steuerungslücken abdecken können. Das bedeutet: Personal muss geholt und kulturell „eingepasst" werden, es muss gehalten und angespornt werden, es muss fachlich und persönlich „up-gegradet" und nicht zuletzt dazu gebracht werden, sich selbst im Sinne der Organisation zu steuern und zu disziplinieren. Dort aber, wo die MitarbeiterInnen zur unverzichtbaren „Kreativi-täts- und Flexibilitätsreserve" von Organisationen und deren routinehaften Regeln und Abläufen werden, dort beginnt die hohe Zeit der Personalentwicklung (PE).

Je stärker der Anpassungsdruck auf und in Organisationen wahrgenommen wird (Schlagwort: Wettbewerb, Globalisierung usw.), umso stärker und instrumenteller werden auch die Erwartungen an die PE: Sie wurde – und wird! – immer häufiger als Reparatureinrichtung für die verschieden-artigsten Defizite angesehen. Hierzu nur einige Beispiele:

- Die PE soll Versäumnisse, Lücken und Deformationen unseres Bildungssystems beseitigen helfen, was gleichermaßen für fachliche und außerfachliche Kompetenzen gilt.
- Da Führungskräfte häufig nicht aufgrund ihrer Führungskompetenz zu Vorgesetzten werden, soll PE die Fehler einer mangelhaften Karriere-, Auswahl- oder Berufungspolitik ausgleichen.
- Durch die momentane demographische Entwicklung kommt es zu Personalknappheit, zu Bindungsproblemen und hohen Beschaffungskosten auf externen Märkten. Deshalb soll das Qualifikationsreservoir der bereits vorhandenen MitarbeiterInnen ausgebaut und besser ausgeschöpft werden. Vor allem gilt es, das teils noch brachliegende Potenzial bei Frauen und älteren Mitarbeiter zu erschließen. Jene Gruppen, die man noch kürzlich aus Kostengründen „sozialisiert" hat (nur wenige unter ihnen haben den oft zitierten „golden handshake" erfahren), könnten in einigen Jahren einen beschäftigungspolitischen „zweiten Frühling" erleben.
- Die „Intrapreneure", die man rief, haben sich inzwischen zu ziemlich egoistischen und relativ unabhängigen „Ich-Aktionären" entwickelt, die tradierte Loyalitäten für ein Relikt aus dem letzten Jahrhundert halten (vgl. Laske 2002). Somit wird „Retention Management" gegenüber Schlüsselpersonen zu einem weiteren neuen Betätigungsfeld der PE.
- Der Übergang zu Konzepten der Rahmensteuerung setzt voraus, dass die freiwerdenden Handlungsspielräume kompetent und verantwortlich ausgefüllt werden. Es entstehen Qualifi-zierungsbedarfe.
- Als Konsequenz aus dieser Entwicklung werden zur Sicherung des zukünftigen Führungs-kräftebedarfs „Goldfischteiche" angelegt. Dabei erfahren selbst jene, die in diesem internen Ausleseverfahren (Potenzial-Assessment) auf der Strecke bleiben, eine spezielle PE-Aufmerk-samkeit.
- Ein Effekt der Globalisierung der Geschäfte ist der „one world-Manager" – somit ist inter-kulturelle PE angesagt.

- Und zum Abschluss: Der Abschied der Mitarbeiter ist zu gestalten: Outplacement – oder – eine Portion zynischer: Wir machen „PE out of the job".

Bei so vielen Aufgabenzuschreibungen wird die PE zunehmend als eine Art „Generaldirektion für organisationale Erziehungspolitik" apostrophiert und einzelne PersonalentwicklerInnen geraten in Gefahr, Allzuständigkeitsphantasien zu entwickeln. Zuweilen scheint man nach dem Motto zu handeln: „PE ist die Lösung, was ist eigentlich das Problem?" Ihr wird so die Funktion eines personalpolitischen Schmieröls zugeschrieben, welches die unterschiedlichen Sandkörnchen im Getriebe der Organisation entstören soll – sie soll gewissermaßen zum „Sesam öffne Dich" eines reibungslosen Funktionierens von Menschen und Systemen werden.

Viele dieser Überlegungen lassen sich trotz aller in den letzten Jahrzehnten vorfindbaren „Entzauberungen der Wissenschaft" und eines verbreiteten „university bashing" auch auf Universitäten übertragen. Dennoch zeigt der PE-Alltag an Universitäten noch eine gewisse „Sperrigkeit" – wie die folgenden Beispiele illustrieren.

2.   PE-Geschichten aus dem universitären Alltag

- Im vergangenen Jahrzehnt wurden in Österreichs Universitäten mehrere Vizerektorate für Personal und Personalentwicklung eingerichtet. Während des Hearings eines der Kandidaten für diese Funktion zitierte dieser Oswald Neuberger: „PE ist die Umformung des unter Verwertungsabsichten zusammengefassten Arbeitsvermögens" (Neuberger 1994: 3). Anschliessend machte er sich kurz darüber lustig, dass er selbst den Satz nicht verstand und sprach im Weiteren in erster Linie über die in den kommenden Jahren (nicht) zu erwartende quantitative Entwicklung der Stellenzuweisungen durch das Ministerium.

- Aus dem Entwicklungsplan einer als besonders reformfreudig ausgezeichneten deutschen Universität:

„Nicht ihre historischen Erfolge, nicht ihre Visionen, sondern die Mitarbeiter sind die Zukunft der .... Universität. Es ist ein allgemeines Defizit der Hochschulen, dass eine fach- und persönlichkeitsorientierte Personalentwicklung soviel wie unbekannt ist. Immer anspruchsvollere Aufgaben verlangen gerade an einer ... Universität nach einer ständigen Qualifizierung der Mitarbeiter, sowohl im wissenschaftlichen als auch im nicht-wissenschaftlichen Bereich. Hierin liegt ein enormes, bisher kaum genutztes Entwicklungspotential, welches auszuschöpfen die Voraussetzung zur Erreichung der hochgesteckten Ziele dieser Universität ist. Ihr und dem Staat gegenüber ist die Vernachlässigung der Mitarbeiterförderung unverantwortlich.

Jedes talentierte Hochschulmitglied, unabhängig von seiner Stellung, verdient die bestmögliche Talentförderung zum persönlichen Vorankommen."

Bemerkung am Rande: Der Personalentwicklungsetat der betreffenden Universität umfasste (im Jahr der Auszeichnung) einen Betrag von etwa € 25.000.–. Auch Universitäten sind offenbar in der Lage, „Potemkinsche Dörfer" zu produzieren ...

- An der Sozial- und Wirtschaftswissenschaftlichen Fakultät der Universität Innsbruck wurde als Instrument der Qualitätssicherung vor ca. 12 Jahren eine systematische Lehrveranstaltungsanalyse durch die Studierenden eingeführt. Aufgrund der Überlegung, dass schlecht bewertete Lehrende in der Regel nicht schon allein dadurch bessere Lehre anbieten, dass man sie als „schlecht" klassifiziert und die Evaluierungsergebnisse öffentlich zugänglich macht, sah die Fakultätsleitung die Notwendigkeit für ein begleitendes Qualifizierungsangebot. Eine kleine Arbeitsgruppe (mit je einem/einer ProfessorIn, einem/einer „MittelbauvertreterIn" und einem/einer Studierenden) lud jene Lehrpersonen zu einer Beratung über Ursachen und Abhilfemöglichkeiten ein, deren Veranstaltungen schlechter als „befriedigend" beurteilt wurden. Dieses Angebot wurde de facto allerdings nur von Personen wahrgenommen, die sich noch nicht in einem dauerhaften Dienstverhältnis befanden – verbeamtete Hochschullehrer scheinen lernresistent ...

Nach dieser ersten Einstimmung in die universitäre PE-Problematik soll kurz auf drei gängige Typen von PE-Verständnissen hingewiesen werden:

- Eine erste Gruppe versteht unter PE die *zahlenmäßige Entwicklung unterschiedlicher Stellenkategorien.* Dahinter verbirgt sich offensichtlich ein gewisses ordinarial-kardinales Denken, wonach es einen Kausalzusammenhang zwischen der Zahl der zugeordneten MitarbeiterInnen und der eigenen Bedeutung gibt.

- Eine zweite Gruppe definiert PE vorwiegend als *Anpassungsqualifikation an sich verändernde Herausforderungen* – als Beseitigung vorhandener Qualifikationsdefizite durch Weiterbildung: Personalentwicklung als Lückenmanagement.

- Eine dritte Form subsumiert – noch etwas weiter gehend – unter universitärer PE *Maßnahmen der sozialen, organisatorischen und qualifikatorischen Entwicklung und Integration des Personals* (im wissenschaftlichen und nicht-wissenschaftlichen Bereich). Personal – das sind im Übrigen auch die ProfessorInnen, auch wenn sie es oft selbst nicht wahrhaben wollen.

Personalentwicklung wird in der Literatur wie in der Praxis verbreitet mit einer „positiven Aura" verknüpft – geht es doch auch um *individuelle Entwicklung*, um die *Förderung* von Qualifikationen, die *Stützung* der „Employability", d.h. der „Arbeitsmarkt-Gängigkeit" der Beschäftigten, um den *Abbau von Schwächen*, die breitere *Einsatzfähigkeit* der MitarbeiterInnen, die Verbesserung der Effizienz usw.

Bei dieser völlig unkritisch-instrumentalistischen Sichtweise bleibt das Verwertungsinteresse der Organisation zu sehr im Hintergrund, scheint es auch keine Interessen-Verwerfungen zwischen Organisation und Individuen zu geben. Es besteht die Gefahr, dass unreflektierte Erfahrungen aus Betrieben unreflektiert auf die Hochschule übertragen werden: Auch in Wirtschaftsorganisationen ist das Personal keine „willenlose Knetmasse", das sich mehr oder weniger beliebig in die jeweils gewünschte Richtung umformen lässt. Deshalb ist es notwendig, etwas genauer nach den Nebenwirkungen und Tiefenstrukturen von PE zu fragen, und für jene universitären Praktiken zu sensibilisieren, die zwar nicht PE heißen, aber evtl. eine nachhaltigere Umformung des Arbeitsvermögens entfalten als die „offizielle PE" (vgl. hierzu auch Laske/Meister-Scheytt/Scheytt 2004).

Wenn die folgenden Beispiele mehr aus dem akademischen Bereich stammen, so deshalb, weil PE in den Verwaltungen der Universitäten eine deutlich längere Tradition zu haben scheint!

3.   Universitäten im Sog der Modernisierung –
Beobachtungen unter der Oberfläche

In den letzten Jahren gab es viel Druck auf die Universitäten: Wettbewerbsdruck, internationalen Druck, Leistungsdruck, Budgetdruck, Legitimationsdruck, politischen Druck, ökonomischen Druck, Reformdruck usw. Als Folge haben sich nicht zuletzt mit dem Konzept des „New Public Management" – also der Übertragung von betriebswirtschaftlichen Managementinstrumenten auf den öffentlichen Sektor – auch in den Universitäten neue Argumentationsmuster entwickelt. Die offiziellen Sprachspiele an den Hochschulen haben offenkundig sehr nachhaltige Anleihen in den Managementwissenschaften gemacht: Strategische Planung, Controlling, Effizienz, Kosten- und Leistungsrechnung, Total Quality Management, Zielvereinbarungen, Kundenorientierung und eben auch Personalentwicklung gehören heute geradezu zum selbstverständlichen Sprachschatz jeder Universitätsleitung.

Mit dieser Entwicklung wird den Universitäten nur teilweise ein Gefallen getan, da die zu beobachtende „Ökonomisierung der Hochschulen" fast unweigerlich in eine Rationalitätsfalle führt, die der Eigenart von Universitäten als ExpertInnenorganisationen widerspricht. Dies kann an dieser Stelle allerdings nicht weiter vertieft werden (vgl. hierzu etwa z.B. Willmott 1995, Pritchard/Willmott 1997, Laske/Meister-Scheytt 2003).

Das Personal – wissenschaftliches wie nicht-wissenschaftliches – stellt in Universitäten zweifellos die wichtigste strategische Ressource dar. Diese Aussage ist nicht Ergebnis einer überkommenen Sozialromantik; sie bestätigt sich vielmehr sowohl in finanzwirtschaftlicher Hinsicht als auch im Hinblick auf die zentralen Wertschöpfungsprozesse an Universitäten:

- Die Personalkosten haben regelmäßig den größten Anteil am Gesamtbudget (ihr Verhältnis zu den sonstigen Kosten beträgt in staatlichen Universitäten zwischen 2:1 und 4:1).
- Die Universität ist in allen Wertschöpfungsbereichen (Forschung, Studium, Weiterbildung, Wissenstransfer) wesentlich auf den Aufbau der Humanressourcen hin orientiert und aufgrund des oftmals unmittelbar personengebundenen Know Hows von diesem abhängig.
- Die Effizienz universitärer Kernprozesse lässt sich nur begrenzt durch technische Rationalisierung steigern. Der Einsatz und die Entwicklung des „human capital" bestimmen letztlich den Erfolg von Universitäten.

Hinzu kommt, dass durch die Verlagerung wesentlicher Steuerungsfunktionen an die Hochschulen im Rahmen der „Autonomisierung" dort ein verstärkter Bedarf an „Managementkompetenzen" anfällt.

4.   Personalentwicklung als systematischer Aufbau von „Humanressourcen"

Noch vor einigen Jahren war Personalentwicklung an den Universitäten eine weitgehend unbekannte Vokabel. Bis dahin gab es für die „Academia" zwei grundsätzliche Ansätze, wie personale Entwicklung und Kompetenzaufbau erfolgen konnten:

- Das Modell „Meisterlehre"
  Der Meister, hier der Hochschullehrer, leitet „seine" Assistenten/Assistentinnen umfassend an. Da werden theoretische Zugänge und Paradigmen offeriert, Deutungsmuster der Realität vorgegeben, Urteile und Vorurteile über andere Wissenschaftsdisziplinen und KollegInne weitergegeben, Fachwissen vermittelt, wissenschaftliches Arbeiten geübt, akademische Rituale einstudiert, kurz: das Verhaltensrepertoire in seiner Gänze wird an die nächste Generation HochschullehrerInnen weitergegeben – Verbiegungen mit eingeschlossen. Das Prinzip „Mach's wie dein Chef" kann beides bedeuten: vorbildhaftes Verhalten, aber auch Drohung. Aber auch die Regel „Mach's nicht wie dein Chef" bietet keine Sicherheit. Die Risiken für Studierende, die Betroffenen selbst oder das System Hochschule als Ganzes sind nicht zu übersehen. Dies ist vermutlich eine der nachhaltigsten Formen latenter Personalentwicklung.
- Der zweite Ansatz – nicht weniger risikoreich – besteht in der stillschweigenden Hoffnung auf die regelmäßige Wiederholung des Pfingstwunders nach dem Motto „... wem Gott ein Amt gibt ..." (eine heute noch durchaus verbreitete Haltung).

Kurz: Die Praktiken der Personalarbeit an mitteleuropäischen Universitäten hatten sich oftmals „naturwüchsig" bzw. an einer administrativen, dienstrechtlichen Logik entlang entfaltet (waren aber deshalb nicht weniger wirkungsvoll). Personalarbeit wurde praktisch gleichgesetzt mit „Personalverwaltung" (vgl. u.a. Auer/Laske 2003). Inzwischen scheint sich die PE-Funktion – wenn auch oft noch langsam und budgetär „schaumgebremst" – an den Universitäten professionell zu etablieren.

Stark verallgemeinernd besteht der offizielle Auftrag der Personalentwicklung darin, das Personal so zu qualifizieren, dass es die universitären Kernprozesse in Forschung, Lehre und Verwaltung möglichst kompetent und in einem angemessenen Kosten-Nutzen-Verhältnis gestalten kann. Dementsprechend soll PE versuchen, Handlungskompetenzen und Handlungsbedingungen durch den Auf- und Ausbau von Know How aber auch durch die Beeinflussung von Werthaltungen und Verhaltensformen bei den Universitätsangehörigen zu prägen. Gewissermaßen unvermeidbar ist dabei auch die Formung der Persönlichkeit.

In Literatur und Sonntagsreden findet sich darüber hinaus häufig die Forderung, dass sich diese Entwicklungsprozesse an den universitären Entwicklungsstrategien orientieren sollten. Angesichts oftmals (noch?) fehlender strategischer Konzepte ist dies eine geradezu unerfüllbare Auflage.

Aber auch sonst *steht die Personalentwicklung aus der Eigenlogik der Hochschule vor einer Reihe von Barrieren*, die es zu überwinden gilt (um hier keine depressive Stimmung zu produzieren, sei nur exemplarisch und thesenartig auf einige Hürden hingewiesen):

- Universitäten kann man als Organisation definieren, in denen die einzelnen Einheiten nur lose miteinander gekoppelt sind und sie – individuell oft geschützt durch den Beamtenstatus – relativ hohe Freiheitsgrade besitzen. Dies schließt die Freiheit mit ein, sich organisierten Lernprozessen durch PE zu entziehen.
- Im Zuge ihrer beruflichen Sozialisation haben sich zahlreiche HochschullehrerInnen eine Einstellung angeeignet, wonach sie einer „Belehrung durch Dritte" nicht bedürfen. Universitäten gelten als ExpertInnenorganisationen, als organisierte Anarchien (Davies), deren Angehörige nur schwer steuerbar sind. Man könnte sagen, dass diese individuelle Autonomie geradezu zum Selbstverständnis von WissenschaftlerInnen gehört.
- WissenschaftlerInnen verstehen sich nur selten als „Personal" der Universität; man ist bestenfalls „Ich-Unternehmer", der die Chancen einer Verbesserung seiner Arbeitssituation durch erfolgreiche Berufungsverfahren jederzeit wahrzunehmen versucht. Hinzu kommt die Erfahrung, dass die Anbindung der einzelnen Wissenschaftler an die Universität durch das Dienstrecht eher locker ist (vereinzelt auch „locker" gehandhabt wird) und sich Reputation und Zugehörigkeit oft mehr über den fachlichen Kontext entwickeln als über die Institution.

- In Universitäten trifft man zuweilen auf ein Selbstverständnis, wonach es durchaus Sinn macht, zentrale Funktionen mit mehr oder weniger amateurhafter Besetzung erledigen zu lassen (Wer ist dran? Wer war noch nicht? Wer wehrt sich am wenigsten?). Außerdem scheint es als eine *Schwäche* interpretiert zu werden, wenn sich TrägerInnen zentraler Funktionen in komplexen Fragen beraten lassen.

Hinzu kommt eine Reihe konstitutiver Dilemmata, die hier nur schlagwortartig aufgeführt werden sollen, die aber in ihren konkreten Ausprägungen für die praktische PE-Arbeit in Universitäten eine nachhaltige Bedeutung besitzen:

- *Freiheit der Wissenschaft* vs. *Verbindlichkeit gegenüber der Organisation.*
- *Orientierung an der Fachdisziplin* vs. *Orientierung an der Organisation.*
- *Selbstverständnis des akademischen Bereichs* vs. *Selbstverständnis der Verwaltung.*
- *„Starkes"* vs. *„schwaches" Personal* – dabei bezieht sich die Stärke auf den Grad der dienstrechtlichen Absicherung der Position. Beide Gruppen sind auf den ersten Blick keine „idealen" Zielgruppen für die Personalentwicklung.
- *Aufbau interner Personalressourcen* vs. *akademische Mobilität.* Bei zunehmender Wettbewerbsorientierung der Universitäten möchte man nicht das zukünftige Personal der Konkurrenz fördern, nachdem noch keine Ablösesummen für besonders qualifizierte WissenschaftlerInnen an die abgebende Universität bezahlt werden.
- *Spannungsverhältnis zwischen Aufbau individueller Kompetenzen und der Abwertung des „Humanpotenzials" durch politische Veränderung der Rahmenbedingungen.*

Trotz dieser z.T. schwierigen Bedingungen wird an den Universitäten von den damit befassten Kolleginnen und Kollegen kompetent und nachhaltig am Aufbau nicht nur der individuellen Kompetenzen sondern auch an einer Kultur der selbst gesteuerten Organisationsentwicklung gearbeitet.

5.   Wirkungen und Nebenwirkungen

„Was tun Sie", wurde Herr K. gefragt, „wenn Sie einen Menschen lieben?"

„Ich mache einen Entwurf von ihm", sagte Herr K., „und sorge,

dass er ihm ähnlich wird." „Wer? Der Entwurf?"

„Nein", sagte Herr K., „der Mensch."

(B. Brecht)

PE stößt aber nicht nur auf Barrieren, sie produziert – selbst bei bester Absicht – oft Nebenwirkungen. Darüber hinaus hat sie nicht nur eine Primärfunktion (nämlich die Qualifizierungsprozesse) sondern für die TeilnehmerInnen auch zahlreiche Sekundärfunktionen (z.B. hört man in Schulungen den neuesten Tratsch, lernt man neue Leute kennen und kann sein Netzwerk erweitern; die Teilnahme kann eine Karrierebedingung sein, man dokumentiert die eigene Lernbereitschaft usw.; vgl. Neuberger 1987). Schließlich findet PE systematisch unsystematisch statt, d.h. durch universitäre Praktiken, die überhaupt nicht gezielt als konkrete Entwicklungsmaßnahmen gedacht waren, die aber eine sehr nachhaltige Verhaltenswirkung entfalten. Man kann auch sagen „Die Organisation erzieht!" Drei ausgewählte Aspekte sollen in diesem Zusammenhang erläutert werden.

- Ein erster zentraler Fragenbereich betrifft die PE selbst. Knappe Ressourcen zwingen zur Prioritätensetzung, man kann nicht alles machen, sondern muss über Inhalte, Adressaten, Methoden, Rahmenbedingungen usw. entscheiden. Mit diesen Entscheidungen über PE-Programme sind aber unvermeidbar Einschließungen und Ausschließungen verknüpft. Damit übernimmt PE eine eminent wichtige universitätspolitische Rolle: Über ihre Programme werden Bilder der Universität transportiert, sie teilen mit, worauf es aktuell ankommt. Es macht eben einen Unterschied, ob der Fokus der Aktivitäten auf die Verbesserung des individuellen Know Hows, auf soziale Kompetenzen, auf sogenanntes „Oberflächenwissen" oder auf „Tiefenwissen" (Müller/Hurter 1999), auf Förderung der Lehr- und/oder der Forschungskompetenz oder auf Organisationsentwicklung gelegt wird und auf welche Adressatengruppen man abzielt. Der Blick sollte sich von daher immer auch auf das Ausgeschlossene richten (vgl. auch Auer et al. 1993).

- Nicht minder wichtig für die „normative Imprägnierung" des Personals ist die anschließende Frage, mit welchen Werten die ausgewählten Inhalte unterlegt sind, welche normativen Botschaften gesendet (oder nicht gesendet) werden. Wenn etwa HochschullehrerInnen lernen, dass Studierende ihre KundInnen seien, darf man sich nicht wundern, wenn sich beide – zum Schaden der Universität und ihrer selbst – mittelfristig auch so verhalten; wenn als ein wesentliches Merkmal guter Lehre der Einsatz von Power Point gilt, wird binnen kurzem die

„Ästhetik der Oberflächlichkeit", bei der die Form den Inhalt schlägt, ihr Regime antreten. PE-Programme haben also nicht nur auf der inhaltlich-instrumentellen Ebene (z.B. wie schreibe ich einen Forschungsantrag oder –bericht, wie leite ich eine Institutseinheit usw.) sondern auch auf der normativen Ebene unweigerlich eine standardisierende Wirkung. Oder, wie Dessler (1997: 247) es ausdrückt: „... (they are) installing in all employees the prevailing attitudes, standards, values and patterns of behaviour that are expected by the organization and its departments". Mit dieser Standardisierung sind mehrere Risiken verbunden: Erstens das Risiko für die Buntheit der Hochschule: Universitäten leben auch von den „Typen", nicht nur von der Typisierung. Zweitens das Risiko des Unbedachten: dass – aus welchen Gründen auch immer (z.B. weil man aktuellen Trends nachläuft) – Haltungen geprägt werden, die man eigentlich nicht will. Drittens das Risiko der Manipulation: anders gesagt, wer hat mit welcher Legitimation das Recht, Dritte in eine spezifische Richtung zu entwickeln?

• Ein weiterer Aspekt ist die Problematik der „Alltagsentwicklung". Damit ist gemeint, dass wir als Angehörige der Universität im Arbeitsalltag immer wieder mehr oder weniger nachhaltig beeinflusst werden und selbst beeinflussen (und dass diese Beeinflussungsprozesse häufig genau in die umgekehrte Richtung laufen wie die Anstrengungen der PE): Da bemüht man sich, den wissenschaftlichen Einzelkämpfern den Teamgedanken nahe zu bringen, das Anreiz- und Karrieresystem verlangt aber nach individueller Qualifizierung. Da sollen HochschullehrerInnen mehr mit ihrer gesellschaftlichen Umwelt kooperieren und ihre autistische „déformation professionelle" überwinden, die Evaluationskataloge verlangen aber nach Publikationen. Da sollen HochschullehrerInnen einerseits mehr Aufwand für die Lehre betreiben – für die Karriereentwicklung ist dies jedoch weitgehend irrelevant. Da werden die „guten Regeln wissenschaftlichen Arbeitens" erörtert, im Alltag verdeutlichen Vorgesetzte aber nach wie vor, dass ihnen durch ihre hierarchische Stellung eine sog. „Ehrenautorenschaft" gebührt. Da wird Qualität zur offiziellen Norm, gar der Vision und der Strategie der Universität und dennoch zählt letztlich mehr die Menge. Wenn in Berufungsverfahren nur mehr die Veröffentlichungspunkte der BewerberInnen gezählt, die Publikationen aber nicht mehr gelesen werden, führt sich die Universität selbst ad absurdum: Quantität schlägt Qualität.

Standardisierungseffekte gehen von vielen universitären Praktiken aus – ganz besonders allerdings von Evaluierungs- und Anreizsystemen: Wenn etwa Veröffentlichungen in Fachzeitschriften besonders hohe Punktwerte erhalten, kommt diesen Zeitschriften (und vor allem deren HerausgeberInnen und GutachterInnen) eine zentrale Nadelöhrfunktion zu: Wer sich nicht an die dort vorherrschenden wissenschaftlichen Paradigmen und methodischen Vorlieben hält, hat wenig Chancen, mit Manuskripten zu „landen". Die herrschende Wissenschaft ist wirklich *herrschend*: Sie zwingt vor allem die noch nicht etablierten KollegInnen zur Anpassung. Auch das System als Ganzes domestiziert ...

6.   Personal oder Persönlichkeit?

Die Antwort auf die Frage, ob PE an den Universitäten stärker zur Entwicklung von Persönlichkeiten oder zur Anpassung des Personals beiträgt, lautet – nach den bisherigen Argumenten wenig überraschend – „im Prinzip ‚ja'!"

Unabhängig vom „guten Willen" der handelnden Personen steht Personalentwicklung immer im Spannungsfeld von individuellen Entwicklungsvorstellungen einerseits (das schließt auch den Willen ein, sich nicht im organisationsoffiziellen Sinne entwickeln zu müssen) und organisationalen, d.h. universitären Notwendigkeiten andererseits. Die eine Funktion schafft systematisch Spielräume für Persönlichkeitsentwicklung. Durch die unmittelbare Verknüpfung von Know How und Person in Expertenorganisationen ist diese Chance (und gleichzeitig das darin liegende Risiko) also unweigerlich inkludiert. Gleichzeitig aber hat PE die Aufgabe, Personen, die in die Universität kommen, zu Personal zu machen, ihnen die wichtigsten Verhaltensregeln nahe zu bringen, sie in die Lage zu versetzen, ihre Aufgaben heute und in absehbarer Zukunft kompetent wahrzunehmen und nicht zuletzt, ihnen den „Stallgeruch" zu vermitteln, ohne den sie sich in der Organisation vermutlich eher fremd fühlen.

Es gibt so etwas wie eine „normative Falle der Personalentwicklung". PE ist ein Prozess, bei dem es in erster Linie nicht um die freie Entfaltung der Persönlichkeit geht, sondern um die Nutzung des Potenzials des (wissenschaftlichen und nicht-wissenschaftlichen) Personals – selbst wenn manche Hochschullehrer dies nicht wahrhaben wollen. PE ist also nicht von vornherein „gut". Es kommt darauf an, welche inhaltliche und methodische Kompetenz vorhanden ist, vor allem aber welche gesellschaftlichen, universitätspolitischen, wissenschaftlichen und sozialen Grundwerte mit PE offiziell und subkutan transportiert werden.

Literatur

Auer, M./Gorbach, St./Laske, St./Welte, H.: Mikropolitische Perspektiven der Personalentwicklung, in: Laske, St./Gorbach, St. (Hrsg.): Spannungsfeld Personalentwicklung, Wien: Manz-Verlag 1993, S. 153 – 169.

Auer, M./Laske, St.: Personalpolitik an Universitäten – Bestandsaufnahme und kritische Analyse, in: v. Eckardstein, D./Ridder, H.-G. (Hrsg.): Personalmanagement als Gestaltungsaufgabe im Nonprofit und Public Management, Rainer Hampp Verlag, München und Mering 2003, S. 181 – 201.

Dessler, G.: Human Resource Management, Prentice Hall, Upper Saddle River 1997.

Laske, St. (2002): Das verkaufte Selbst – oder: Loyalty and Solidarity Lost?, in: Götz, K. (Hrsg.): Personalarbeit der Zukunft, Rainer Hampp Verlag, München und Mering 2002, S. 27 – 38.

Laske, St./Meister-Scheytt (2003): Wer glaubt, dass Universitätsmanager Universitäten managen, glaubt auch, dass Zitronenfalter Zitronen falten, in: Lüthje, J./Nickel, S. (Hrsg.): Universitätsentwicklung – Strategien, Erfahrungen, Reflexionen, 2003, S. 155 – 176.

Laske, St./Meister-Scheytt, C./Scheytt, T.: Personalentwicklung in Universitäten: Zwischen Emanzipation und Disziplinierung. In: Laske, St./Scheytt, T./Meister-Scheytt, C. (Hrsg.): Personalentwicklung und universitärer Wandel, Rainer Hampp Verlag: München und Mering 2004, S. 33 – 58.

Müller, W.R./Hurter, M. (1999): Führung als Schlüssel zur organisationalen Lernfähigkeit, in: Schreyögg, G./Sydow, J. (Hrsg.): Managementforschung, Band 9, S. 1 – 53.

Neuberger, O.: Der Hintersinn der Schulung, Management Wissen, Heft 2, S. 74 – 79.

Neuberger, O.: Personalentwicklung, 2. Aufl., Enke-Verlag, Stuttgart 1994.

Prichard, C./Willmott, H. (1997): Just How Managed is the McUniversity?. Organization Studies 18 (2): 287 ff.

Willmott, H. (1995): Managing the Academics: Commodification and Control in the Development of University Education in the U.K. In: Human Relations 48, 993 ff.

Die Deduktion von nicht zertifizierten Kompetenzen an Hand von biografischen Daten

Arthur Drexler und Natalie Prantl

Die Kompetenzen der Menschen zu erkennen und sie zu fördern ist mittlerweile europaweit ein zentrales Thema geworden. Dabei geht es neben den beruflichen Qualifikationen zunehmend um Fähigkeiten, die nicht durch formale Abschlüsse belegt sind.

Zur Analyse von individuellen Kompetenzen können unterschiedliche Methoden – in Abhängigkeit von der beabsichtigten Verwendung – zum Einsatz kommen. Ziele zur Erstellung einer Kompetenzenbilanz können Eigeninteresse oder Klärung von berufsbezogenen Fragestellungen sein.

Im Workshop wurde eine Methode zur Extraktion von Kompetenzen anhand von biografischem Material exemplarisch vorgestellt. Die Vorgehensweise fokussiert auf die individuellen Stärken von Personen und gliedert sie übersichtlich. Die TeilnehmerInnen sollten dadurch mit dem Kompetenz-Begriff vertraut werden und ein praktikables Analyseverfahren kennen lernen.

Einleitung

Der Begriff des „lebenslangen Lernens" ist heute in aller Munde, seine Umsetzung sorgt zunehmend für Veränderungen und stellt die Gesellschaft, die Wirtschaft und den Bildungsbereich vor neue Herausforderungen. In dem Zusammenhang hat der Rat der Europäischen Union am 10. November 2005 der Kommission der Europäischen Gemeinschaften eine „Empfehlung zu Schlüsselkompetenzen für lebenslanges Lernen" vorgeschlagen, worin erläutert wird, wie der

Zugang zu diesen Kompetenzen für alle BürgerInnen durch lebenslanges Lernen gewährleistet werden soll. Damit erfährt auch der Kompetenz-Begriff eine besondere Bedeutung im Hinblick auf ein zukünftiges Leben und Arbeiten in einer Informationsgesellschaft. Kompetenzen werden in dem Zusammenhang als Kombination von Kenntnissen, Fertigkeiten und Einstellungen beschrieben und Schlüsselkompetenzen sollen eine Basis für die persönliche Entfaltung, die soziale Integration, die Anpassungsfähigkeit und damit auch die Beschäftigungsaussichten darstellen. Die Möglichkeiten zum Erwerb von Schlüsselkompetenzen sind eng mit Entwicklungen in Bildungssystemen, die von der Wirtschaft und der Politik mitgetragen werden, verbunden. Damit wird deutlich, dass sich eine zeitgemäße Fakultät für Bildungswissenschaften dem Kompetenzkonstrukt mit wissenschaftlichem Interesse annehmen muss. Aus diesem Grund widmet sich unsere Fakultät unter anderem den unterschiedlichen Konzepten von Kompetenz und arbeitet in Kooperation mit außeruniversitären Partnern an ihren praxisnahen Weiterentwicklungen (z.B. im Rahmen eines Projekts zur „Kompetenzentwicklung in klein- und mittelständischen Unternehmen"). Zur Analyse von individuellen Kompetenzen an Hand von biografischen Daten soll im folgenden Beitrag eine Methode beschrieben werden, die im Workshop vermittelt wurde.

Beschreibung des Kompetenz-Begriffs

Der Begriff *Kompetenz* wird im Alltag vielfältig verwendet (von Zuständigkeit bis zu Fähigkeit) und hat sich betrieblich wie privat etabliert (Erpenbeck & v. Rosenstiel, 2003). Veränderte ökonomische Vorraussetzungen sowie technischer und qualifikatorischer Wandel führten dazu, dass der Ruf nach übergreifenden Qualifikationen laut wurde (Seyfried, 1995a). Die Einführung neuer Technologien vor allem in Wirtschaft und Verwaltung führten in der Weise zu einer Umgestaltung von Tätigkeiten und Arbeitsabläufen, dass u.a. ein höheres Maß an Informations-, Koordinations- und Abstimmungsvorgängen erforderlich wurde (Raff, 1991). Mit der Veränderung von Arbeitsplätzen sowie dem Wandel arbeits- und berufsrelevanter Wertorientierungen kam es zu veränderten, mit dem jeweiligen Arbeitsplatz assoziierten beruflichen Anforderungen (Schuler & Barthelme, 1995).

Viele Berufsfelder bzw. Berufstätigkeiten erfordern, dass neben einer umfassenden fachlichen Qualifikation zunehmend außerfachliche und soziale Qualifikationen an Bedeutung gewinnen (Blaschke, 1987). Die zukünftigen MitarbeiterInnen sollen über eine umfassende Handlungskompetenz verfügen, die sie dazu befähigt, die zunehmende Komplexität ihrer beruflichen Umwelt zu begreifen und durch ziel- und selbstbewusstes, reflektiertes und verantwortliches Handeln zu gestalten (Sonntag & Schaper, 1999a). Nach Sonntag (1989) sind für die Entwicklung bzw. Erhaltung dieser beruflichen Handlungskompetenz sensumotorische, kognitive und soziale Fähigkeiten und Fertigkeiten erforderlich. Zunehmende Bedeutung und Handlungsbedarf im Zuge des

Anforderungswandels für berufliche Tätigkeiten ergibt sich für die Entwicklung sozialer Kompetenzen. Die „Grundfähigkeit" mit anderen Menschen kommunizieren zu können wird im Sinne einer interpersonalen Kompetenz zunehmend gefordert (v. Rosenstiel, 1999).

Zudem stehen Führungskräfte und UnternehmerInnen vor der Herausforderung, die ständigen Veränderungen in ihren Organisationen zu antizipieren und zu steuern. Sie haben dafür zu sorgen, dass die MitarbeiterInnen trotz aller Ängste vor einem Wandel Neues realisieren und mitragen (Schreyögg, 2002). Somit stellt die Fähigkeit, sich ständig verändernden Anforderungen anzupassen und gleichzeitig andere dazu zu bringen, diesen Wandel auch mitzumachen, eine unabdingbare Kompetenz der heutigen Führungskraft dar (Lenbet, 2004).

Der Begriff der Kompetenz ist kein exakt definierter Sachverhalt, unter dem sowohl ForscherInnen als auch PraktikerInnen das gleiche verstehen. Diese gegenwärtige Situation wird von Weinert (2001) als ein paradoxer Zustand charakterisiert: Jeder und jede glaubt zu wissen was mit Kompetenzen gemeint ist, jedoch lässt sich keine Einigung hinsichtlich eines differenzierenden Kompetenzbegriffs erzielen.

Es gibt eine Fülle unterschiedlicher Kompetenzdefinitionen bzw. Kompetenzkonstrukte, die sich inhaltlich mehr oder weniger unterscheiden. Fast allen ist aber gemeinsam, dass Kompetenzen dazu dienen, eine offene Zukunft nicht nur adaptiv, sondern kreativ und produktiv zu bewältigen (Lenbet, 2004).

In den letzten Jahren hat sich insbesondere die Definition der Kompetenzen von Erpenbeck und von Rosenstiel (2003) durchgesetzt, die auch im Rahmen der Erstellung von individuellen Kompetenzenbilanzen im *Zukunftszentrum Tirol GmbH* als theoretische Grundlage dient. Kompetenzen bezeichnen Selbstorganisationsdispositionen physischen und psychischen Handelns. Unter Disposition wird hier die bis zu einem bestimmten Handlungszeitpunkt entwickelte innere Voraussetzung zur Regulation der Tätigkeit verstanden. Dispositionen umfassen nicht nur individuelle Anlagen, sondern auch Entwicklungsresultate. Kompetenzen sind folglich eindeutig handlungszentriert und primär auf divergent selbstorganisative Handlungssituationen bezogen.

Kompetenzen werden dabei in zwei Kompetenztypen untergliedert. Je nach der Problemstellung sollte eine Lösungsstrategie gewählt werden, die sich entweder eher an Selbststeuerungsprozessen oder an Selbstorganisationsprozessen orientiert. Der erste Kompetenztyp umfasst Kompetenzen, die für Selbststeuerungsstrategien unter – möglicherweise unschärfer – Zielkenntnis notwendig sind. Der zweite Kompetenztyp beinhaltet Kompetenzen, die für Selbstorganisationsstrategien unter Zieloffenheit notwendig sind. Bei dem ersten Kompetenztyp dominieren die fachlich-methodischen Kompetenzen, bei dem zweiten Kompetenztyp stehen die personalen, sozial-kommunikativen Kompetenzen im Vordergrund.

Als Strukturierungshilfe zur Klassifikation beruflich relevanter Qualifikationen – insbesondere der so genannten Schlüsselqualifikationen, die in diesem Sinne die berufliche Handlungskompetenz einer Person widerspiegelt – dient eine Einteilung in vier Kompetenzbereiche (vgl. Sonntag & Schaper, 1999b; Erpenbeck & Heyse, 1999):

Die vier Kompetenzbereiche

Fachkompetenz

Fachkompetenzen werden als Dispositionen einer Person verstanden, die zur Lösung von sachlich-gegenständlichen Problemen durch geistig selbstorganisiertes Handeln beitragen. Das bedeutet, mit fachlichen Kenntnissen und fachlichen Fertigkeiten kreativ Probleme lösen und das erworbene Wissen sinnorientiert einordnen und bewerten zu können. Die Fachkompetenz bezieht sich in erster Linie auf die zur Bewältigung von Aufgaben einer (beruflichen) Tätigkeit erforderlichen spezifischen Kenntnisse, Fertigkeiten und Fähigkeiten.

Methodenkompetenz

Methodische Kompetenzen werden als Dispositionen einer Person verstanden, instrumentell selbstorganisiert zu handeln. Tätigkeiten, Aufgaben und Lösungen können methodisch kreativ gestaltet und erarbeitet werden, wozu auch das geistige Vorgehen entsprechend zu strukturieren ist. Damit werden kognitive Fähigkeiten bezeichnet, die eine Person dazu befähigen, komplexe und neuartige Aufgaben selbstständig zu bewältigen. Methodenkompetenz bezieht sich somit auf situationsübergreifend flexibel einsetzbare kognitive Fähigkeiten wie z.B. ausgeprägtes logisches Denkvermögen oder rasche Erfassung von komplexen Situationen.

Sozialkompetenz

Soziale Kompetenzen werden als jene Dispositionen einer Person verstanden, die es dem Individuum ermöglichen, kommunikativ und kooperativ selbstorganisiert zu handeln. Dies umfasst, sich z.B. mit anderen kreativ auseinander- bzw. zusammenzusetzen, sich gruppen- und beziehungs-orientiert zu verhalten und viele weitere Interaktionsweisen, um neue Ziele und Pläne zu entwickeln und umzusetzen. Die Sozialkompetenz spricht also kommunikative und kooperative Fähigkeiten an, die das Realisieren von Zielen in sozialen Interaktionssituationen ermöglichen.

Selbst – oder Personalkompetenz

Als Personale Kompetenzen werden Dispositionen einer Person verstanden, die es ermöglichen, reflexiv selbstorganisiert zu handeln. Das beinhaltet, sich selbst realistisch einzuschätzen, produktive Einstellungen, Werthaltungen, Motive und Selbstbilder entwickeln zu können, fähig zu sein, eigene Begabungen, Motivationen, Leistungsvorsätze zu entfalten und sich im Rahmen von Tätigkeiten kreativ zu entwickeln und zu lernen. Hier wird am deutlichsten Bezug auf persönlichkeitsbezogene Dispositionen genommen, die sich in Einstellungen, Werthaltungen und Motiven äußern. Motivationale und emotionale Aspekte des beruflichen Handelns sind hier ebenso von Bedeutung.

Handlungskompetenz[1]

In der Literatur (u.a. Erpenbeck, 1997; Weiß, 1999) taucht zu den beschriebenen vier Kompetenztypen häufig als fünfter Begriff die Handlungskompetenz auf. Sie wird als die Disposition einer Person verstanden, die es ermöglicht, gesamtheitlich selbstorganisiert zu handeln – d.h. viele der zuvor genannten Kompetenzen integrativ anzuwenden (Ansätze zur Thematik „Schlüsselqualifikationen in der betrieblichen Praxis" siehe Stangel-Meseke, 1994).

Die Deduktion von Kompetenzen

Zur Erkennung von individuellen Kompetenzen können unterschiedliche Methoden – in Abhängigkeit ihrer beabsichtigten Verwendung – zum Einsatz kommen. Die Palette reicht von der Beantwortung von Fragebogen über die Auswertung von Beobachtungsdaten bis zur Analyse von biografischen Informationen. Auslöser für die Erstellung einer Kompetenzenbilanz können Eigeninteresse der Person oder Klärung von berufswahlbezogenen Fragestellungen oder die Ergänzung der üblichen Unterlagen im Zuge einer Bewerbungssituation sein.

Im Workshop wurde eine Methode zur Extraktion von Kompetenzen (bzw. Fähigkeiten, da dieser Begriff in dem Kontext synonym verwendet wird) an Hand von biografischem Material exemplarisch vorgestellt (siehe auch Wins & Triebel, 2006). Die Vorgehensweise fokussiert auf die individuellen Stärken von Personen und hat das Ziel, diese Kompetenzen übersichtlich zu gliedern und anschaulich zu beschreiben. Die TeilnehmerInnen des Workshops sollen nach der Erläuterung des Kompetenz-Begriffs ein praktikables und bewährtes Analyseverfahren kennen lernen.

Die Analyseschritte

Da die Kompetenzen auf der Grundlage der bisherigen Biografie einer Person erarbeitet werden, ist die Sammlung der biografischen Daten auf einem großformatigen Papierbogen der erste Schritt im Analyseverfahren. Dazu werden die Lebensbereiche in *Familie und Beziehungen, Schule und Ausbildungen, berufliche Tätigkeiten* sowie *Freizeitaktivitäten* gegliedert und die jeweiligen

---

[1] Auf Handlungskompetenzen wurde im Rahmen der Erstellung von Kompetenzenbilanzen im Zukunftszentrum Tirol nicht explizit eingegangen.

Ereignisse, Veränderungen und Erlebnisse dem Lebensalter entsprechend eingetragen. Diese Aufgabe verlangt Selbstreflexivität und Erinnerungsvermögen und bietet Gelegenheit, sich mit dem bisherigen Leben beschreibend auseinanderzusetzen. Als Ergebnis der ersten Ausarbeitung präsentiert sich das eigene Leben danach möglichst vollständig und in übersichtlicher Form mit seinen Besonderheiten und Eckdaten.

Der nächste Schritt besteht darin, die biografische Sammlung mit einem geschulten Begleiter („Coach") unter vier Augen und unter der Zusicherung der Vertraulichkeit nach enthaltenen Tätigkeitsbereichen und Ereignissen zu durchforsten, die vom Individuum besondere Fertigkeiten zu ihrer Bewältigung abverlangten. Beispielsweise ist aus der Tatsache, dass jemand in seiner Freizeit seit Jahren häufig als ehrenamtlicher Sanitäter beim Roten Kreuz engagiert ist, zu erkennen, dass Bestrebungen, anderen Menschen helfen zu wollen, spezifische Fachkenntnisse und Verantwortungsbereitschaft offensichtlich dabei eine Rolle spielen.

Aus der Gesamtheit der spezifischen Anforderungen an das Individuum und der Fertigkeiten, die im Laufe des bisherigen Lebens von Bedeutung waren, lassen sich in der nächsten Phase Zusammenfassungen und Gruppierungen nach Ähnlichkeit und Häufigkeit vornehmen. Dabei unterstützt der Coach bei der Auffindung von „roten Fäden" in der Biografie sowie bei der Abgrenzung und Präzisierung von Begrifflichkeiten. Wenn z.B. ein Drang nach Hilfeleistung nicht nur in einer einzigen Freizeitaktivität sondern auch im beruflichen Bereich durch die Ausübung einer beratenden Tätigkeit etc. gegeben ist, dann lässt sich allgemein „Hilfsbereitschaft" oder eine Fähigkeit im Sinne von „andere Menschen beraten und unterstützen können" erkennen. Das Ergebnis dieser Abstraktionen ist eine Übersicht der Kernkompetenzen des Individuums, die wiederum an Hand der konkreten Manifestationen in der biografischen Sammlung belegt werden können. Für die vier Kompetenzbereiche (soziale, fachliche, methodische und personale Kompetenzen) werden dabei jeweils maximal vier bis fünf Fähigkeiten in Betracht gezogen.

Die Evaluation des Prozesses der Erstellung der Kompetenzenbilanzen am Zukunftszentrum Tirol (Wins & Triebel, 2006) hat gezeigt, dass damit das Selbstwertgefühl der Teilnehmer gesteigert wird, dass sie handlungsaktiver werden und verbessert Ziele entwickeln und an ihrer Erreichung arbeiten können.

Literatur

Blaschke, D. (1987). *Soziale Qualifikationen im Erwerbsleben: Theoretisches Konzept und empirische Ergebnisse.* Nürnberg: Institut für Arbeitsmarkt und Berufsforschung.

Erpenbeck, J. (1997). Selbstgesteuertes, selbstorganisiertes Lernen. In Arbeitsgemeinschaft Qualifikations-Entwicklungs-Management (Hrsg.), *Kompetenzentwicklung '97* (S. 310-316). Berlin: Waxmann.

Erpenbeck, J.& Heyse, V. (1999). *Die Kompetenzbiographie. Strategien der Kompetenzentwicklung durch selbstorganisiertes Lernen und multimediale Kommunikation.* Münster: Waxmann.

Erpenbeck, J. & v. Rosenstiel, L. (2003). *Handbuch Kompetenzmessung. Erkennen, verstehen und bewerten von Kompetenzen in der betrieblichen, pädagogischen und psychologischen Praxis.* Stuttgart: Schäffer-Poeschel.

Geißler, K.A. (1988). Schlüsselqualifikationen – ein Schlüssel, auch zum Abschließen. In H. Siebert & J. Weinberg (Hrsg.), *Literatur- und Forschungsreport Weiterbildung*, Nr. 22, S. 89 ff.

Greif, S. (1983). Soziale Kompetenzen. In D. Frey & S. Greif (Hrsg.), *Sozialpsychologie. Ein Handbuch in Schlüsselbegriffen* (S. 312-321). München: Urban & Schwarzenberg.

Lenbet, A. (2004). Kompetenzbegriff und Kompetenzentwicklung, *Organisationsberatung, Supervision, Coaching, 3*, 221-233.

Mangels, P. (1995). Nur derjenige, der selbst sozial kompetent ist, kann auch soziale Kompetenz vermitteln. In B. Seyfried (Hrsg.), *„Stolperstein" Sozialkompetenz. Was macht es so schwierig, sie zu erfassen, zu fördern und zu beurteilen* (S.53-67). Bielefeld: Bertelsmann.

Müter, F. & Walter, H.J. (1995). Beurteilungsgrenzen als Chance einer individuellen Förderung. In B. Seyfried (Hrsg.), *„Stolperstein" Sozialkompetenz* (S. 67-77). Bielefeld. Bertelsmann.

Raff, R. (1991). *Informationstechnologien und Wandel in Wirtschaft und Gesellschaft.* Ludwigsburg: Wissenschaft und Praxis.

Rosenstiel, L. v. (1999). Entwicklung von Werthaltungen und interpersonaler Kompetenz – Beiträge der Sozialpsychologie. In Kh. Sonntag (Hrsg.), *Personalentwicklung in Organisationen*, 2., überarbeitete und erweiterte Auflage (S. 99-123). Göttingen: Hogrefe.

Runde, B. (2003). Verständnis und Erfassung sozialer Kompetenz. In K. Ch. Hamborg & H. Holling (Hrsg.), *Innovative Personalentwicklung* (S. 73-88). Göttingen Hogrefe.

Schreyögg, A. (2002). *Konfliktcoaching. Anleitung für den Coach.* Frankfurt/Main: Campus.

Schuler, H. & Barthelme, D. (1995). Soziale Kompetenz als berufliche Anforderung. In B. Seyfried (Hrsg.), *„Stolperstein" Sozialkompetenz,* (S. 77-117). Bielefeld. Bertelsmann.

Seyfried, B. (1995a). Einleitung: Problemfeld Sozialkompetenz. In B. Seyfried (Hrsg.), *„Stolperstein" Sozialkompetenz. Was macht es so schwierig, sie zu erfassen, zu fördern und zu beurteilen?* (S. 7-15). Bielefeld. Bertelsmann.

Seyfried, B. (1995b). Team und Teamfähigkeit. In B. Seyfried (Hrsg.), *"Stolperstein" Sozialkompetenz. Was macht es so schwierig, sie zu erfassen, zu fördern und zu beurteilen?* (S. 15-33). Bielefeld: Bertelsmann.

Sonntag, Kh. (1989). *Trainingsforschung in der Arbeitspsychologie. Berufsbezogene Lernprozesse bei veränderten Tätigkeitsinhalten.* Bern: Hans Huber.

Sonntag, Kh. & Schaper, N. (1999a). Förderung beruflicher Handlungskompetenz. In Kh. Sonntag (Hrsg.), *Personalentwicklung in Organisationen,* 2., überarbeitete und erweiterte Auflage (S. 211-245). Göttingen: Hogrefe.

Sonntag, Kh. & Schaper, N. (1999b). Personale Verhaltens- und Leistungsbedingungen. In C.G. Hoyos & D. Frey (Hrsg.), *Arbeits- und Organisationspsychologie. Ein Lehrbuch* (S. 298-313). Weinheim: Beltz.

Stangel-Meseke, M. (1994). Schlüsselqualifikationen in der betrieblichen Praxis. Ein Ansatz in der Psychologie. Wiesbaden: Deutscher Universitäts-Verlag.

Weinert, F.E. (2001). Concept of competence. A conceptual clarification. In D.S. Rychen & L.H. Salganik (Eds.), *Defining and selecting key competencies* (pp. 45-65). Kirkland: Hogrefe und Huber.

Weiß, R. (1999). Erfassung und Bewertung von Kompetenzen – empirische und konzeptuelle Probleme. In Arbeitsgemeinschaft Qualifikations-Entwicklungs-Management (Hrsg.), *Kompetenzentwicklung '99* (S. 433-493). Berlin: Waxmann.

Wins, L.-v. & Triebel, C. (2006). *Kompetenzorientierte Laufbahnberatung.* Berlin: Springer.

Psychodramatische Mediation[1]

Gertraud Awecker und Peter Awecker

Das Psychodrama, das ursprünglich für die Psychotherapie entwickelt wurde, hat inzwischen zunehmend auch Anwendung in anderen Bereichen, u.a. auch in der Bildungsarbeit, gefunden. In der Ausbildung von Lehrerinnen und Lehrern an der Universität Innsbruck wird den Studierenden vermittelt, dass das Psychodrama in der Schule zwei Einsatzbereiche haben kann:

- Kognitives Lernen: Vermittlung von Wissen, Fertigkeiten und Einstellungen (persönlich bedeutsames Lernen)
- Soziales Lernen: Bearbeiten von zwischenmenschlichen Anliegen und Problemen (Persönlichkeitsentwicklung)

Bei den „Ersten Innsbrucker Bildungstagen" befasste sich die Dekanin Frau Univ.-Prof. Heidi Möller in ihrem Eingangsreferat mit der Frage „Was ist Bildung?". Dabei gab es immer wieder Bezugspunkte zu den Themen „Verständigung miteinander" und „Umgang mit Unterschieden". Sie schloss ihren Vortrag mit dem Statement: „Education is not a preperation for life; education is life itself". Ganz sicher gehört zum Leben auch der Umgang mit Unterschieden, Meinungsverschiedenheiten, Streit und Konflikten. Ausgehend von den USA hat sich auch bei uns in letzter Zeit eine „neue Streitkultur" etabliert, die eng mit dem Begriff der Mediation verbunden ist. In Österreich sind bereits mehrere Tausend als MediatorInnen ausgebildet. Sie tragen diese Haltung

---

[1] © Gertraud und Peter Awecker

in verschiedene Arbeits- und Lebensbereiche. Mediation und „neue Streitkultur" ist auch das Thema unseres Beitrages. Wir verbinden hier die Beratungsform Mediation mit dem psychodramatischen Ansatz.

Bei jeder psychologischen Intervention, also auch in der Mediation, prägen bestimmte Grundhaltungen oder Grundüberzeugungen das professionelle Handeln.[2] „Sie [die Grundhaltungen – d. Verf.] haben eine wichtige Orientierungsfunktion für die Medianten [sic], und sie liefern den Mediatoren wichtige Hinweise und Entscheidungshilfen für das konkrete Handeln ... Deshalb ist es keineswegs erstaunlich, daß die Grundhaltungen der Mediation mit denen der Psychotherapie in vielem übereinstimmen."[3] Mediation und andere Formate[4] wie Supervision, Coaching, Organisationsberatung und Training haben gemeinsam, dass sie sich vieler Techniken der Psychotherapie bedienen. Da es eine psychodramatisch ausgerichtete Psychotherapie gibt, liegt es nahe, auch über eine psychodramatisch orientierte Mediation nachzudenken. Das soll hier geschehen.

Der Band „Mediation – die neue Streitkultur" mit den Herausgebern Peter Geißler und Klaus Rückert beinhaltet die Referate, Vorträge und Ergebnisse der „Konferenz für Mediation" die 1999 in Wien abgehalten wurde. Peter Geißler plädiert nach unserer Meinung in seinem Überblicksartikel unter anderem für eine psychodramatische Sichtweise wenn er schreibt:

> Gerade in Konfliktsituationen – dem Normalfall der Mediation also – könnte ein Miteinbeziehen der nonverbalen Signalsprache hilfreich sein, bestimmte, schwer beinflußbare Dynamiken zwischen den Konfliktparteien, aber auch zum Mediator hin, wie z.B. Sackgassen im mediativen Prozeß, besser zu verstehen und durch die Miteinbeziehung dieser Informationsquelle neue Bewegungsimpulse zu ermöglichen.
> *Das Unbewußte stellt sich häufig szenisch dar und kann szenisch verstanden werden*
> Das Unbewußte in uns zeigt sich häufig dadurch, wie wir uns verhalten, was wir tun, was wir vermeiden, wie wir auf andere Bezug nehmen. (…) Die szenische Sicht des sich „Miteinander-Verhaltens" könnte eine wichtige Perspektive in mediativen Prozessen sein.[5]

Diese Zeilen sprechen dafür, dass sich der Mediator in seiner Arbeit sowohl einer „psychoanalytisch-gefärbten Brille" als auch einer „psychodramatisch-gefärbten Brille" bedient.

---

[2] vgl. Bastine 2004, S. 15
[3] Bastine 2004, S. 16
[4] Buer 2005, S. 280
[5] Peter Geißler 2000, S. 60 f.

Psychodramatische Mediation zeichnet sich durch eine spezielle Haltung des Mediators aus. Diese Haltung lässt sich nach Buer (2000) durch drei Orientierungen kennzeichnen:

- Imagination
  Die Macht der Phantasie, der Einbildungskraft, der Imagination soll im spontanen psychodramatischen Spiel hervorgelockt und zur kreativen Umgestaltung des Lebens beitragen.
- Aktion
  Der Mensch soll sich im dramatischen Handeln als Gestalter seines Lebens mit seinen Möglichkeiten, aber auch seinen Grenzen erfahren.
- Kooperation
  Durch das Aufeinandereingehen und das Zusammenspiel wird der Gruppenvorteil zur kreativen Lösung wirksam und lässt den Einzelnen über sich hinauswachsen.[6]

Das Klassische Psychodrama beinhaltet die folgenden Elemente:
Bühne, **Spielleiter**, **Protagonist** und **Antagonist**.

Die **Bühne** ist ein räumlich abgegrenzter oder abgehobener Spielraum. Auf die Mediation umgesetzt könnte das heißen, es gibt zwei Bereiche: den *Mediationsplatz* (Stühle für die Medianden und den Mediator oder die Mediatoren, eventuell ein Tisch) und die *Mediationsbühne*. Es muss ausreichend Platz vorhanden sein, sodass es möglich ist, den Mediationsplatz zu verlassen, eine „Grenzlinie" zu überschreiten und auf der Mediationsbühne zu agieren (siehe Abbildung 1).

Die Rolle des **Spielleiters** wird vom Mediator wahrgenommen. In dieser Rolle agiert er auf der Mediationsbühne und wird dann von uns als *Dram-Med-Leiter* bezeichnet.

Im klassischen Psychodrama ist der Protagonist sowohl Autor als auch Hauptdarsteller des Stücks. Er inszeniert mit Hilfe des Spielleiters die von ihm gewählte(n) Szene(n) seines Lebens. Die Antagonisten sind „therapeutische Mitspieler", die der Protagonist aus der Gruppe für die einzelnen Rollen seines Psychodramaspiels auswählt. Diese klassischen Zuordnungen müssen für eine Mediation unter psychodramatischen Aspekt abgeändert werden. Dies geschieht auch schon in der sogenannten Psychodramapädagogik, wenn als Protagonist ein zu behandelndes Unterrichtsthema auf der Bühne erscheint. So können auch in der Mediation die **Konfliktthemen** als **Protagonisten** angesehen werden. Die **Antagonisten** sind dann vor allem die *Medianden* und einige oder alle vom Konflikt Betroffenen, ob sie nun anwesend sind oder imaginiert werden müssen.

---

[6] Buer 2000, S. 180 f.

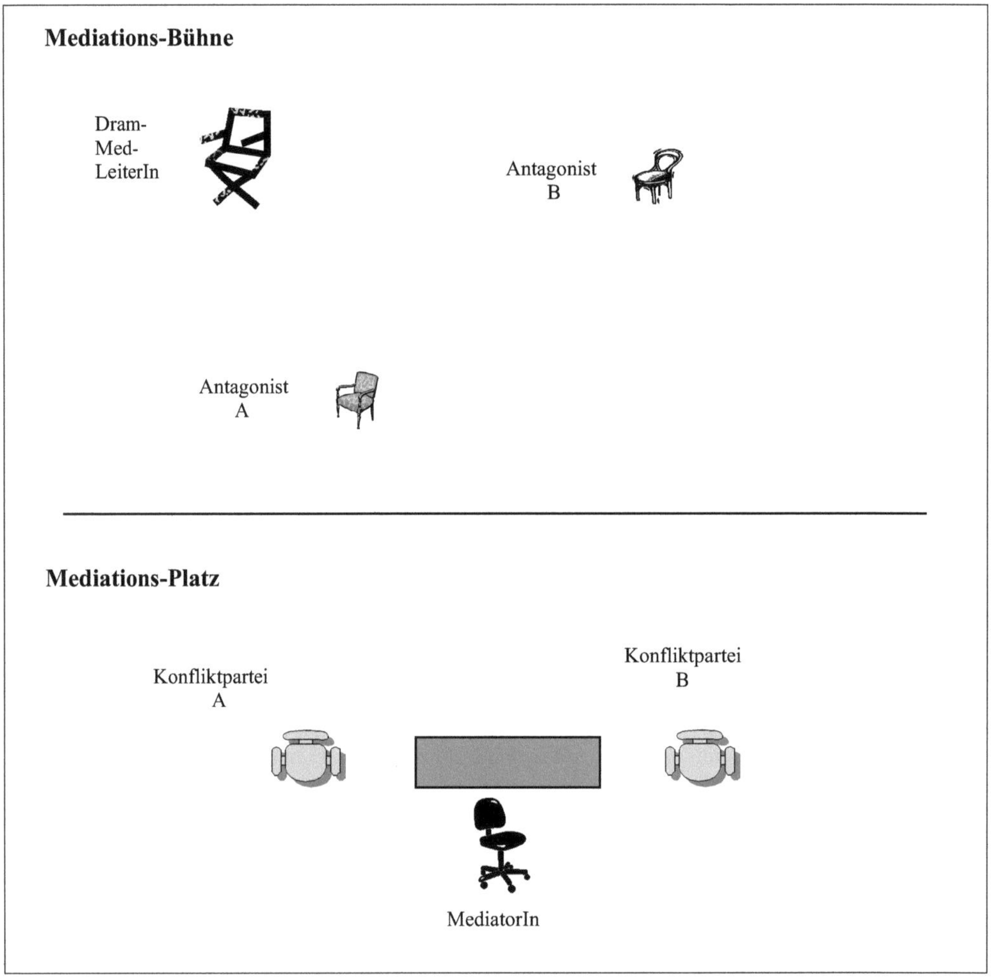

Mediations-Bühne

Dram-
Med-
LeiterIn

Antagonist
B

Antagonist
A

Mediations-Platz

Konfliktpartei
A

Konfliktpartei
B

MediatorIn

Abbildung 1: Mediationsplatz und Mediationsbühne

Wie ist eine Mediation zu strukturieren und welche Ziele sollen in den einzelnen Phasen angestrebt werden? Die AutorInnen von Büchern über die Mediation verwenden unterschiedliche An-
zahlen von Phasen. Winter (2005) schlägt zum Beispiel die folgenden „Schritte bzw. Phasen" vor:[7]

---

[7] Winter 2005, S. 211

Erstgespräch: Vertrag abschließen	Klärung von „Zielen, Zeiten, Zaster" (Zitat *Heinemann*)
Vorbereitung der Expertin	Innere Haltung: Allparteilichkeit, Akzeptanz, Anerkennung und Affirmation gegenüber allen Beteiligten
Orientierungsphase	Beteiligte auf Grundregeln verpflichten: Freiwilligkeit an Teilnahme, Kooperationsbereitschaft, Vertraulichkeit, Mitwirkungsverpflichtung, Beziehungen auf- und evtl. Stress abbauen
Klärungsphase	Definieren und diskutieren: Sichtweisen und Motive jeder Beteiligten transparent machen, Bedürfnisse und Interessen identifizieren, Tiefenstrukturen aufdecken
Veränderungsphase	Perspektivenwechsel befördern [sic]; Lösungsoptionen generieren
Abschlussphase: Vereinbarung	Lösung auswählen und umsetzen, Einigung vertraglich festlegen

Eine etwas andere Gliederung mit der dazugehörigen Beschreibung nimmt Pühl (2005) vor:

(1) *Vorphase: Einleitung, Konfliktdiagnose und Auftragklärung:* Hier erläutert der Mediator u.a. das Verfahren, je nach Verhärtung des Konflikts beiden Konfliktparteien gemeinsam oder in getrennten Gesprächen, und schätzt ein, ob Mediation das Verfahren der Wahl ist, um hier sinnvoll intervenieren zu können.

(2) *Klärungsanliegen herausarbeiten (Konfliktagenda):* In dieser Phase haben die Konfliktparteien die Möglichkeit, den Konflikt aus ihrer jeweiligen Perspektive darzustellen. Selbstredend weichen die Standpunkte voneinander ab, denn sonst gäbe es keinen Konflikt. Hilfreich und wichtig ist, dass jede Konfliktpartei den Raum hat, ihre Sicht der Dinge darzustellen, ohne dass es zu einer Bewertung kommt. Der Mediator hat als neutraler Dritter die Aufgabe, die jeweilige Sichtweise zu respektieren.

(3) *Klärung der Interessen und Ziele:* Konflikte zeichnen sich ja gerade dadurch aus, dass hinter den verhärteten Standpunkten die eigenen Interessen und Wünsche verloren gehen. Über die Klärung der Standpunkte ist eine Konfliktvermittlung nicht möglich. Der Lösungsweg ist nur über das Herausfinden der Interessen möglich, die hinter den Stand-

punkten verborgen sind. Im Mediationsverfahren erlebe ich diese Phase immer als die schwierigste, aber auch als die wichtigste. Sie ist deshalb schwierig, weil die Konfliktparteien sich von ihren Standpunkten lösen müssen, die bekanntlich ja auch ein Angstschutz sind. Den Schutz muss nun der Mediator gewährleisten, damit die Konfliktparteien sich trauen, ihre Interessen zu äußern, und nicht nur ihre Interessen, sondern auch die Kränkungen und Verletzungen, die meistens zur Konfliktverhärtung beigetragen haben. Je besser dies mit Hilfe des Mediators gelingt, desto leichter wird der Weg zu einer Einigung geebnet.

(4) *Erarbeitung von Lösungsoptionen:* Auf dieser Grundlage entsteht gewöhnlich so viel Freiheit zur Kreativität, dass den Beteiligten Ideen kommen, die vorher blockiert waren. Alle Vorschläge werden zuerst unzensuriert aufgenommen. Aus der gesamten Fülle destilieren die Beteiligten mithilfe des Mediatoren realistische Lösungsoptionen heraus.

(5) *Abschluss einer Vereinbarung:* Die gefundene Lösung wird in Form einer schriftlichen Vereinbarung festgehalten. Ein wichtiger Teil der Vereinbarung ist die Festlegung eines Termins, in dem die Umsetzung der Vereinbarung überprüft wird: das so genannte Bilanzgespräch. Sollte sich herausstellen, dass die Konflikte nicht beigelegt werden konnten, wird die Mediation an diesem Punkt fortgesetzt.[8]

Die drei Phasen des klassischen Psychodramas sind: **Initialphase**, **Aktionsphase** und **Abschlussphase.** Wir haben nun diese drei Phasen auf den Mediationsprozess zu übertragen (siehe Abbildung 2).

Zur *Initialphase* (sie spielt sich auf dem Mediationsplatz ab) könnten die folgenden Inhalte gehören: die Begrüßung der Medianden, die Vorstellung des Mediators, das Vorstellen der Grundideen der Mediation, das Einholen des Einverständnisses eine „psychodramatisch orientierte" Methode zu verwenden (ohne vielleicht das Wort „psychodramatisch" zu verwenden, da diese Bezeichnung durch die Verwendung für Kurzbeschreibungen bestimmter Filme sehr negativ besetzt ist), die Festlegung des Zeitrahmens und die Dauer der Sitzungen, die Kosten der Mediation und deren Aufteilung auf die Medianden, der Absagemodus, der Mediationsvertrag, die Regeln der Kommunikation, die grobe Klärung, um welchen Konflikt es geht und die Entscheidung für oder gegen eine Mediation. Zu dieser Initialphase gehört also all das, was in der klassischen Mediation am Beginn zu erledigen ist. Im Strukturierungsvorschlag von Winter (2005) sind das die Phasen „Erstgespräch" und „Orientierungsphase"[9] und in der Einteilung nach Pühl (2005) entspricht das der „Vorphase: Einleitung, Konfliktdiagnose und Auftragklärung"[10].

---

[8] Pühl 2005, S. 246 f.
[9] Winter 2005, S. 211
[10] Pühl 2005, S. 246

Die *Aktionsphase* beinhaltet alle Aktivitäten, die zur Sichtbarmachung und Erhellung des Konfliktes dienen, die zu Lösungsideen und deren Bewertung nach festzulegenden Kriterien führen und die schließlich zu einer gemeinsamen Lösung, einer Absprache führen oder in einen Vertrag münden. Die psychodramatischen Techniken, die in dieser Phase zum Einsatz kommen können, werden wir noch genauer beschreiben. Im Vorschlag von Winter (2005) entspricht das der „Klärungsphase"[11], der „Veränderungsphase" und dem ersten Teil der „Abschlussphase", in dem es darum geht, die „Lösung aus(zu)wählen und um(zu)setzen". Im Strukturvorschlag nach Pühl (2005) geht es um die Phasen „Klärungsanliegen herausarbeiten", „Klärung der Interessen und Ziele" und „Erarbeitung von Lösungsoptionen"[12].

In der Abschlussphase des klassischen Psychodramas ist Platz für Rückmeldungen der Spieler aus ihrer Rolle heraus (Rollenfeedback), für das Ansprechen von Gefühlen, Wahrnehmungen und für das Erzählen eigener Erfahrungen und schließlich auch für eine Zusammenfassung und eine Prozessanalyse durch den Psychodrama-Spielleiter. In die *Abschlussphase* der Mediation fallen das Festhalten des Ergebnisses, das Rückmelden zwischen den Medianden und dem Mediator und das Fixieren in Form einer schriftlichen Vereinbarung, oder vielleicht auch durch eine symbolische Konfliktbereinigungsgeste. In den Strukturierungsvorschlägen von Winter (2005) und Pühl(2005) entspricht dies den jeweils zuletzt genannten Phasen: „Abschlussphase"[13] bzw. „Abschluss einer Vereinbarung"[14].

---

[11] Winter 2005, S. 211
[12] Pühl 2005, S. 246 f.
[13] Winter 2005, S. 211
[14] Pühl 2005, S. 247

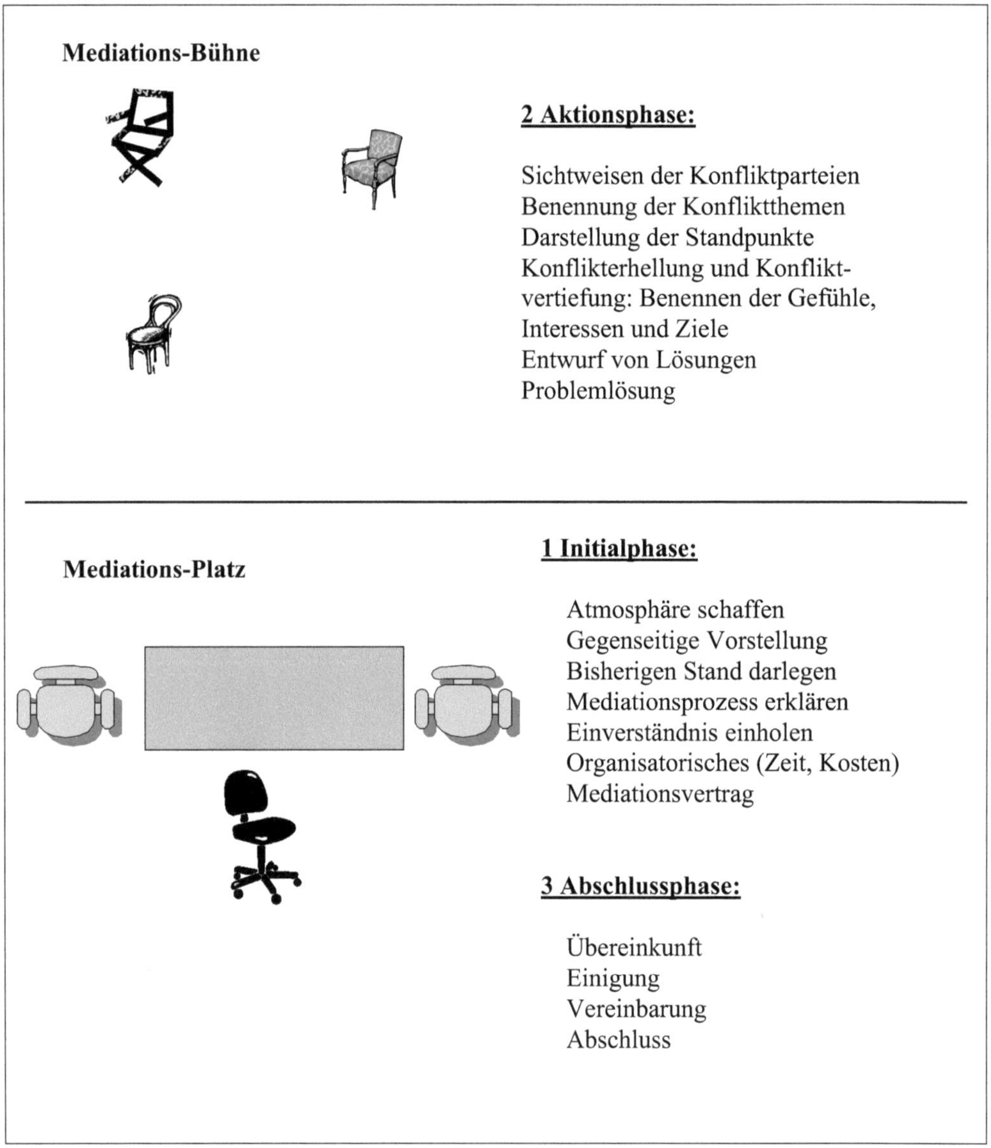

Mediations-Bühne

2 Aktionsphase:

Sichtweisen der Konfliktparteien
Benennung der Konfliktthemen
Darstellung der Standpunkte
Konflikterhellung und Konflikt-
vertiefung: Benennen der Gefühle,
Interessen und Ziele
Entwurf von Lösungen
Problemlösung

Mediations-Platz

1 Initialphase:

Atmosphäre schaffen
Gegenseitige Vorstellung
Bisherigen Stand darlegen
Mediationsprozess erklären
Einverständnis einholen
Organisatorisches (Zeit, Kosten)
Mediationsvertrag

3 Abschlussphase:

Übereinkunft
Einigung
Vereinbarung
Abschluss

Abbildung 2: Phasen der Mediation

Wie könnte nun eine psychodramatisch orientierte Mediation ablaufen, welche psychodramatischen Techniken bieten sich zum Einsatz in der Mediation an? In der nachfolgenden Beschreibung beschränken wir uns auf jene Elemente, die uns als typisch „psychodramatisch" erscheinen.

In der Initialphase scheint uns wichtig zu sein, dass die Mediatoren als „Hüter des Prozesses" die Verwendung einiger Methoden und Techniken ankündigen und das Einverständnis der Medianden einholen.

Psychodramatische Techniken in der Mediation

Leerer Stuhl	Rollenspiel
Monolog	Doppeln
Rollentausch	Dialog
Schnitt	Blitzlicht
Beiseitereden	Inneren Stimmen
Vignette	Spektrogramm
Zukunftsprojektion	…

Nun geht es darum, den bzw. die Protagonisten für das Spiel zu finden. Das sind in der psychodramatischen Mediation der Konflikt bzw. die Konfliktthemen. Dabei kommen der *leere Stuhl* bzw. die *leeren Stühle* ins Spiel. Es empfiehlt sich, am Rand der Mediationsbühne mehrere leere Stühle in Bereitschaft zu halten. Die Medianden benennen nun ihre Konfliktthemen. Für jedes Thema wird ein Stuhl auf die Bühne gestellt und mittels Klebeband beschriftet. Diese „Konflikt-stühle" werden im Hintergrund der Bühne aufgestellt. Die Konfliktthemen stehen nur vorläufig auf der Bühne, sie können später noch verändert (es verlassen welche die Bühne, oder es kommen auch noch welche dazu) werden.

Im Anschluss daran stellt der Dram-Med-Leiter zwei (oder falls notwendig mehrere) Stühle für seine Medianden auf. Der Mediand A stellt sich hinter den mit seinem Namen A beschrifteten Stuhl und *„rollt den Antagonisten A ein"*. Dabei sagt er, wer die Person ist und nennt einige Eigenschaften. Dann rollt die Person B ihren Stuhl ein.

Anschließend verlässt die Person A die Mediationsbühne und setzt sich wieder auf ihren Stuhl am Mediationsplatz. Die Person B hält nun auf der Bühne einen *Monolog* über ihre Sicht des Konflikts, ihren Ärger und Zorn, ihre Enttäuschung, ihre Änderungswünsche, ihre Forderungen und, und, und. Dabei hat der Dram-Med die Möglichkeit, sich hinter den Stuhl von B zu stellen und zu

Doppeln, d.h. er kann die in der Mediation häufig verwendete Technik des „aktiven Zuhörens" anwenden. Er kann Verständnisfragen stellen, er kann das von B gesagte in einer „neutralen Sprache" wiederholen usw.

Anschließend wird der beschriebene Vorgang auch vom Medianden A durchgeführt.

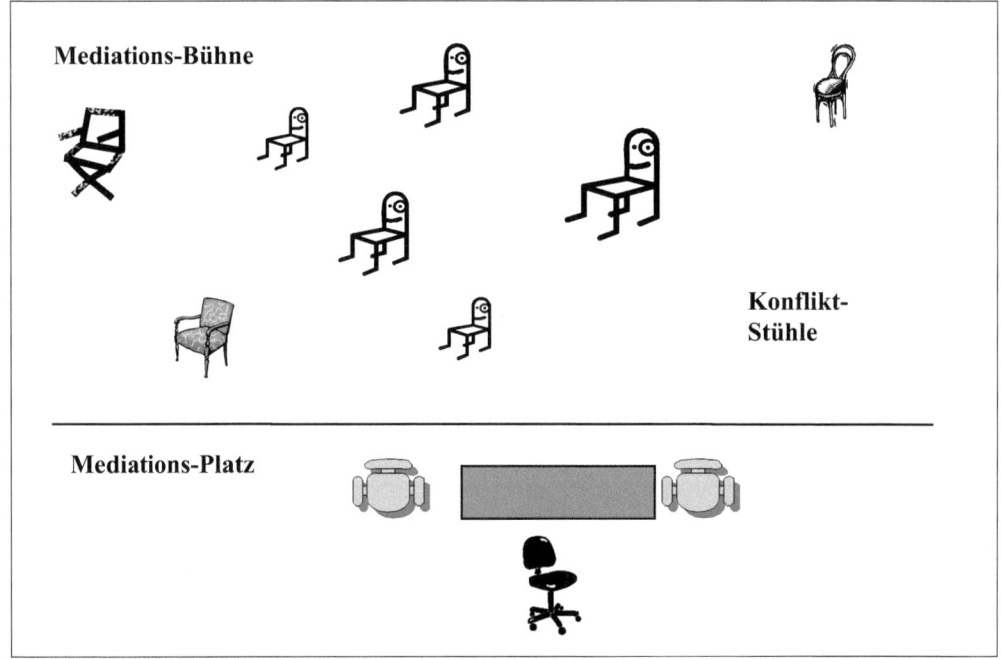

Abbildung 3: Konfliktstühle

Nun werden die „Konflikt-Stühle" betrachtet und Fragen nach Änderungswünschen gestellt. Kommen Stühle weg, kommen welche dazu? Es ist taktisch günstig, diese Stühle zwischen die Sessel für A und B zu stellen. Sie stehen ja auch im übertragenen Sinn zwischen den Medianden (siehe Abbildung 3).

Als nächstes wird an der Konflikterhellung gearbeitet. Der Dram-Med und die Medianden haben die Möglichkeit auf unterschiedlichen Sesseln (Konfliktstühle, Stühle von A und B) Platz zu nehmen und aus der jeweiligen Rolle heraus sprechen. An dieser Stelle kann es auch sehr förderlich sein, einen *Rollentausch* vorzunehmen. Der Mediand A setzt sich auf den Stuhl B und der Mediand B setzt sich auf den Stuhl A. Dadurch kann auch sehr rasch festgestellt werden, wie weit sie die Anliegen des jeweils anderen verstehen bzw. nachvollziehen können (was nicht gleichzusetzen ist mit „die andere Ansicht zu billigen" oder sogar „dem anderen nachzugeben"). Weiters kann man die beiden Antagonisten einen *Dialog* durchführen lassen. Für eine gewisse Zeit könnte auch „gestritten" werden.

Jederzeit kann der Dram-Med einen *Schnitt* machen und aus der szenischen Darstellung aussteigen. Es empfiehlt sich, mit den Antagonisten die Mediationsbühne zu verlassen und sich auf den Mediationsplatz zu begeben. Durch diesen Positionswechsel ist es möglich, über das, was da auf der Bühne geschehen ist, zu reflektieren. Günstig erscheint an dieser Stelle die Abfrage eines *Blitzlichts* mit den Fragen an die Medianden: „Wie ist es Ihnen da oben ergangen? Was ist Ihnen auf der Bühne alles aufgefallen? Wie haben Sie die beiden Antagonisten A und B gesehen? Wie geht es Ihnen mit dem Dram-Med? Wie geht es Ihnen mit den Konfliktstühlen? Was möchten Sie sonst noch sagen?".

Dann begibt man sich wieder auf die Mediationsbühne. In der Arbeit des Dram-Med werden auch seine Neutralität und seine Allparteilichkeit gut sichtbar. Immer wenn er sich auf den Stuhl eines Medianden setzt (oder hinter diesen Stuhl stellt) „ergreift er in gewissem Sinn Partei", aber er macht das für alle Medianden, daher ist er allparteilich. Wenn er den Prozess auf der Bühne und in der Mediation leitet, dann ist er neutral.

Fallweise sind in der Arbeit auf der Mediationsbühne auch andere psychodramatische Techniken einzusetzen. So zum Beispiel das *Beiseitereden*. Hier wird der Mediand, wenn er auf seinem Antagonistenstuhl sitzt, aufgefordert, im Beiseitereden zu sagen, was er fühlt und welche Gedanken ihm durch den Kopf gehen. Es handelt sich dabei um ein „lautes Nachdenken".

Größeren Zeitaufwand erfordert es, den *inneren Stimmen* der Antagonisten Gehör zu verschaffen. Es kann auch eine kurze Szene, eine sog. *Vignette*, aus dem Leben der Medianden nachgespielt werden.

Eine eher bekannte Technik ist das *Spektrogramm.* Auf einer gedachten Linie zwischen zwei Polen stellen sich die Medianden zu einer bestimmten Fragestellung auf und machen so ihre Einstellung sichtbar.

In der *Zukunftsprojektion* geht es darum, Entwicklungen zu fantasieren und darzustellen, wie sie sich vielleicht in einem oder in fünf Jahren zeigen. Der Kreativität des Dram-Med sind dabei keine Grenzen gesetzt. Stets dienen die angewandten Techniken der Konfliktklärung und der Konfliktlösung. Sie sind nicht Selbstzweck.

Ein entscheidender Gewinn für die Mediation liegt in der Möglichkeit der Zwei-Ebenen-Arbeit. Immer wieder ist es möglich, von der Mediations-Bühne herunterzusteigen und die augenblickliche Situation und die geleistet Arbeit von außen zu betrachten. Das kann die Medianden aus ihrer Starrheit und Unbeweglichkeit herausholen. Dabei kann etwas in Bewegung geraten.

MEDIATIONS-BÜHNE

MEDIATIONS-PLATZ

Nach der Konflikterhellung gehen wir auf die Suche nach Lösungsmöglichkeiten. Auf der Bühne soll diese neue Aufgabenstellung auch in einer neuen Stellung der Stühle sichtbar werden. Aus den Gegnern werden jetzt Verbündete, die die gemeinsame Aufgabe der Suche nach Lösungen zu bewältigen haben. Die Sessel der Antagonisten rücken zusammen. Auf der Seite stehen die Stühle mit den Konfliktthemen, vor den Medianden gibt es genügend Platz für die Lösungsstühle (siehe Abbildung 4). Wie auch in jeder anderen Mediation gilt es nun, möglichst viele Lösungsmöglichkeiten zu eruieren, sie anschließend nach vereinbarten Kriterien zu bewerten und gemeinsame Möglichkeiten herauszufinden, deren Verwirklichung geplant wird. Das typisch „psychodramatische" an diesem Vorgehen ist die Möglichkeit, auf diesen Lösungsstühlen Platz zu nehmen und aus der jeweiligen Position heraus zu sprechen.

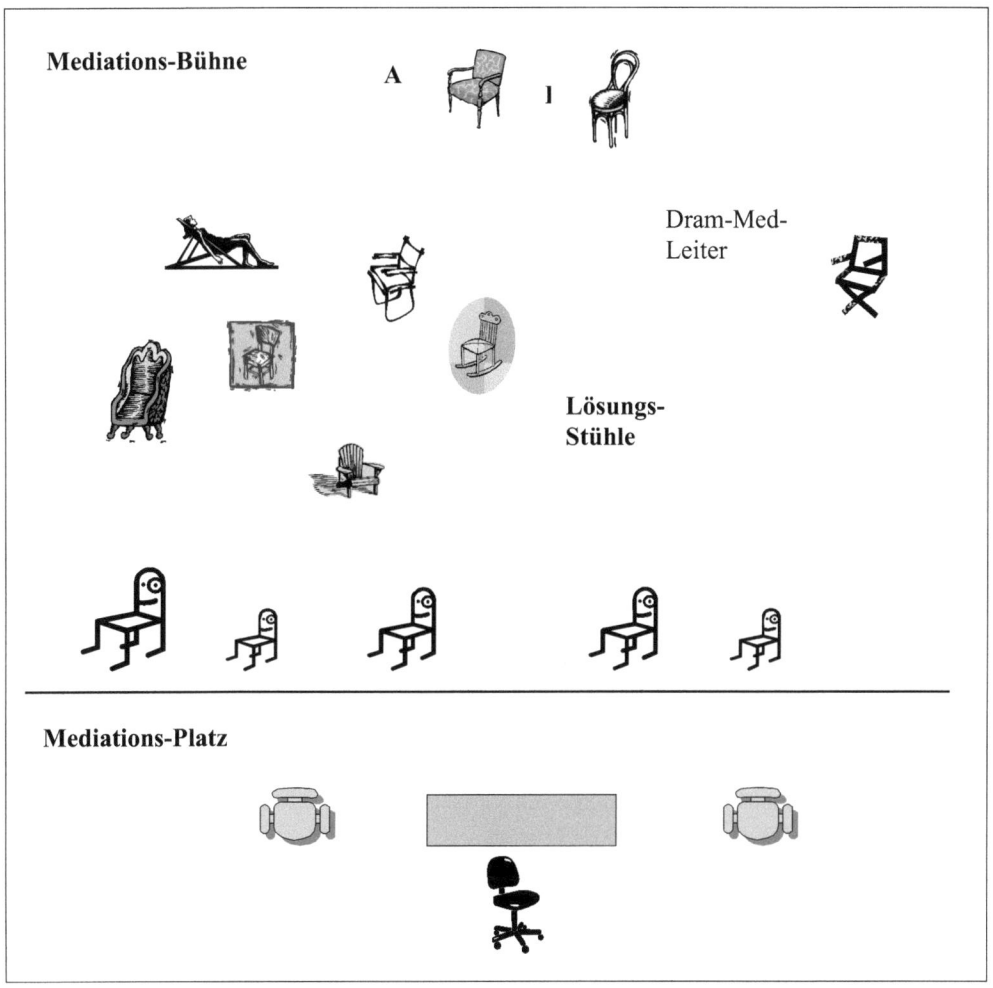

Abbildung 4: Lösungsstühle

Zu Beginn der Abschlussphase verlassen wir die Mediationsbühne, abgeschlossen wird die Mediation am Mediationsplatz. Fallweise mag es sinnvoll sein, auch in dieser Phase kurzzeitig auf die Bühne zurückzukehren und gewisse Fragestellungen im Rollenspiel abzuklären.

Nach Jacob Levi Moreno, dem Begründer des Psychodramas, geht es im Psychodrama um die Interaktion, um Begegnungen zwischen Menschen und ihrer Umwelt. Ziel der Darstellung ist nicht eine Geschichte oder Erlebnisse der Vergangenheit selbst, sondern das Bild davon, das die einzelnen Teilnehmer zum momentanen Zeitpunkt haben. Durch die Inszenierung der individuellen Wirklichkeit der Menschen haben diese die Möglichkeit, sich selbst, ihre Wahrnehmungen und ihr Handeln verständlich zu machen. Kontrahenten haben die Chance, ihr Gegenüber als Individuum wahrzunehmen, das eben seine ganz persönliche Sichtweise des Geschehenen haben kann und entsprechend agiert. Dieses bessere Verstehen der jeweiligen sozialen Situation wollen wir für die Mediation nutzbar machen.

Literatur

Bastine, Reiner: Konflikte klären, Probleme lösen – die Psychologie der Mediation. In: Haynes, John, M.; Mecke, Axel; Bastine, Reiner; Fong, Larry, S.: *Mediation Vom Konflikt zur Lösung*. Stuttgart: Klett-Cotta, 2004, S. 11 – 45

Buer, Ferdinand: Zur Theorie psychodramatischer Bildungsarbeit. In: Wittinger, Thomas (Hrsg.): *Psychodrama in der Bildungsarbeit*. Mainz: Matthias-Grünewald-Verlag, 2000, S. 173 – 204

Buer, Ferdinand: Coaching, Supervision und die vielen anderen Formate. In: *Organisationsberatung Supervision Coaching* Jg. 12/2005, Nr. 3, S. 278 – 296

Geißler, Peter: Mögliche Schnittstellen zwischen Mediation und Psychotherapie –Überlegungen. In: Geißler, Peter; Rückert, Klaus (Hrsg.): *Mediation – die neue Streitkultur*. Gießen: Psychosozial-Verlag, 2000, S. 51 – 63

Pühl, Harald: Von der Supervision zur Mediation und zurück. In: *Organisationsberatung Supervision Coaching* Jg. 12/2005, Nr. 3, S. 245 – 252

Winter, Claudia: Mediation und Coaching – ein Vergleich. In: *Organisationsberatung Supervision Coaching* Jg. 12/2005, Nr. 3, S. 205 – 216

Altersbilder – Altersbildung

Hans Jörg Walter

Erst eine volle Interpretation kollektiver Erlebnisfiguren – und ihrer objektiven Bedingtheit – im umfassenden Rahmen kritischer Gesellschaftstheorie vollendet jenes kritische Unternehmen, das Psychoanalyse, ausgehend vom individuellen Leiden, als Analyse des Subjekts beginnt. (Alfred Lorenzer)

Wir leben in Bildern und wir verstehen die Welt in Bildern. Wir verinnerlichen kollektive Bilder, weshalb unsere Wahrnehmung einer aktuellen Zeitform unterworfen ist. Gerade daran ist die mediale Einrichtung der Bilder beteiligt. So sind die Bilder des Alters im öffentlichen Raum – in Zeitungen und Zeitschriften, auf Plakaten, im Fernsehen, in Filmen – nicht nur Repräsentanten des sozialen Imaginären, sondern spiegeln das individuell Imaginäre wider und schlagen sich in diesem nieder.

Die Ausarbeitung dieser These soll so erfolgen, dass mit Bezug zu Alfred Lorenzers Theorie der Interaktionsformen und zu seinem Entwurf einer materialistischen Sozialisationstheorie ein Modell der Bildungsgeschichte entworfen wird, das die sekundäre Sozialisation durch soziale Repräsentationen des Alters kategorial fassbar macht. Nach einer Betrachtung der Bedeutung von Altersbildern soll die Möglichkeit der sekundären Sozialisation durch öffentliche Bilder des Alter(n)s an konkreten Beispielen gezeigt werden. Dies wird verbunden mit einer Erläuterung der psychoanalytischen Methode als sozialwissenschaftliche Tiefenhermeneutik.

„Die Rückkehr der Bilder, die sich auf verschiedenen Ebenen seit dem 19. Jahrhundert vollzieht, wollen wir als »ikonische Wendung« charakterisieren. Diese Bezeichnung spielt natürlich auf eine

Analogie an, die sich seit Ende der Sechziger Jahre und unter dem Namen des »linguistic turn« vollzogen hat." (Böhm 1995, 13) Diese Wendung der Aufmerksamkeit im »iconic turn« hat nachhaltige Konsequenzen für die pädagogische Anthropologie und die Bildungstheorie. Wiederentdeckt wird die Bedeutung von Bild und Einbildungskraft für die Bildungsprozesse. An dieser >Wiederkehr der Bilder< ist die Psychoanalyse maßgeblich beteiligt. Wenngleich sie keine ausgearbeitete Bildtheorie hervorgebracht hat, so spielt doch das Denken in Bildern – erinnern wir uns beispielsweise an die Traumtheorie - in der Psychoanalyse eine wesentliche Rolle.

"Das Denken in Bildern ... steht ... den unbewussten Vorgängen näher als das Denken in Worten und ist unzweifelhaft onto- wie phylogenetisch älter als dieses ..." (Freud 1923, 248)

In einer Reihe von Arbeiten hat Lorenzer seine Theorie der Interaktionsformen entwickelt, die für die psychoanalytische Bildungs- und Sozialisationstheorie einen fruchtbaren theoretischen Rahmen darstellt. Diese Theorie der Interaktionsformen, die dem >Szenischen< in der intra- und interpsychischen Wirklichkeit eine zentrale Bedeutung gibt, hat allerdings jenseits des deutschen Sprachraumes nicht die ihr angemessene Resonanz gefunden (vgl. Klüwer 2001).[1]

Lorenzer unterscheidet in seinem epigenetischen Modell drei Interaktionsformen: Lorenzer bezeichnet die Muster leiblicher Interaktionen, die von Anfang an zwischen dem Selbst und dem Anderen wirken und für das gesamte Leben eine grundlegende Schicht der impliziten Handlungsmuster darstellen, als »sensomotorische Interaktionsformen«: Muster der leiblichen Interaktion, die auf Seiten des erwachsenen Anderen durch seine lebensgeschichtlichen Interaktionserfahrungen geformt sind. So sind diese sensomotorischen Interaktionsformen auch von den Brechungen bestimmt, die sich in den erwachsenen Anderen eingeschrieben haben. Der erste Schritt hin zur symbolischen Interaktion geschieht dadurch, dass konkrete Interaktionserfahrungen symbolische Bedeutung erlangen. D.h. eine Szene, wie sie konkret erfahren werden kann, wie sie sich auch einschreibt in die Erinnerungen und zu verallgemeinerten Interaktionserwartungen transformiert wird, erlangt Symbolcharakter dadurch, dass sie eine andere Szene repräsentiert. Das Garnrollenspiel, das Freud bei seinem Enkel beobachtet hat, dient Lorenzer als Paradigma. Der Enkel hat eine Vielzahl von Situationen der An- und Abwesenheit seiner Mutter erfahren. Indem er nun mit Gegenständen hantiert – beispielsweise die Garnrolle aus seinem Bett wirft und sie

---

[1] Lorenzers Theorie der Interaktionsformen und der Bedeutung des Szenischen – auch des >szenischen Verstehens< - weist eine deutliche Entsprechung zum >Enactment<-Konzept auf, das 1986 durch Jacobs eingeführt wurde und seither eine beispiellose Verbreitung erfahren hat (Klüwer 2001, 347). Lorenzer sieht für seine Theorie in den Untersuchungen von René Spitz ein stabiles Fundament. Hätte er schon von den Forschungsergebnissen Daniel N. Sterns Kenntnis gehabt, so hätte er sicher auch in diesen ein wichtiges Fundament für seine Theorie der Interaktionsformen gesehen. Ich habe auf diese theoretisch-empirische Korrespondenz in einem anderen Beitrag (2004) hingewiesen. Ein ähnliches dreigliedriges Modell wie das von Lorenzer wird von J. Bruner beschrieben: Er unterscheidet drei Medien der Repräsentation von Erfahrung: *Enactive representation* – ein inneres Bezugssystem, das aus den sensomotorischen Tätigkeiten entsteht, *iconic representation* – Erfahrungen werden in Bildern repräsentiert, und *symbolic representation* – womit die sprachsymbolische Repräsentation von Erfahrung bezeichnet wird. (Bruner u.a. 1966)

wieder zum Erscheinen bringt, indem er an dem Faden zieht, an dem sie befestigt ist – erlangt er die Möglichkeit, durch dieses Spiel die anderen Erfahrungen von Ab- und Anwesenheit darzustellen, er öffnet sich den Raum der Symbolisierung. Damit, stellt Lorenzer fest, trifft Freud „genau den Vorgang einer ersten Symbolbildung" (1981, 158): „eine sinnlich-unmittelbare Inter-aktion wird durch eine andere sinnlich-unmittelbare ersetzt" (1981, 159), die dadurch den Stellenwert einer sinnlich-symbolischen Interaktionsform erlangt. Lorenzer nennt diese Ebene der Symbolisierung »sinnlich-symbolische Interaktionsformen«. Die Vielzahl von sinnlichen Inter-aktionserfahrungen führen nicht nur zu verallgemeinerten sinnlich-unmittelbaren Interaktions-repräsentanzen, sondern verweisen in einer Beziehung der Symbolisierung aufeinander. Lorenzer rechnet zu dieser Ebene der Symbolbildung auch die Gegenstände unserer Lebenswelt, die sozusagen geronnene Interaktionsformen darstellen und entsprechende Handlungsanweisungen dem geben, der mit ihnen zu tun hat. Mit dieser Kategorie der sinnlich-symbolischen Interaktions-formen erschließt Lorenzer eine Symbolschicht, die die „präsentative Symbolik" (Langer 1965) einer Kultur speist, die in die Phantasien Eingang findet und die auch im Träumen zum Ausdruck kommt. Die Schicht der sinnlich-symbolischen Interaktionsformen besteht nach der Auffassung Lorenzers in einem Netz vielfacher Verknüpfungen. Nicht eine Szene steht hier für eine andere, wie dies am Paradigma des „Garnrollenspiels" gezeigt worden ist, sondern es handelt sich um ein Konglomerat aufgrund vielfacher Verknüpfungen. Und so ist es auch beim Traum:
„Beim Traum steht nicht *eine* Szene für die 'Originalszene'..., vielmehr sammelt die Verschiebung im Netz der Erinnerungsspuren allerlei szenische Formeln zu mehr oder weniger widerspruchs-vollen Komplexen zusammen. Das Resultat ist jenes dramatische Konglomerat, das uns der Patient erzählt." (1983, 109)
Der manifeste Traum ist also nach Lorenzer ein Gefüge von sinnlich-symbolischen Interaktions-formen, das in der Traumerzählung sprachlich wird. Diese Verbindung von manifestem Traum und Traumerzählung ist seiner Meinung nach beispielhaft für das psychoanalytische Gespräch insgesamt, insofern ein erlebnisnahes Reden dem psychoanalytischen Prozess förderlich ist.[2]
Die Vermittlung zwischen Sinnlichkeit und Bewusstsein wird also von den sinnlich-symbolischen Interaktionsformen getragen. Sie sind in der Persönlichkeitsbildung tiefer verankert als die Sprach-symbole und stehen den unbewussten Interaktionsformen näher als diese. Sie sind auch solchen verbunden, die nicht in Sprache aufgenommen werden können, weil sie den sozialen Normen widersprechen - und sie umfassen auch einen Bereich der Erfahrung, der nicht in Sprache gefasst werden kann (wie z.B. die Musik).
Ein nächster Schritt in der Bildung symbolischer Interaktionsformen wird gesetzt, wenn das Feld der Sprache zugänglich wird, wenn dem werdenden Subjekt Sprache vermittelt wird und es sich Sprache aneignet. Dadurch entsteht eine Verknüpfung der sensomotorischen und sinnlich-

---

[2] Erlebnisnahes Reden wird vor allem im Sprechakt des Erzählens realisiert, wobei auch die Erzählform einen Hinweis auf diese Erlebnisnähe gibt. (Vgl. Walter 1986)

symbolischen mit den sprachsymbolischen Interaktionsformen, wodurch eine neue Möglichkeit des Handelns, Denkens und Erlebens eröffnet wird. Das Sprachspiel einer Kultur bestimmt, was von diesen interaktionellen Erlebniskomplexen versprachlicht werden kann. Was keine sprachsymbolische Fassung findet, fällt zusagen aus. Sprache wirkt also einerseits eröffnend, aber anderseits auch verschließend. Die sinnlich-anschaulichen Interaktionsformen, die sensomotorischen Interaktionsformen reichen über das, was Sprache fassen kann, hinaus. Das hängt freilich auch von der Art einer Sprache ab. Sprache kann von den sensomotorischen und sinnlichsymbolischen Interaktionsformen abgehoben sein oder aber mit ihnen verwoben sein.

Das Verhältnis von Interaktion und Sprache ist aber nicht nur von Auslassungen gezeichnet, sondern auch durch Zerfall bestimmt. Lorenzer spricht von „Sprachzerstörung" und meint damit die konfliktbedingte Auflösung sprachsymbolischer Interaktionsformen. Handlungs- und Erlebnisfiguren werden „desymbolisiert". Für das Ergebnis dieses Zerfalls verwendet er die Bezeichnung „Klischee". Klischees sind unbewusste Repräsentanzen von Erlebnis- und Handlungsfiguren, die sich gleichsam hinterrücks durchsetzen, sie wirken sich aus, ohne dass sie in das Selbstverständnis eingeholt werden können. Den Klischees korrespondiert die Selbsttäuschung der Person hinsichtlich der Bedeutung ihrer Erlebnisse und Handlungen.

Trifft die sinnlich-symbolischen Interaktionsformen etwas Ähnliches? In »Sprachzerstörung und Rekonstruktion« (Lorenzer 1970) lesen wir noch nicht oder noch nicht deutlich genug von dem, was später dann sinnlich-symbolische Interaktionsformen genannt wird. »Sprachzerstörung« ist wie ein Einriss in einem Zusammenhang. Die Sprache verliert den Zusammenhang zur Fülle der Interaktionsformen. Und anderseits werden dadurch Interaktionsformen starrer, sie werden zu »Klischees«, sind wie herausgeschnitten aus einem Bedeutungszusammenhang, »Sachvorstellung« und »Wortvorstellung« verlieren die Verbindung, die »Sachvorstellung« wirkt nun als unbewusst zwingend. Desymbolisierung bezieht Lorenzer in erster Linie auf die sprachsymbolischen Interaktionsformen. Aber Desymbolisierung kann auch auf die sinnlich-symbolischen Interaktionsformen bezogen werden. Der Freud'sche Enkel hätte dann nicht mehr symbolische Möglichkeiten zur Verfügung, um sich mit An- und Abwesenheit sinnlich-symbolisch zu befassen, sondern sie ist unmittelbare emotionale Erfahrung. Desymbolisierung mit Bezug zu den sinnlich-symbolischen Interaktionsformen bedeutet dann ein Fallen auf die Ebene von Interaktionsformen, über die keine Symbolisierung mehr möglich ist.

In der »Begründung einer materialistischen Sozialisationstheorie« (1972) entwickelt Lorenzer ein Modell für die primäre Sozialisation. Das interaktionelle Wechselspiel in der Mutter-Kind-Dyade wird als der Anfang des Bildungsprozesses des Subjekts angesehen. Die Interaktionen, die die Mutter dem Kind anbietet, sind das Produkt ihrer eigenen Lebenspraxis, sie sind Ausdruck ihrer Erfahrungen in der sekundären Sozialisation, die auf ihrer primären Sozialisation aufbaut. Die gesellschaftliche Formbestimmung ist in den Interaktionsrepräsentanzen der Mutter enthalten, die in der »Einigung« auf bestimmte Interaktionsformen in der Mutter-Kind-Dyade praktisch und konkret werden. In ähnlicher Weise erfolgt der Schritt zu den sprachsymbolischen Interaktionsformen. Indem Sprechhandlungen in das interaktionelle Wechselspiel eingefügt und mit diesem verwoben werden, erfolgt der Schritt zu den sprachsymbolischen Interaktionsformen, mit den Sinn- und Handlungsanweisungen, die in die Sprache eingelassen sind – und auch mit den Auslassungen und Entstellungen, die in den konkreten Sprechhandlungen enthalten sind. Die »Einführungssituation von Sprache« ist die zweite Grundsituation im Prozess der Sozialisation.

Die später entwickelte dreigliedrige Theorie der Interaktionsformen kann zur Ergänzung dieser Sozialisationstheorie herangezogen werden. Dann gibt es nicht nur eine »Einigung auf Interaktionsformen« und eine »Einführung in die Sprache«, sondern auch einen Sozialisationsprozess, der durch die räumlichen Gegebenheiten, die Gegenstände, die Bilder und auch die Spiele, die die Lebenswelt eines Kindes kennzeichnen, geformt wird.

Diese Einfügung in die materialistische Sozialisationstheorie Lorenzers öffnet die Möglichkeit für Untersuchungen der Sozialisation auf der Ebene der sinnlich-symbolischen Interaktionsformen.

Das Thema der »Altersbilder« und der »Altersbildung« ist eines der sekundären Sozialisation. In Übereinstimmung mit der Theorie der Interaktionsformen könnte das Thema auf den drei Ebenen untersucht werden: Wie sind die lebenspraktischen Interaktionsformen beschaffen, die im sinnlich-unmittelbaren Tun konkret erfahrbar werden? Wie ist das Alter sprachsymbolisch repräsentiert? Welche Vorstellungen werden über das Sprachspiel vermittelt? Weist das Sprechhandeln im Umgang mit alten Erwachsenen besondere Merkmale auf, die formend in der Interaktion wirken? Und wenn wir die Ebene der sinnlich-symbolischen Interaktionsformen betrachten: Welche Altersbilder treffen wir an und welche Bildungswirkungen können wir von dieser präsentativen Symbolik erwarten?

Dieser letzten Frage sind die folgenden Betrachtungen und Analysen gewidmet.

Aber fragen wir zunächst nach der Verwendung des Wortes »Altersbild«

Im »Dritten Altenbericht«[3] wird festgestellt:

„Unter Altersbildern versteht die Kommission allgemeine Vorstellungen über das Alter, über die im Alternsprozess zu erwartenden Veränderungen und über die für ältere Menschen mutmaßlich charakteristischen Eigenschaften. Altersbilder umfassen Ansichten von Gesundheit und Krankheit im Alter, Vorstellungen über Autonomie und Abhängigkeiten, Kompetenzen und Defizite, über Freiräume, Gelassenheit und Weisheit, aber auch Befürchtungen über materielle Einbußen und Gedanken über Sterben und Tod. Nicht zuletzt enthalten sie auch – normative – Vorstellungen über Rechte und Pflichten alter Menschen. Altersbilder umfassen demnach nicht allein beschrei-

---

[3] Dritter Altenbericht: Alter und Gesellschaft – Dritter Bericht zur Lage der älteren Generation in der Bundesrepublik Deutschland

bende und erklärende Aussagen über das Alter(n), sondern enthalten auch wertende und normative Elemente."

In seinem Beitrag zum Altersbild in der Enzyklopädie der Gerontologie gibt Schmitt (2004) die folgende Auskunft:

Unter dem Begriff «Altersbild» werden in der deutschsprachigen Gerontologie sowohl Meinungen und Überzeugungen (beliefs) über sich mit zunehmendem Alter vermeintlich einstellende Veränderungen und für ältere Menschen vermeintlich charakteristische Attribute als auch Einstellungen (attitudes) gegenüber Alter und Altern untersucht. (135)

Ich stimme mit den beiden Definitionen darin überein, dass Annahmen über Prozesse des Alterns, normative Vorstellungen und Bewertungen und entsprechende Haltungen zum Altersbild gehören, hebe aber einen Aspekt der >sozialen Repräsentation< des Alters hervor, der in diesen beiden repräsentativen Erläuterungen der Bedeutung von >Altersbild< fehlt, nämlich den wichtige Hinweis auf die konkreten Bilder, die wir in unserer Lebenswelt, insbesondere in den Medien, antreffen.[4]

Eine dominierende Altersvorstellung, die in der Wissenschaft als >Defizit-Modell< bezeichnet wird, trägt in sich das Bild eines Bogens mit einem aufsteigenden und einem absteigenden Teil: Kindheit, Jugend und frühes Erwachsenenalter sind die Zeit des Wachstums, der Entwicklung hin zu den Kompetenzen des mittleren, des eigentlichen Erwachsenenalters, auf das dann eine Zeit des allmähliche Schwindens der körperlichen und mentalen Kräfte folgt.[5] Diese Vorstellung von der Entwicklung in der Lebensspanne, teilt den Gewinn von Möglichkeiten und deren Verlust auf die beiden Seiten des Lebensbogens auf.

In der Gerontopsychologie ist diese Entweder-oder-Konzeption der Entwicklung durch ein Sowohl-als-auch-Modell korrigiert worden (Baltes, 1990): Über die gesamte Lebensspanne hinweg setzt sich Entwicklung immer aus Gewinn (Wachstum) und Verlust (Abbau) zusammen – wie sich beispielsweise an den Forschungsergebnissen zur Intelligenzentwicklung gut zeigen lässt.

Die Erkenntnisse der gerontologischen Forschung widersprechen in mancher Hinsicht den geläufigen Auffassungen vom Altern. Diese hinken sozusagen hinter der Entwicklung her. Das ist nicht verwunderlich, wenn wir bedenken, dass das Leben im Alter, wie es sich heute abzuzeichnen beginnt, historisch gesehen jung ist. Es ist erst eine Errungenschaft des 20. Jahrhunderts, dass viele Menschen so alt werden.

Dass das Altersbild sich verändert, dass neben der Defizitvorstellung, neue Deutungsmuster auftauchen, spiegelt sich in den Titeln von Büchern, in den Zeitungs- und Zeitschriftenbeiträgen, aber auch in den öffentlichen Bildern der Werbung.

---

[4] Der Repräsentanz des Alters in der bildenden Kunst bleibt hier außer Betracht.
[5] Das Bild der Lebenstreppe, eine in der Vergangenheit verbreitete Darstellungsform, bringt diese Vorstellung anschaulich zum Ausdruck.

Wie eine der sich verändernden Lebenswirklichkeit angemessene Alterskultur beschaffen sein soll, ist noch eine offene Frage.

Sie hätte der Tatsache Rechnung zu tragen, dass das Leben im Alter sehr unterschiedlich sein kann. Denn zu den wichtigsten Befunden der Gerontologie gehört die Unterschiedlichkeit des Lebens im Alter. Und so wie diese Vielfalt durch ein dominierendes Altersklischee verdeckt wird, werden auch die Entwicklungsmöglichkeiten übersehen, die im Alter vorhanden sind (vgl. Baltes 1996). Für diese den alltäglichen Deutungsmustern und Altersbildern widersprechenden Forschungsergebnisse werden in den gerontologischen Wissenschaften treffende Bezeichnungen gesucht. Sie sind überwiegend an der rhetorischen Figur des Paradoxons orientiert, indem sie sich von der verbreiteten Defizit-Auffassung vom Alter/n durch einen Widerspruch abheben: >Produktives Leben im Alter<, >Potenziale des Alters<, >Späte Freiheit< zeigen im Gegensatz zur Vorstellung der wachsenden Einschränkung der Lebensmöglichkeiten im Alter einen diese Lebenszeit kennzeichnenden Entwicklungsspielraum an.

Was das >produktive Leben< anbelangt, so ist daran zu denken, dass damit nicht nur verschiedene Weisen tätig zu sein, gemeint sind, die eine Transformation der bisherigen beruflichen Tätigkeiten darstellen oder sinnvolle Arbeiten, die nicht Erwerbsarbeit sind, oder Aktivitäten im kulturellen, sozialen und politischen Bereich, sondern auch – und dies besonders an dieser Stelle des Lebens – die Selbstverwirklichung angesichts der Grenzen, die die eigene Vergänglichkeit darstellt. James Hillman zum Beispiel hat den >Sinn des langen Lebens< insbesondere in der Charakterbildung gesehen und deutet dementsprechend Veränderungen, die mit dem Altern einhergehen. (Hillman 2000). >Produktiv< kann aber auch bedeuten, wie Eva Jaeggi zeigt, dass ein gelasseneres Verhältnis zu sich und anderen und zu den lebensweltlichen Herausforderungen entsteht (Jaeggi 2005).

>Potenzialen< ist der Fünfte Altenbericht der deutschen Bundesregierung (2005) gewidmet, der im Widerspruch zum Defizitmodell des Alters und auch zur Auffassung, dass >Disengagement< diese Zeit des Lebens kennzeichne, die Mitverantwortung für die Gestaltung des demografischen Wandels hervorhebt. Aus individueller Perspektive ergeben sich im Vergleich zu früheren Generationen deutlich bessere Möglichkeiten, ein an eigenen Lebensentwürfen orientiertes Leben zu führen, und sich für andere und die Gemeinschaft zu engagieren. Aus gesellschaftlicher Perspektive geht es um die Schaffung der Rahmenbedingungen für die Entfaltung der vorhandenen Potenziale. Dabei ist daran zu denken, welche Bedeutung ältere Menschen für die wirtschaftliche Produktivität haben. Nicht nur als Konsumenten – als solche werden sie gerade entdeckt und umworben –, sondern auch in verschiedenen Formen der Beteiligung an Arbeitsprozessen, nicht nur in der Form der Erwerbsarbeit. >Lebenslanges Lernen< ist zu einer Leitformel geworden, einerseits im Hinblick auf die Bedeutung der wiederkehrenden Weiterbildung in Arbeitsprozessen – die Vorstellung, man könne berufliche Bildungsprozesse auf einen frühen Abschnitt der Biografie konzentrieren, ist nicht mehr vertretbar –, andererseits auch im Hinblick auf die gesellschaftliche und politische Beteiligung, die zureichende Information voraussetzt. Damit diese Beteiligung auch die Gestalt aktiven Engagements für eine Sache annimmt, braucht es neue Modelle und Erfindungen.

>Die späte Freiheit< ist der Titel, den Leopold Rosenmayr einem seiner Bücher gegeben hat (1983). Auch bei dieser Formulierung handelt es sich wohl um die rhetorische Figur eines Paradoxons, da im bestimmenden Modell der Lebensspanne Alter mit einem Schwinden an Möglichkeiten und wachsenden Einschränkungen verbunden wird. Zu >Freiheit< fällt eher die Zeit der Jugend als die des Alters ein. Dass >die späte Freiheit< für die Verständigung über das Altern gegenwärtig immer wieder verwendet wird, hat mit den Veränderungen zu tun, die uns gegenwärtig erfassen – und sich noch verstärken werden. Das >dritte Alter< oder die >jungen Alten< haben sich im Laufe der demografischen Veränderungen gebildet: die durchschnittliche Lebenserwartung nimmt zu und damit auch die Jahre, die nach der Zeit der beruflichen Verpflichtung zur Verfügung stehen, ohne durch den Prozess des Alterns wesentlich eingeschränkt zu werden. Auf diese Gruppe der >jungen Alten< zielt die Werbung von Versicherungen und Banken, das Bild, das von ihnen meistens entworfen wird, beschreibt die >späte Freiheit< als eine Zeit des Genießens, der Entfaltung von Lebensmöglichkeiten, die bislang, eingebunden in die beruflichen Verpflichtungen nicht möglich waren. Für die sekundäre Sozialisation durch die präsentative Symbolik der Werbung ein Beispiel:

Die >späte Freiheit< ist nicht nur eine Zeit des Genießens, sondern auch eine Zeit der Produktivität: der Produktivität in der Form der Persönlichkeitsentwicklung und des Tätigseins, das von den institutionellen Verpflichtungen entlastet ist. Günther Bittner (2001) nennt die Persönlichkeitsentwicklung, er spricht in Anlehnung an die Analytische Psychologie von >Individuation<, die wesentliche Entwicklungsaufgabe des Erwachsenenalters in der gegenwärtigen Kultur und Gesellschaft. Dass eine solche Perspektive nur auf der Grundlage einer ausreichenden ökonomischen Sicherung möglich ist, ist zu betonen. Wenn es notwendig ist, seine Existenz auch im fortgeschrittenen Alter durch – meist gering entlohnte – Erwerbsarbeit zu sichern, wird sich die Perspektive der späten Freiheit so nicht stellen. Dass dies bereits von den Versicherungen in den Blick genommen worden ist, davon zeugt eine neue Werbung der >Erste Bank – Sparkasse<, die sowohl als Videoclip als auch als Plakat und Anzeige anzutreffen ist:
„Ewig arbeiten müssen oder s Privat-Pension?" Die „Sternsinger" sind in der Gegenwart meistens Kinder aus dem kirchlichen Bereich, die bei der sogenannten „Dreikönigsaktion" für bestimmte wohltätige Projekte sammeln.[6] Darauf spielt diese Aufforderung, mit einer s Privat-Pension vorzusorgen, an. Im Text zum Bild heißt es weiter:

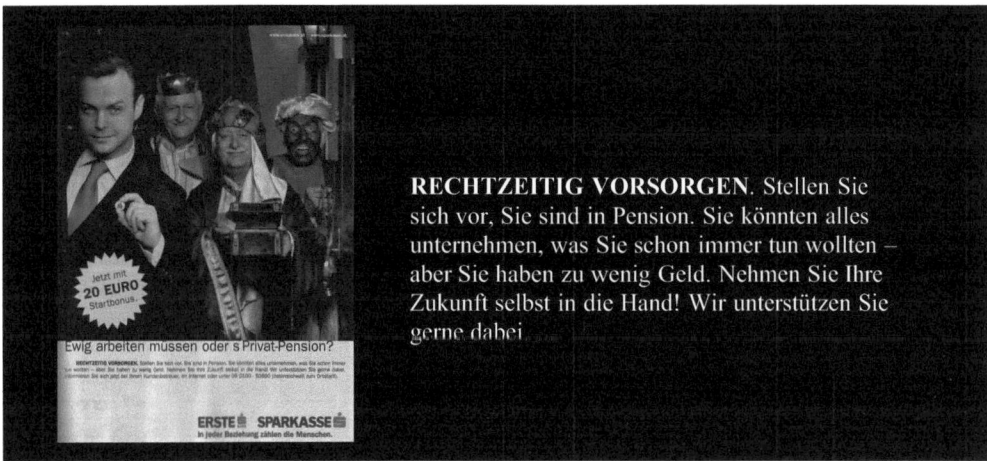

Die TV-Werbung der »Ersten – Sparkasse« zeigt dieses Thema der gering entlohnten Erwerbsarbeit im Alter, die den Kompetenzen dieser Erwachsenen nicht entspricht, in Variationen, neben den „Sternsingern", die bei Bedarf auch bereit sind vorzutanzen, treffen wir eine ältere Frau an, die beim Tennisturnier, die Bälle aufhebt und den Spielern zuwirft, und einen älteren Mann, der die Hunde der Nachbarschaft ausführt.

---

[6] Was durch diese Praxis verdeckt wird, ist die traditionelle Repräsentanz der verschiedenen Alter in den drei Königen: ein junger Mann, ein Mann mittleren Alters und ein alter Mann.

Der Anklang an die Jugendzeit, der mit der >späten Freiheit< gegeben ist, lässt auch daran denken, dass im Allgemeinen mit dem Ende des Berufslebens die Herausforderung gegeben ist, sich auf einen neuen Lebensabschnitt hin zu orientieren.

Finden die in der Sozialwissenschaft formulierten neuen Leitvorstellungen in den öffentlichen Alltagsbildern eine soziale Repräsentanz? Welche anderen Perspektiven treffen wir in den Bildern an? Bleiben diese hinter den wissenschaftlichen Leitvorstellungen zurück oder überholen sie sie mit ihrem kreativen Potential? Diese Fragen sind Fragen für das Forschungsvorhaben[7], das weit über die Möglichkeiten hinausreicht, die mit diesem Aufsatz realisiert werden können. Was aber jetzt schon nach einer Musterung der Sammlung von Bildern zum Thema Alter/n – Anzeigen in Zeitungen und Zeitschriften, Plakate und Videoclips – festgestellt werden kann, ist eine starke Präsenz der Werbung für die Altersvorsorge, die ökonomische Sicherheit gibt und Möglichkeiten des Konsumierens und Genießens eröffnet. Das Beispiel oben ist dafür ein markantes. Aber daneben tauchen noch andere Themen auf. Neben der Abwehr des Alterns durch verschiedene >anti-aging< Produkte und die Verheißungen der biomedizinischen Altersforschung, sind vermehrt auch Bilder anzutreffen, die den alternden Menschen in seiner Schönheit anerkennen. Sicher ist es das erste Ziel solcher anderer Altersbilder, für ein Produkt zu werben, aber damit gehen auch noch andere Botschaften einher, die sozusagen im Nebenbild, das nicht auf den ersten Blick zu sehen ist, enthalten sind.

So zeigt beispielsweise die TV-Werbung für ein Herzpräparat ein älteres Paar an einem kühlen Strand – Strandkorb, Regenfahnen, Menschen im Hintergrund, die den Strand verlassen. Dieses Paar entkleidet sich – die Frau ganz, der Mann bis zur Unterhose – und läuft ins Wasser– die Frau voraus, der Mann hinterher. Die letzte Einstellung zeigt das Paar eng beisammen in einem Strandkorb: die Beiden trocknen einander ab. Es ist eine Szene der >späten Freiheit< und bemerkenswert ist, dass ein älteres Paar, das offensichtlich erotisches Gefallen aneinander findet, (fast) nackt gezeigt wird.

Ein anderes Beispiel ist die gegenwärtige Werbung von >Dove< mit der Leitformel >wahre Schönheit<, die u.a. auch Frauen mit grauen Haaren und Falten zeigt.

Aber, wie gesagt, was auf den ersten Blick zu sehen ist, was offenkundig ist, ist nicht alles, was in diesen Bildern enthalten ist. Wie kann man sich dem Manifesten und dem Latenten in diesen Bildern nähern?

---

[7] Unter dem Titel » Psychoanalyse des Alters – Psychoanalyse der Bildung. Entwurf und Grundlegung einer psychoanalytisch-psychosozialen Gerontologie« ist am Institut für Erziehungswissenschaft der Universität Innsbruck ein Forschungsprojekt ausgearbeitet worden, das die Altersbilder und die Altersmythen in unserer Lebenswelt zum Gegenstand hat; nicht nur mit der Absicht der Analyse, sondern auch mit der der Intervention für eine neue Alterskultur. Der Projektantrag kann im Virtuellen Sigmund Freud Institut (www.vsfi.at) unter »Psychoanalytische Erziehungswissenschaft« - »Forschung« gelesen werden.

Dies soll in zwei Beispielen versucht werden. Das eine ist ein Plakat der Stadtsparkasse München, das andere ist ein Videoclip der Bank Austria-Creditanstalt.

Ich schicke diesen beiden Versuchen methodische Überlegungen voraus, Überlegungen, die sich wiederum auf Lorenzer beziehen und seine Fassung der psychoanalytischen Methode, die eine Transposition in andere Untersuchungsfelder als das der »Kur« erlaubt.

Wenngleich die theoretischen Konzepte zur psychoanalytischen Methode in erster Linie auf sprachlich-kommunikative Prozesse bezogen sind, so liegen doch in einer bestimmten Konzeptualisierung dieser Methode Möglichkeiten, diese auch auf Bilder zu beziehen. Ich beziehe mich auf das Verfahren der tiefenhermeneutischen Kulturanalyse nach Alfred Lorenzer (1986): Während sich das >szenische Verstehen< im psychoanalytischen Gespräch auf der Grundlage der Reinszenierung der problematischen Interaktionsformen des Analysanten entwickelt, von denen der Analytiker erfasst wird und an denen er auch mitwirkt, so fehlt bei der >tiefenhermeneutischen Kulturanalyse< diese direkte Interaktion mit einem lebendigen Subjekt. Lorenzer überträgt nun die Beziehung von Analytiker und Analysanten auf die Text-Leser-Beziehung. Wie im psychoanalytischen Gespräch orientiert sich der Interpret auch in diesem Fall an der Grundregel des freien Einfalls und der gleich schwebenden Aufmerksamkeit. Der Interpret setzt sich dem Text aus, lässt seinen Einfällen freien Lauf und bemerkt szenische Figuren und Bilder, die sich einstellen. Eine wichtige Rolle spielen dabei die Irritationen, die in der Begegnung mit dem Text spürbar werden. Neben der Begegnung zwischen Text und Leser sieht Lorenzer noch ein zweites hermeneutisches Feld, und zwar die *Gruppe* der Interpreten, in der die gegenseitige Inspiration zu einer *gemeinsamen* Deutung führen kann. Auch wenn Lorenzer in seiner Darstellung der >psychoanalytischen Tiefenhermeneutik< primär auf Texte bezogen ist, so sind die Bilder zum einen in einer Sprache präsent, die im Stande ist, Sinnlich-Anschauliches zu evozieren, zum anderen nimmt Lorenzer zur Verdeutlichung seines methodischen Ansatzes Freuds Studie zum Moses des Michelango in seine Abhandlung auf und bestätigt so die Anwendung der Methode auf anderes als Texte.

„Insoweit Kunstwerke – der Moses des Michelangelo, ein Gebäude oder ein literarischer Text Handlungs- und Denkmuster »öffentlich« zur Diskussion stellen, erfüllen sie eine zentrale politische und kulturelle Funktion, deren Tragweite erst die Grundeinsicht in die Differenz zwischen bewußter und unbewußter Sinnebene aufzudecken vermochte." (1986, 85)

Angelehnt an diese Fassung der psychoanalytischen Methode soll nun die Interpretation von Alterbildern in zwei Beispielen versucht werden. Mit >angelehnt< soll mitgeteilt werden, dass keine strenge Umsetzung der Tiefenhermeneutik Lorenzers versucht worden ist, dass aber die Orientierung am >szenischen Verstehen<, an der Methode des >freien Einfalls< und am Moment der >Irritation< in dieser Interpretationsarbeit maßgeblich war.

Das auffallende Plakat, das für die Untersuchung ausgewählt wurde, stammt von der Stadtsparkasse München – abgekürzt >sskm<.[8]

Meine erste Deutung dieses Plakats (2004) konnte seither mit den Ergebnissen der Arbeit in zwei Seminaren mit Studierenden[9] sowie mit Studien von Heribert Zöhrer verglichen werden.[10]

Der Sprung dieses Mannes zieht die Aufmerksamkeit an. Der Sprung ist kunstvoll: Er schwebt mit angewinkelten Beinen in Seitenlage in der Luft, der Stock, den er in der rechten Hand hält, berührt den Boden, aber die Position des Mannes zum Stock ist so, dass er im Sprung nicht mit seinem vollen Gewicht auf den Stock gestützt ist. Der Mann wendet dem Betrachter den Rücken zu. Der Stock und die weißen Haare mit der kahlen Stelle auf seinem Kopf weisen auf einen älteren Mann hin. Die Füße sind erstaunlich weit nach außen gedreht. Es ist ein Sprung, den auszuführen kaum jemand im Stande sein wird, schon gar nicht in diesem Alter. Aber nicht der Zweifel an der Möglichkeit so zu springen, steht zunächst im Vordergrund, sondern die Faszination. Vor dem Hintergrund der drohenden Begrenzungen und Einschränkungen, die mit dem Alter assoziiert werden, ist dieses Abheben im Sprung ein Bild der Leichtigkeit und Freude – ein Freudensprung. >Über Begrenzungen hinaus< könnte die Botschaft der dargestellten Szene lauten. Insofern nimmt

---

[8] Die doppelte Bedeutung von >sskm< ist witzig, denn die Abkürzung steht im Jugendjargon für >selber schuld, kein Mitleid<.

[9] Ein Seminar zum Thema >Tiefenhermeneutik< im Wintersemester 2004/05 und ein Seminar zum Thema >Altersbilder< im Sommersemester 2005.

[10] Heribert Zöhrer hat in seiner Diplomarbeit 2004 diesem Plakat ein Kapitel gewidmet und wird in seiner Dissertation zum Thema >Altersbilder< auf dieses Plakat noch einmal eingehen. H. Zöhrer arbeitet auf der Grundlage der >morphologischen Psychologie<, die bemerkenswerte Übereinstimmungen mit der Psychoanalyse aufweist.

dieses Bild die eine Seite des Alterns auf, die in den beschriebenen Modellen enthalten ist, die Bewegung, die im produktiven Sein enthalten ist, die als Gegensatz die Erstarrung hat, der Schwung des Aufbruchs, der Potenzialen Raum gibt, im Gegensatz zur Stagnation, und schließlich ist Springen auch der Ausdruck von Freude und damit verbunden von gespürter Freiheit. Aber der Eindruck der Unwahrscheinlichkeit eines solchen Sprunges bringt die andere Seite zum Vorschein. Paul Baltes hat die zwei Seiten des Alters mit dem römischen Gott Janus verglichen und deutlich gemacht, dass Altern einerseits in einer Perspektive der Hoffnung vor sich gegen kann, dass aber anderseits die Trauer eine Begleiterin ist. Produktiv sein, Potenziale nützen und die späte Freiheit leben, ist immer auch mit Verlusten und Abschieden gepaart. Nach der Theorie der Lebensspanne sind alle Zeiten des Lebens aus Gewinn und Verlust zusammengesetzt. Auch das Alter ist eine Zeit des Gewinns, wenn auch der Verlustanteil im Laufe des Lebens zunimmt. (Baltes 1990, 1996). Welche konkreten Gewinne es sein könnten, in welche Perspektiven diese Beweglichkeit führen könnte, darüber gibt freilich das Bild nicht Auskunft – in dieser Hinsicht ist also der >Alters-Traumsprung< (Zöhrer 2004) noch zu deuten – wenn wir von den offenkundigen Bankinteressen absehen, die im Kontext des Bildes zu lesen sind.

Das zweite Beispiel ist ein Videoclip der Bank Austria-Creditanstalt:
Ein junger Mensch mit schwarzer Wuschelfrisur, den man nur von oben sehen kann, kommt in ein Badezimmer. Man hört dabei nur seine Schritte, die Kamera schwenkt vom Punkt oberhalb der Badezimmertüre nach unten, man sieht ihn von hinten: gestreifter Pyjama und der schwarze Wuschelkopf, was bedeutet, dass er nicht alt sein kann. Die Bodenfliesen des Badezimmers sind schwarz-weiß gemustert. Dann sieht man das Gesicht, ein junges Gesicht, eingerahmt von den vielen Haaren, der Pyjama ist zu groß, der junge Mann musste schon vorher, im Kamera-Blick von hinten, die Hose hochziehen. Er geht langsam, noch wie verschlafen, quer durch das Badezimmer, bleibt in der Mitte kurz stehen, um von dort aus durch ein großes Fenster zu blicken, durch das Sonnenstrahlen in den Raum fallen. Klassische Klaviermusik setzt ein. Er geht weiter zum Wasch-becken, über dem ein Spiegel hängt. Dann der Blick der Kamera in den Spiegel. Das Gesicht schaut nachdenklich, ernst, vielleicht wirkt er auch noch etwas unbeteiligt, weil verschlafen. Er geht mit seinem Gesicht noch näher an den Spiegel mit seinem Gesicht, schaut nun wirklich nachdenklich, nicht unbedingt traurig, vielleicht ein bisschen neugierig. Er betrachtet sich einfach. Dann der Wasserhahn in Großaufnahme: Ein Wassertropfen bildet sich, fällt schließlich herab. Der Junge nimmt ein durchsichtiges Wasserglas, das dort steht und in dem eine Zahnprothese in einer klaren Flüssigkeit zur Aufbewahrung liegt, und hält sich das Glas vor den Mund, sodass das Gebiss der Prothese als grotesk vergrößertes eigenes Gebiss erscheint. Wieder betrachtet er sich im Spiegel, ein leichtes Zucken um die Augen lässt vermuten, dass er sich über den Anblick einen kurzen Moment lang amüsiert. Dann – nach einem verstohlenen Blick zur Badezimmertür – nimmt er mit einer einzigen blitzschnellen Bewegung den oberen Teil der Prothese aus dem Glas, setzt sie sich in den Mund ein, und lächelt sein Spiegelbild an.

„Freuen Sie sich aufs Älterwerden" ist die Botschaft, die dazu zu hören ist, mit dem Zusatz, der das Bankinteresse mitteilt: „mit Vorsorgeplus und 9,5% staatlicher Prämie". Wird dieser Zusatz eingeklammert, treffen wir auf eine Szene, in der ein spielerischer und freundlicher Umgang mit einem der wesentlichen Symbole des Alters erfolgt: die Zahnprothese. Intakte eigene Zähne repräsentieren die psycho-physische Integrität, die Beschädigung und der Verlust der Zähne haben Bezug zur Fragmentierung, repräsentieren die drohende Auflösung. Erschreckende Träume zeugen ja auch davon, in denen die Zähne locker werden oder aus dem Mund zu fallen drohen. Diese erschreckende Seite der Zahnsymbolik wird hier insofern gemildert, als ein junger Mann sich nicht scheut, die Zahnprothese eines (vermutlich vertrauten) Anderen in den Mund zu nehmen und mit der Möglichkeit der eigenen Veränderung spielt. Dieser freundliche Umgang mit einem der wesentlichen Zeichen des Alters deutet die Möglichkeit an, mit den Zeichen des Alterns in einer anderen Weise umzugehen, als dies sonst im Allgemeinen nahe gebracht wird, nämlich alles daran zu setzen, im Sinne des >anti-aging<, die Zeichen des Alterns zu vermeiden. Wie dieser freundlichere Umgang mit dem Alter in seinen Facetten beschaffen sein kann, bleibt noch offen, aber eine Perspektive wird gezeigt.

Diese beiden Interpretationsbeispiele sind sozusagen „Kostproben" aus einem Projekt, bei dem es einerseits darum geht, die soziale Repräsentation des Alter/n/s in den Bildern zu erfassen, die in Zeitungen und Zeitschriften, in Büchern, auf Plakaten und den Videoclips der TV-Werbung begegnen, und sie auf ihren manifesten und latenten Gehalt hin zu untersuchen, dessen Zielsetzung anderseits auch der Entwurf von alternativen Bildern ist, die den genannten gerontologischen Leitvorstellungen noch angemessener sind.[11]

Die Ergänzung der Sozialisationstheorie Lorenzers um die sinnlich-symbolischen Interaktionsformen schafft einen theoretischen Rahmen für den Bildungsprozess, der über die Bilder erfolgt, die in unserer Lebenswelt präsent sind. Dass die Bilder des Alter(n)s, auf die der Betrachter in den Zeitungen und Zeitschriften trifft, die ihm auf den Plakaten begegnen, die szenisch-anschaulich sich in der TV-Werbung präsentieren, für die sekundäre Sozialisation relevant sind, erscheint nachvollziehbar. Denn Bilder teilen sich nach psychoanalytischer Auffassung dem Unbewussten des Betrachters in einer direkten Weise mit, d.h. sie dringen als das Andere in uns ein und erreichen bzw. beeinflussen uns unweigerlich, ob wir dies bewusst reflektieren oder nicht. Psychoanalytisch betrachtet haben Bilder eine analoge Wirkung wie das Primärobjekt: Wir tauchen in Bilder ein, saugen sie in uns auf, versinken in ihnen. Wir fühlen uns von Bildern fasziniert, bereichert und beschenkt, aber auch überwältigt, bedroht und überflutet. Wir werden von ihnen verzaubert, in Bann gezogen und betrachten sie >Selbst-vergessen< (vgl. Leuzinger-Bohleber 2005, 197) Diese Auffassung von der Wirkung der Bilder ist vor dem Hintergrund der psychoanalytischen Theorie zwar plausibel, aber um die bildende Wirkung der Alter(n)sbilder zu ermessen, braucht es die konkrete Wirkungsanalyse, die die Bildwirkung im lebensgeschichtlichen und lebensperspektivischen Zusammenhang erkundet. Diese Alter(n)sbilder als Teil der sich entwickelnden neuen Alterskultur zu betrachten, verlangt zugleich nach der kritischen Analyse dieser sozialen Repräsentanz des Alters, um einerseits die verkürzenden Klischees zu bemerken und anderseits die perspektivischen Erweiterungen zu erfassen, die in diesen Bildern mitgeteilt werden.

---

[11] Wie sehr der Akzent einseitig auf Fitness und Reisen gelegt wird, zeigen die Inserate des österreichischen Gesundheitsministeriums im Oktober 05, die die Leistung der Regierung in Bezug auf finanzielle Besserstellung der Rentner und Pensionisten anpreisen. Solche Bilder fördern das Klischee, dass die >jungen Alten< nur Reisen und Fitness im Kopf haben – sofern sie es sich leisten können.

Literatur

Baltes, Margret M.: Produktives Leben im Alter: Die vielen Gesichter des Alters - Resümee und Perspektiven für die Zukunft. In: Margret Baltes, Leo Montada (Hg.): Produktives Leben im Alter, Frankfurt/M, New York (Campus) 1996

Baltes, Paul B.: Entwicklungspsychologie der Lebensspanne: Theoretische Leitsätze, in: Psychologische Rundschau, 1990, *41*, 1—24

Baltes, Paul B.: Über die Zukunft des Alterns: Hoffnung mit Trauerflor. In: Margret Baltes, Leo Montada (Hg.): Produktives Leben im Alter, Frankfurt/Main, New York (Campus) 1996, 29-68

Bittner, Günther: Der Erwachsene – Multiples Ich in multipler Welt. Stuttgart (Kohlhammer) 2001.

Böhm, Gottfried: Die Wiederkehr der Bilder, in: Was ist ein Bild?, hrsg. Von G. Böhm, München (Fink) 2.A. 1995, 11 – 38

Bruner, Jerome S. u.a.: Studien zur kognitiven Entwicklung, Stuttgart (Klett-Cotta) 1971 (Originalausgabe 1966) (zit. nach Baacke, Dieter: Die 6-12 Jährigen, Weinheim und Basel (Beltz) 1999

Filipp, Sigrun-Heide u. Anne-Kathrin Mayer: Bilder des Alters. Altersstereotype und die Beziehungen zwischen den Generationen. Stuttgart u.a. (Kohlhammer) 1999

Freud, Sigmund: Das Ich und das Es (1923), G.W. XIII

Hillmann, James: Vom Sinn des langen Lebens. München (Kösel) 2001

Jaeggi, Eva: Tritt einen Schritt zurück und du siehst mehr. Freiburg (Herder) 2005

Klüwer, Rolf: Szene, Handlungsdialog (Enactment) und Verstehen, in: Die Gegenwart der Psychoanalyse – die Psychoanalyse der Gegenwart, hrsg. Von Werner Bohleber und Sibylle Drews, Stuttgart (Klett-Cotta) 2001, 347 – 357

Kruse, Andreas: Produktives Leben im Alter II: Der Umgang mit Verlusten und der Endlichkeit des Lebens. In: Oerter/Montada(Hrsg.): Entwicklungspsychologie, Weinheim, Basel, Berlin (Beltz PVU) 5.A. 2002

Leuzinger-Bohleber, Marianne: Der Bildbegriff in der Psychoanalyse. In: Majetschak, S. (Hg.): Bild-Zeichen. Perspektiven einer Wissenschaft vom Bild. München (Fink) 2005, 193-214

Lorenzer, Alfred: Sprachzerstörung und Rekonstruktion, Frankfurt (Suhrkamp) 1970

Lorenzer, Alfred: Zur Begründung einer materialistischen Sozialisationstheorie, Frankfurt (Suhrkamp) 1972

Lorenzer, Alfred: Das Konzil der Buchhalter. Die Zerstörung der Sinnlichkeit. Eine Religionskritik, Frankfurt (Fischer) 1981

Lorenzer, Alfred: Tiefenhermeneutische Kulturanalyse, in: A. Lorenzer (Hrsg.): Kultur-Analysen, Frankfurt (Fischer) 1986, 11 – 98

Rosenmayr, Leopold: Die späte Freiheit. Das Alter – ein Stück bewusst gelebten Lebens, Berlin (Severin und Siedler) 1983

Schmitt, Eric: Altersbild – Begriff, Befunde und politische Implikationen. In: Enzyklopädie der Gerontologie. Altersprozesse in multidisziplinärer Sicht, hg. von Andreas Kruse und Mike Martin, Bern u.a. (Huber)2004, 135 – 147

Staudinger, Ursula M. & Ines Schindler: Produktives Leben im Alter I: Aufgaben, Funktionen und Kompetenzen. In: Oerter & Montada (Hrsg.): Entwicklungspsychologie, Weinheim, Basel, Berlin (Beltz PVU) 5.A. 2002

Staudinger, Ursula M.: Psychologische Produktivität und Selbstentfaltung im Alter. In: Margret Baltes, Leo Montada (Hg.): Produktives Leben im Alter, Frankfurt/M, New York (Campus) 1996

Walter, Hans Jörg: Facetten psychoanalytischer Erziehungswissenschaft, in: Werner Ernst und Hans Jörg Walter: Psychoanalyse an der Universität, Wien (LIT) 2004, 201 – 250

Zöhrer, Heribert: Alternsbilder, Innsbruck (Diplomarbeit) 2004

Bildung und Arbeitsmarkt.
Bildung – der Schlüssel zum Erfolg?

Karin Klocker

Zum einen bedeutet bezahlte Erwerbstätigkeit für den Großteil der Mitglieder einer Gesellschaft die Sicherung der materiellen Existenz, zum anderen gibt sie Identität und weist definierte Rollen bzw. gesellschaftlichen Status zu; „Sie (Anm.: die Erwerbstätigen) müssen wissen, wo sie verglichen mit anderen, in der Gesellschaft stehen, um ihre persönliche Identität erkennen zu können" (Jahoda 1983, S 136f).

Tirol ist nach wie vor ein guter Wirtschaftsstandort mit hohem Beschäftigungszuwachs, der deutlich über den anderen Bundesländern gelegen ist, was nicht zuletzt auf ein Unternehmenswachstum zurückzuführen ist. Eine der Herausforderungen der kommenden Perioden heißt: Menschen – egal ob BerufseinsteigerIn, WiedereinsteigerIn oder Langzeitbeschäftigungslose – so gut wie möglich auf den Arbeitsmarkt vorzubereiten, also „job-ready" zu machen.
Im Rahmen dieses Workshops wurden folgende Themen betrachtet:

- Arbeitsmarkt als „Markt"
- Arbeitsmarkt und höchster Schulabschluss
- Arbeitsmarkt und Geschlechtersegregation

Im Zuge der Industrialisierung des 19. und 20. Jahrhunderts wurde Arbeit zur wichtigsten Grundlage der Lebenshaltung. „Zum einen ist sie (Anm.: die Erwerbstätigkeit) das Mittel, durch das die große Mehrheit der Menschen ihren Lebensunterhalt verdient; und zum anderen zwingt sie, als unbeabsichtigtes Nebenprodukt ihrer Organisationsform, denjenigen, die daran beteiligt sind, bestimmte Kategorien der Erfahrung auf. Nämlich: Sie gibt dem wach erlebten Tag eine Zeit-struktur; sie erweitert die Bandbreite der sozialen Beziehungen über die oft stark emotional besetzten Beziehungen zur Familie und zur unmittelbaren Nachbarschaft hinaus; mittels Arbeits-teilung demonstriert sie, dass die Ziele und Leistungen eines Kollektivs diejenigen des Indivi-duums transzendieren; sie weist einen sozialen Status zu und klärt die persönliche Identität; sie verlangt eine regelmäßige Aktivität. ... Diese Erfahrungen entsprechen mehr oder weniger tief sitzenden Bedürfnissen der meisten Menschen, die danach streben, ihrer Existenz einen gewissen Sinn zu geben. Sie müssen ihren Tag strukturieren; sie brauchen umfassendere soziale Erfah-rungen; sie müssen sich an kollektiven Zielen beteiligen (und sie wollen die Produkte, die aus kollektivem Handeln hervorgehen); sie müssen wissen, wo sie, verglichen mit anderen, in der Gesellschaft stehen, um ihre persönliche Identität erkennen zu können; und sie brauchen regel-mäßige Aktivitäten." (Jahoda M.; Wieviel Arbeit braucht der Mensch?: Beltz Verlag; Basel 1983; Seite 136 - 137)

Arbeit – vor allem bezahlte Erwerbsarbeit – ist also mehr als nur Existenzsicherung; sie gibt Struktur, soziale Kontakte/Ansehen und stiftet optimaler Weise Sinn.

Allerdings haben nicht alle arbeitswilligen und –fähigen Menschen die Chance, ihre Arbeitskraft am Arbeitsmarkt gezielt einzusetzen; das „Recht auf Arbeit" besteht nur in ideologischen Papieren.

Die Situation am österreichischen Arbeitsmarkt stellt sich heute wie folgt dar:
- schwaches Wirtschaftswachstum;
- mäßiges Beschäftigungswachstum;
- steigendes Angebot an Arbeitskräften;
- zunehmender Bedarf an Flexibilität des Arbeitsmarktes (nummerisch, funktional und einkommensmäßig, zeitlich und örtlich);
- steigende Arbeitslosigkeit (Strukturproblem).

Farber identifizierte 1999 drei wesentliche Befunde:
- Erstens sind längere Arbeitsbeziehungen üblich;
- zweitens enden die meisten neuen Beschäftigungsverhältnisse auch rasch wieder;
- folglich nimmt drittens das „Risiko" der Beendigung einer Arbeitsbeziehung mit der Dauer der Beschäftigung ab.

Die Instabilität am Arbeitsmarkt ist weder gleichmäßig über Personen noch über Betriebe und Branchen verteilt.

1.   Arbeitsmarkt als „Markt"

Der Arbeitsmarkt und die Arbeitslosenquote sind berechenbar und damit in hohem Maße prognostizierbar.

Aufgrund der Berechnungsformel für die Arbeitslosenquote ergeben sich die „hard facts" der Determinanten für Arbeitsmarktprognosen:

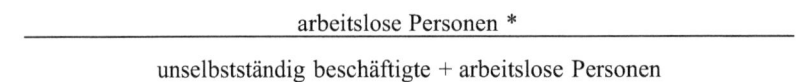

$$\frac{\text{arbeitslose Personen} *}{\text{unselbstständig beschäftigte} + \text{arbeitslose Personen}}$$

* Als „arbeitslos" gilt eine Person dann, wenn sie im Sinne des Arbeitslosenversicherungsgesetzes (AlVG) „arbeitswillig und arbeitsfähig" ist – also dem Arbeitsmarkt zur Verfügung steht (eingeschränkt durch die im AlVG geregelten Schutzbestimmungen wie zB Entgeltschutz, Berufsschutz, Miteinbeziehen von Betreuungspflichten usw.); Personen, die sich in vom Arbeitsmarktservice geförderten Weiterbildungsmaßnahmen befinden, gelten nicht als arbeitslos (sie stehen dem Arbeitsmarkt ja nicht zur Verfügung, da sie sich für den Arbeitsmarkt höher qualifizieren).

Der Arbeitsmarkt ist Veränderungen unterworfen:

- Veränderung der Alterszusammensetzung der erwerbsfähigen Bevölkerung und Erhöhung der Lebensarbeitszeit;
- zunehmende Erwerbsbeteiligung von Frauen;
- Strukturwandel und Innovationsbedarf in der Wirtschaft verändert berufliche Tätigkeiten und Anforderungen;
- hoher Umschlag an Beschäftigungsverhältnissen (und Betrieben), Segmentierung des Arbeitsmarktes und instabile Erwerbskarrieren.

Das **Österreichische Institut für Wirtschaftsforschung (Wifo)** identifiziert als wesentliche Indikatoren zum einen den Arbeitskräfteumschlag innerhalb eines Jahres, nachdem rund die Hälfte des durchschnittlichen Bestands an Arbeitsverhältnissen umgeschlagen wird (Messgröße: Zugänge in bzw. Abgänge aus Beschäftigungsverhältnissen). Zum anderen bauen schrumpfende Betriebe rund 9 % des Bestandes an Beschäftigungsverhältnissen ab (**Job destruction**), wachsende schaffen ca. 10 % neue Arbeitsplätze (**Job creation**) (Messgröße: Vergleich der Beschäftigten-stände zu Stichtagen). Darüber hinaus „überleben" lediglich rund drei Viertel der aufrechten Beschäftigungsverhältnisse das nächste Jahr.

Als mögliche **Gründe für die sinkende Beschäftigungsstabilität** können vor allem Flexibilisie-rungstendenzen genannt werden (Stichworte: kürzere Produktlebenszyklen, mehr Innovations-bedarf; kürzere Halbwertszeit des Wissens; Lebensstellungen gibt es nicht mehr; …). Gleichzeitig steigt die Erwerbsbeteiligung auch bei weniger erwerbsorientierten Personen, wobei sich die Struktur der Arbeitskräfte, der Wirtschaft (Beschäftigungsverluste in der Sachgütererzeugung und Gewinne im Dienstleistungsbereich) und der Rahmenbedingungen ändern (zB Auflösung geschützter Sektoren).

Ein Markt besteht aus und reguliert sich mit Hilfe von Angebot und Nachfrage. An dieser Stelle ist zu diskutieren, wie frei auf diesem Markt agiert werden kann/soll, ob und wie weit MarktteilnehmerInnen (vor allem Arbeitskräfte und arbeitsuchende Menschen) geschützt werden sollen/müssen, bzw. wer bietet an und wer fragt nach. Sind arbeitslose/arbeitsuchende Menschen nicht gleichzeitig Anbieter – nämlich ihrer Arbeitskraft – und Nachfrager – nämlich nach Arbeitsplätzen? Umgekehrt lässt sich auch für rekrutierende Unternehmen eine Doppelrolle identifizieren: Sie fragen einerseits Arbeitskraft nach, andererseits bieten sie Arbeitsplätze an. Wann besteht nun ein Angebots-, wann ein Nachfrageüberhang?

Wenn nun im Folgenden von Angebots- und Nachfrageseite gesprochen wird, so besteht die Angebotsseite in der Regel aus Individuen, die ihre Arbeitskraft am Arbeitsmarkt anbieten, die Nachfrageseite aus Unternehmen, die diese Arbeitskraft nachfragen.

Aus Sicht des Arbeitsmarktservice bestehen nun auf Grund der gesetzlichen und politischen Rahmenbedingungen folgende Interventionsmöglichkeiten:
- Vermittlung und Beratung (Angebots- und Nachfrageseite);
- Aktivierung und Orientierung (Angebotsseite);
- Qualifizierung (Angebotsseite);
- Lohnsubvention (Angebots- und Nachfrageseite);
- Zweiter Arbeitsmarkt (Angebots- und Nachfrageseite);
- Unterstützungsstrukturen zur Existenzsicherung (Angebotsseite);
- Angebotssteuerung (Angebotsseite) im Hinblick auf Erhöhung der räumlichen Mobilität.

Quelle: Mahringer H., Österreichisches Institut für Wirtschaftsforschung

2.   Arbeitsmarkt und höchster Schulabschluss

Im Jahre 2004 hatten 45,5 % der arbeitslos vorgemerkten Personen lediglich einen Pflichtschulabschluss vorzuweisen, wogegen 3,1 % über ein abgeschlossenes Hochschulstudium verfügten. Zum Stichtag 30. November 2005 lag die Zahl der arbeitslos vorgemerkten Personen mit Pflichtschulabschluss geringfügig höher (47,3 %), die der arbeitslos vorgemerkten Personen mit Hochschulabschluss geringfügig geringer (2,9 %). Nach Geschlechtern aufgeteilt, zeigt sich folgendes Bild:

Männer
N = 136.962

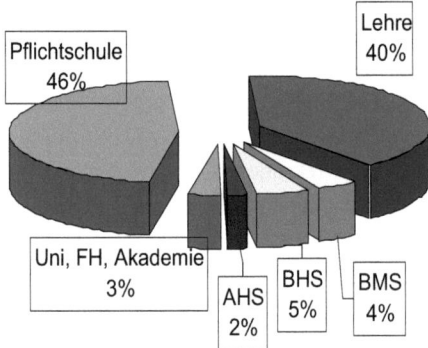

Frauen
N = 120.308

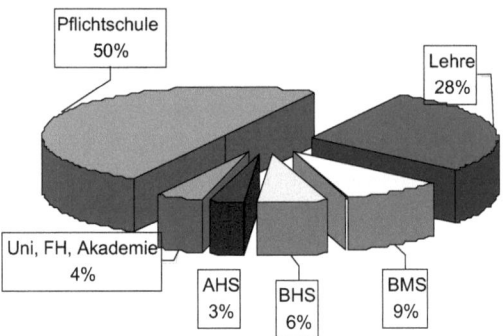

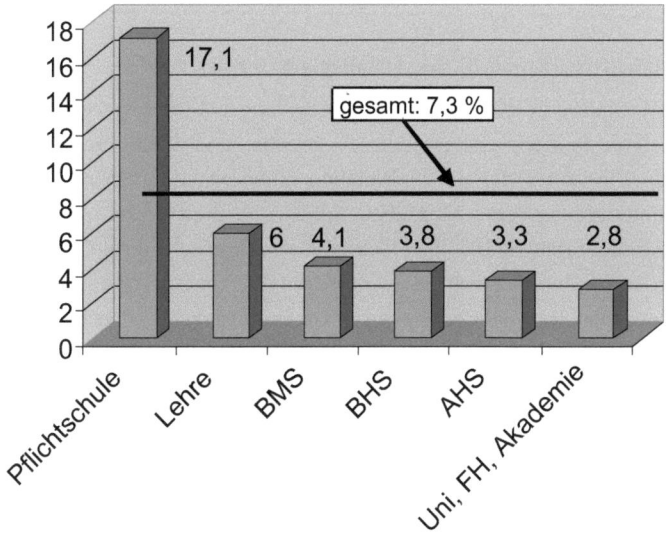

Arbeitslosigkeitsrisiko nach Bildungsabschluss
(in Prozent)

Quelle: AMS, Hauptverband; Arbeitsmarktservice Österreich; Wien 2005

Das Risiko arbeitslos zu werden ist demnach indirekt proportional zur Höhe des letzten Schulabschluss; das mit Abstand höchste Arbeitslosigkeitsrisiko ergibt sich für jene Personen, die keinen über den Pflichtschulabschluss hinausgehenden Bildungsstand aufweisen.

2.1 Betriebliche Weiterbildung in Österreich

Aufgrund der kleinbetrieblichen Struktur herrscht eine eher geringe Weiterbildungsaktivität in Bezug auf eine innerbetriebliche Organisation, wodurch nur eine geringe Breite der Erfassung der Belegschaft besteht. Gleichzeitig übt das Erstausbildungssystem eine Dominanz gegenüber der (betrieblichen) Weiterbildung aus; Ältere, gering Qualifizierte sowie Personen in ländlichen Regionen werden (wie auch in anderen Ländern) kaum an Weiterbildungsaktivitäten beteiligt.

Und dennoch sind hohe Weiterbildungsinvestitionen nötig, weil ein Strukturwandel zu bewältigen ist bzw. in Zukunft verstärkt zu bewältigen sein wird, häufige Veränderungen des Tätigkeitsfeldes stattfinden, arbeitsmarktferne Beschäftigtengruppen vermehrt zu integrieren sind und die Erwerbsbevölkerung länger im Erwerbsleben verbleibt bzw. verbleiben muss. Spannungsverhältnisse ergeben sich jedoch aufgrund sinkender Amortisationszeiten (instabile Beschäftigung, Alter) und der Schwierigkeit einer Integration weiterbildungsferner Gruppen.

2.2   Aktive Arbeitsmarktpolitik des Arbeitsmarktservice (AMS)

Die Strategie des AMS im Kontext eines „Lebenslangen Lernens" versucht, gezielt Anreize für weiterbildungsferne Betriebe und arbeitslose Menschen und darüber hinaus auch für Beschäftigte zu setzen. Jedoch gestaltet sich die Zielrichtung schwierig, da mehrfache Widerstände bestehen. Zum einen sind bildungsferne Menschen schwer zu motivieren, zum anderen erreicht man weiterbildungsferne Arbeitskräfte über Betriebe zu zögerlich, da diese MitarbeiterInnen oft in weiterbildungsfernen Unternehmen beschäftigt sind. Um eine einigermaßen flächendeckende Umsetzung des Konzepts „Betriebliche Weiterbildung" erreichen zu können, ist eine Implementierung einer Strategie für „Lebenslanges Lernen" notwendig – und dabei sind Kooperationen zwischen verschiedenen Politikbereichen (insbesondere Bildungs- und Arbeitsmarktpolitik) notwendig.

Arbeit ist kein Gut im herkömmlichen Sinne, sondern vielmehr von „Marktunvollkommenheiten" gekennzeichnet – zB:
- Inhomogenität und Intransparenz des Arbeitsmarktes;
- asymmetrische Information (Erfahrungsgut);
- Bedeutung und „Missdeutung" von „Signalen";
- Unterinvestition in Humankapital;
- lange Anpassungsdauern (Risiko).

Ziele einer aktiven Arbeitsmarktpolitik (passive Arbeitsmarktpolitik kümmert sich um die finanzielle Absicherung der arbeitslosen Menschen zur Existenzsicherung – Arbeitslosengeld/ Notstandshilfe und Sozialversicherung) müssen daher vor allem eine Erleichterung von Matching durch Vermittlung sein, damit Sucharbeitslosigkeit vermieden werden kann, damit verbunden einen Abbau von Mismatch und damit eine Vermeidung von struktureller Arbeitslosigkeit (Dequalifizierung, Strukturwandel). Das Erwerbspotenzial soll besser genutzt werden, um so das faktische Arbeitskräfteangebot zu erhöhen. Ebenso ist eine Verbesserung der Chancengleichheit anzustreben, was sich im Abbau von Segmentierung und Beschäftigungsbarrieren verwirklichen lässt.

Nicht zuletzt lassen sich durch eine Stabilisierung von Erwerbsintegration private und öffentliche Kosten vermeiden und die Humankapitalneigung verbessern.

Arbeitsmarkt und (Weiter-)Bildung sind in breitere Strategien eingebunden, sowohl national-
staatlich als auch EU-weit. Die Ableitung dieser Strategien lässt sich in einem so genannten
Stufenbau darstellen:

Beschäftigungspolitische Leitlinien der EU (insbesondere Lissabon-Programm bis 2010)
Europäischer Sozialfonds
Nationaler Aktionsplan für Beschäftigung
längerfristiger Plan des Arbeitsmarktservice Österreich
Ziele des AMS (Periode: 1 Jahr) in Österreich und in den Bundesländern/Regionen

Eine **Evaluierung der aktiven Arbeitsmarktpolitik** ist unerlässlich – im Jahr 2003 zeigt sich für
die vom Arbeitsmarktservice in Österreich durchgeführten Beschäftigungs- und Bildungsmaßnahmen folgendes Bild:

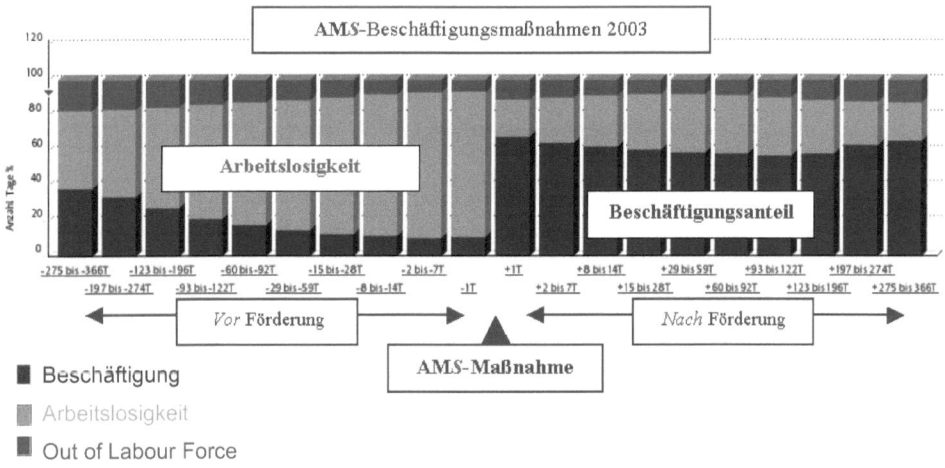

Quelle: AMS Österreich

Demnach stehen mit Hilfe von Beschäftigungs- und Bildungsmaßnahmen mehr als 60 % der TeilnehmerInnen ein Jahr nach Ende der Maßnahme in Beschäftigung, was einem nachhaltigen Bild
entspricht.

3.   Arbeitsmarkt und Geschlechtersegregation

Die Geschichte der Frauenerwerbstätigkeit in Österreich ist unmittelbar mit dem wachsenden dritten Sektor „Dienstleistung" am Ende des 19. Jahrhunderts verbunden, der sich vor allem als Folge der Abschaffung der Grundherrschaft zu Gunsten einer modernen Staatsorganisation nach 1848, der Ausbildung einer kapitalistisch organisierten Wirtschaft an Stelle des Zunftwesens und der Auflösung der Haushaltsform des „ganzen Hauses" (Einheit von Produktion und Reproduktion) gebildet hat.

Bereits im Jahre 1869 wurden die ersten Frauen in den österreichischen Staatsdienst aufgenommen. Folgende Aufstellung soll einen Überblick geben:

1869	Nichtärarische Postämter
1872	Telegraphenanstalt
1874	Ärarische Postämter, Kaiser Ferdinand Nordbahn
1883	Postsparkasse
1892	Polizeidirektion
1900	Innenministerium, Handelsministerium
1904	Finanzministerium, Unterrichtsministerium

Quelle: Handbuch der Frauenarbeit 1930 in Appelt E.; Seite 108

Im Jahre 1900 waren 8.950 Frauen im österreichischen Staatsdienst beschäftigt, wobei 90 % im Post- und Telegraphendienst tätig waren. Dies ist nicht zuletzt damit zu erklären, dass die neue Technologie der Telekommunikation enorme Personalkosten verursachte, wodurch billige Arbeitskräfte nachgefragt wurden. Während sich neue Karrieremöglichkeiten für männliche Beamte ergaben, wurden die wenig qualifizierten, schlecht entlohnten Stellen mit Frauen besetzt, die darüber hinaus auch vor einer Definitivstellung ausgeschlossen waren.

Ebenso die Privatwirtschaft – vor allem die ersten aufstrebenden Kaufhäuser und Verwaltungsapparate – fragten bald billige weibliche Arbeitskräfte nach, wobei insbesondere in den Büros der Einzug der Schreibmaschinen seinen Beitrag dazu leistete. So wurden zB bereits von den Herstellerfirmen der Schreibmaschinen junge Frauen ausgebildet, die dann an nachfragende Firmen vermittelt wurden.

Neben dem Beruf der Lehrerin schien die Stellung im Büro am ehesten mit dem bürgerlichen Standesbewusstsein im Einklang zu stehen. Ansonsten mussten finanziell unversorgte Frauen ihren Lebensunterhalt mit erniedrigenden, oft auch verheimlichten Näharbeiten verdienen, oder sie waren auf das Mitleid ihrer Verwandten angewiesen.

Obwohl Frauen nach und nach Erwerbstätigkeit zugestanden wurde, war die Latte des Karriere-machens unüberwindbar hoch gelegt. Gründe dafür sind vor allem die im Vergleich zu ihren Kollegen schlechte Ausbildung der Frauen, als Sprecher von Interessensvertretungen (Gewerk-schaften) wurden durchwegs Männer gewählt und nicht zuletzt der bis heute gültige Ausschluss der Frauen von Verbänden, „Seilschaften" und Logen.

Und dennoch stellte die Erwerbstätigkeit von Frauen eine Konkurrenz zur „Ernährerrolle" des Familienvaters dar. Daher ist es nicht verwunderlich, dass männliche Beamte und Angestellte mit allen Mitteln ihre Interessen verteidigten. Als jedoch eine rigorose Ausgrenzung der Frauen von Angestellten- und Beamtenberufen nicht durchsetzbar war, wurde die Einbeziehung der Frauen in den Dienstleistungssektor hierarchisch organisiert: Bereits Ende des 19. Jahrhunderts gelang es, „die Weichen für eine geschlechtsspezifische Segregation des Dienstleistungsarbeitsmarktes zu stellen, der Männer die privilegierten Positionen sicherte und Frauen auf die niedrigen, ‚dienen-den' Positionen verwies. Diese hierarchische Konstruktion rechtfertigt bis heute nicht nur Lohndiskriminierung sondern schrieb auch die alleinige Zuständigkeit von Frauen für die Privat-sphäre, Reproduktion und Kindererziehung fest." (Appelt; Seite 119)

Als im Jahre 1974 ein Staatssekretariat für Frauenfragen von der damals amtierenden Bundesregierung unter Dr. Bruno Kreisky eingerichtet wurde, bedeutete dies einen Meilenstein in der Frauenpolitik. Allmählich wurde das Staatssekretariat in das Ministerium für Frauenangelegen-heiten im Bundeskanzleramt umgewandelt – und blieb „Chefsache".

Dennoch – oder gerade deshalb – wurden Erfolge auf politischer Ebene errungen, die sich in zahlreichen Gesetzesnovellen zeigen (zB Fristenregelung 1975, Väterkarenz 1990, Sozialversiche-rungsgesetz für gering Beschäftigte 1997, Gleichstellung der Geschlechter in der Verfassung 1998 usw.)

Diese Errungenschaften sind zweifellos richtig und tragen zu einer sozialpolitisch fairen Gesellschaft Österreichs bei. Darüber hinaus entsprechen die oben angeführten Punkte einem europaweiten Mainstreaming, der auch in diversen Programmen der Europäischen Union vorge-zeigt und eingefordert wird.

Heute sind mehr als die Hälfte der Absolventen einer Mittelschule bzw. eines Hochschulstudiums weiblich – Frauen sind demnach gut ausgebildet – jedoch beträgt ihr durchschnittliches beitrags-pflichtiges Monatseinkommen lediglich rund 70 % von dem ihrer männlichen Kollegen. Wenn gleiche Ausbildung auf dem Arbeitsmarkt gleich viel wert ist und gleich hoch bezahlt wird, erhebt sich die Frage, wodurch sich diese Differenz ergibt, bzw. was Frauen daran hindert, ähnlich hohe Einkommen zu erzielen wie Männer.

Kapeller ua. haben bereits in ihrem Buch „Hemmnisse der Frauenerwerbstätigkeit" theoretische Aspekte beleuchtet, die – wie sie festgestellt haben – zum einen die Art der von Frauen ausgeübten Beschäftigung und zum anderen jenen Aspekt hinterfragen, warum sie weniger verdienen bzw. welche Qualifikationen sie erwerben. Es fehlen jedoch Ansätze, weshalb überhaupt oder wann Frauen erwerbstätig sind:

In der **Humankapitaltheorie** (Modifikation der „Neoklassischen Theorie") wird durch das Einbeziehen der Ausbildung die Geschlechterproblematik thematisiert. Demnach wird eine Investitionskostenrechnung für die berufliche Aus- und Weiterbildung einer Kosten-Nutzen-Überlegung der Produktivität und Entlohnung entgegengesetzt. Da Frauen auf Grund ihrer Gebär-fähigkeit voraussichtlich für einige Zeit vom Arbeitsmarkt ausscheiden bzw. diesem nicht in vollem Ausmaß zur Verfügung stehen, sinkt ihre „Ertragsdauer" – eine Amortisation der Investitionskosten ist nicht gesichert, ebenso wenig wie eine hohe Rentabilität.

Die **Theorie des „weiblichen Arbeitsvermögens"** knüpft ebenfalls an die Doppelorientierung der Frauen auf den familiären Reproduktions- und den außerhäuslichen Produktionsbereich an. Frauen sehen sich im Reproduktionsbereich („soft facts" – wie zB Wohlbefinden, gute Laune, Streit, Glück – nicht unmittelbar messbar) anderen Anforderungen gegenüber als im Erwerbsleben („hard facts" – wie zB Umsatz, Gewinn bzw. Verlust – unmittelbar messbar), wobei unterschiedliche Fähigkeiten entwickelt und eingesetzt werden müssen.

Nach Ansicht der Theoretiker der **Arbeitsmarktsegmentierung** (Doeringer/Piore 1971, Sengen-berger 1987) tendiert der Arbeitsmarkt in fortgeschrittenen kapitalistischen Gesellschaften dazu, in mehrere Segmente zu zerfallen, die genau voneinander getrennt sind und schwer durchlässig sind. Der primäre Arbeitsmarkt benötigt gut qualifiziertes Personal und bietet Aufstiegschancen, relative Arbeitsplatzsicherheit und gute Entlohnung. Arbeitsplätze des sekundären Arbeitsmarktes sind hingegen tendenziell schlechter bezahlt und durch hohe Fluktuation gekennzeichnet. Diesem Segment sind vor allem Personen zuzurechnen, die auf Grund ihrer sozialen Umwelt bzw. ihrer Lebensweise am Arbeitsmarkt nur schwer Fuß fassen. UnternehmerInnen haben Interesse an einer verlässlichen, loyalen und qualifizierten Stammbelegschaft, die sie entsprechend fördern und an sich binden. Zusätzlich benötigen Unternehmen kostengünstige, niedrig qualifizierte Arbeitskräfte, die – je nach konjunkturellem Bedarf – aus der Arbeitskräftereserve bezogen werden (zu der auch Frauen in großem Maße zählen).

Ökonomische Diskriminierungstheorien bringen als weiterer Aspekt die mangelnde Information der MarktteilnehmerInnen in die Diskussion ein, wobei sich insbesondere ArbeitgeberInnen bei der Auswahl ihrer MitarbeiterInnen auf beobachtbare gruppenspezifische Merkmale verlassen.

Es bleibt jedoch die Frage offen, warum Frauen überhaupt erwerbstätig sein möchten und wann sie einer Erwerbsarbeit nachgehen (wollen/müssen). Ein Hauptmotiv stellt wohl das soziale Eingebundensein in einer nach Gewinn strebenden Gesellschaft dar, was sich im Reproduktionsbereich schwer verwirklichen lässt. Gesellschaftlich anerkannt zu sein bedeutet auch und vor allem, im außerhäuslichen Bereich erfolgreich zu sein. Darüber hinaus stellt bezahlte Erwerbstätigkeit für Frauen ein Stück Unabhängigkeit und Selbstständigkeit dar. Die „Verfügungsgewalt" des Familienernährers nimmt ab, den Frauen steht mehr Entscheidungsfreiheit zur Verfügung. Aber nicht nur dieser „revolutionäre" Gedanke des Ausbrechens aus dem traditionellen Familienmodell gilt als Argument für die Erwerbsarbeit von Frauen – Erwerbsarbeit ist insbesondere auch sinnstiftend und erfüllend. Viele Frauen fühlen sich in ihrer Rolle als Hausfrau und Mutter unterfordert und möchten – sobald es die familiäre Situation erlaubt einer außerhäuslichen Beschäftigung nachgehen.

Der Grad der Erwerbstätigkeit von Frauen ist indirekt proportional zur Anzahl und dem Alter der Kinder. Die Erwerbsquote der Frauen bis 25 Jahre ist etwa gleich hoch wie die der Männer. Frauen im gebärfähigen Alter (etwa 25 bis 35 Jahre) sind am wenigsten erwerbstätig, während ältere Frauen wieder eher einer Erwerbsarbeit nachgehen. Dies lässt den Schluss zu, dass Frauen – sobald Kinder während der Arbeitszeit (vorzugsweise institutionell) betreut werden können – wieder auf den Arbeitsmarkt streben.

4.   Zusammenfassung

Arbeitsmarkt und Bildung stehen in engem Zusammenhang; Arbeitslosigkeit und formaler Bildungsabschluss in indirekter Proportionalität, was den Schluss nahe legt, dass eine ernst gemeinte aktive Arbeitsmarktpolitik nicht ohne Bildung (sei es Aus- oder/und Weiterbildung) auskommt.

In dieser Hinsicht ist in erster Linie der Bildungsbegriff zu diskutieren, zumal dem System der Erstbildung (meist schulisch/universitär) im Gegensatz zur betrieblichen Aus- und Weiterbildung der Vorrang und somit ein Mehr an Bedeutung eingeräumt wird. Wie weit dies den Tatsachen, dem „Bildungs-", und „Ausbildungsstand" der MarktteilnehmerInnen am Arbeitsmarkt entspricht bzw. wie ein Gleichgewicht in der Wertigkeit dieser beiden „Welten" hergestellt werden kann, stellt uns vor große Herausforderungen. Wir werden uns mit Fragen beschäftigen müssen – wie zB:

- Was ist Bildung?
- Wie viel/welche Bildung braucht der Mensch?

- Wie viel/welche Bildung braucht der Arbeitsmarkt?
- Wie gelangt man/frau zu Bildung?
- Wann ist man/frau gebildet?
- Wie misst man Bildung?
- Wer zahlt? Uvm.

Ein Zusammenarbeiten verschiedener Ressorts ist notwendig; Arbeitsmarkt, Beschäftigung und Bildung sind „Querschnittsmaterien", die – eng miteinander verbunden – die handelnden Akteure an einen Tisch bringen. Denn nicht nur das Wohlergehen breiter Bevölkerungsschichten, vielmehr der soziale Friede unserer Gesellschaft hängt von der Gestaltung unserer Bildungs-, Arbeits- und Berufswelt ab.

Literatur

Appelt E. in: Good D. ua.; Frauen in Österreich; Böhlau Verlag; Wien, Köln, Weimar 1993

Arbeitsmarktservice Österreich; BIQ/Berufsinformations- und Qualifikationsforschung; Wien 2005

Farber 1999 in Mahringer H. Österreichisches Institut für Wirtschaftsforschung; 2005

Jahoda M.; Wieviel Arbeit braucht der Mensch?: Beltz Verlag; Basel 1983

Kapeller D., Kreimer M., Leitner A.; Hemmnisse der Frauenerwerbstätigkeit; Bundesministerium für Arbeit, Gesundheit und Soziales (Hg.); Wien 1999

Mahringer H., Österreichisches Institut für Wirtschaftsforschung

Politische Bildung

Anton Pelinka

1. Politische Bildung findet statt – ob man will oder nicht.
2. Politische Bildung findet jedenfalls indirekt statt – als Teil der Vermittlung von Bildung in nicht ausdrücklich als „politisch" deklarierten Bereichen.
3. Politische Bildung kann und soll daher auch direkt, also deklariert stattfinden – nur so stellt sie sich dem in der Demokratie notwendigen öffentlichen Diskurs.
4. Politische Bildung ist immer kognitiv und affektiv – sie muss sowohl auf die Vermittlung von Wissen als auch auf die Vermittlung von Einstellung zielen.
5. Politische Bildung muss wertbezogen und wertfrei zugleich sein – einerseits verpflichtet der Demokratie, andererseits frei von (partei)politischer Instrumentierung.

Politische Bildung ist Teil eines umfassenden Prozesses der Sozialisation – der Vermittlung von Bewusstsein und von Verhalten. Politische Sozialisation vermittelt politisches Bewusstsein und politisches Verhalten. Intendierte und gezielte politische Sozialisation ist politische Bildung.

Politische Sozialisation findet statt – im Rahmen der primären und im Rahmen der sekundären Sozialisation. Politische Sozialisation ist unvermeidlich – da Sozialisation unvermeidlich ist, ist auch unvermeidlich, dass politische Bewusstseins- und Verhaltenselemente in den umfassenden Vorgang der Bildung des Menschen als soziales Wesen einfließen.

Alfred Grosser vermittelt diese Unvermeidlichkeit der politischen Sozialisation an Hand eines –
scheinbar – banalen Beispiels über die Entscheidungssituation innerhalb einer französischen
Familie:

*„Wenn es der Vater in einer Familie durch systematische Bemühungen, sei es in Form von
Anordnungen, sei es von Überzeugungsversuchen, erreicht hat, seine Frau und seine Kinder dazu
zu bringen, lieber auf dem Land als am Meer Ferien zu machen, so war die Macht, die er ausgeübt
hat, nicht unmittelbar politisch, da sie keinen Einfluss auf die Zukunft der organisierten Gesellschaft ausübt.*

*Nicht unmittelbar: denn es ist offenbar, dass, wenn gleichzeitig Millionen von entsprechenden
Entscheidungen gefällt würden, die Hotelbesitzer an der Cote d'Azur ruiniert wären, was zweifellos für die Wahlergebnisse in den Departements Var und Alpes Maritimes nicht ohne Folgen
bliebe. Außerdem hätte der ‚autoritäre' oder ‚demokratische' Stil der Entscheidung einen Einfluss
auf das soziale Verhalten der Kinder und damit auf ihre künftigen politischen Einstellungen. Es
wäre jedoch falsch, ein Phänomen auf seine bloßen Auswirkungen zu reduzieren: Die Folgen der
Entscheidung können in den Bereich des Politischen hineinreichen, ohne dass die väterliche
Macht damit einzig als politisch zu bezeichnen oder vollständig dem Feld des politischen
zuzuordnen wäre." (Grosser, 15 f.)*

Grosser unterstreicht damit das potentiell Politische in allen dem Anschein nach doch so
unpolitischen Verhaltensformen. Durch die mögliche Multiplikation der Entscheidung der Familie
sind ökonomische und politische Folgen an diese Entscheidung gebunden. Und durch die
potentiell prägende Wirkung der Entscheidungsfindung wird das Bewusstsein vor allem der
Kinder beeinflusst: die Wahrnehmung der Geschlechterrollen ebenso wie die Einstellung zur
Autorität ganz allgemein.

Die Familie schlechthin ist die Agentur der primären politischen Sozialisation – unabhängig
davon, ob in einer Familie unmittelbar politische Zuschreibungen (z.B. an Parteien gerichtet)
vorkommen. Die Schule wiederum ist die Agentur der sekundären politischen Sozialisation –
neben und wohl noch vor den anderen Agenturen der sekundären Sozialisation, also den Medien,
den „peer groups", den Parteien und Verbänden sowie den Religionsgemeinschaften. Familie und
Schule sind Partner, aber auch Kontrahenten:

-    Familie und Schule sind Partner, weil die Schule als sekundäre Agentur auf die Familie
     als primäre Agentur aufbauen, sie berücksichtigen und mit ihr daher kooperativ umgehen
     muss. Die Schule sieht daher auch die Zusammenarbeit mit den Eltern in unterschied-
     lichsten Formen vor – in Österreich etwa in Form des Schulgemeinschaftsausschusses.

Der Schulalltag ist jedenfalls von den Kooperationssignalen bestimmt, den die Schule an die Familie (das heißt die Eltern) aussendet; und von den Erwartungshaltungen der Familie an die Schule.

- Familie und Schule sind Kontrahenten, weil die Schule – in Grenzen – politisch durch Gesetze und Verordnungen steuerbar ist, während die Familie jedenfalls unter den Rahmenbedingungen liberaler Demokratie sich einer solchen Steuerung entzieht. Wenn die Politik bestimmte politische Werte vermitteln will – etwa die Universalität der Menschenrechte, kann sie dafür direkt und unmittelbar die Schule, nicht aber die Familie nutzen. Die Politik und damit die Schule können dadurch aber mit der Familie und dem von dieser geübten Einfluss in Konflikt geraten.

Politische Bildung als intendierte politische Sozialisation

Politische Sozialisation findet indirekt und nicht intendiert statt – unvermeidlich. Wird dieser komplexe Vorgang politisch bewusst gemacht, wird er zielgerichtet organisiert und mit nachvollziehbar mit bestimmten Inhalten versehen und in bestimmten Formen umgesetzt, sprechen wir von Politischer Bildung.

In den Demokratien der Gegenwart ist Politische Bildung jedenfalls Teil der Aufgaben, die von der Gesellschaft – sprich: von der Politik – von Schulen verlangt wird. Als „Civics" oder „Civic Education", „Sozialkunde" oder eben „Politische Bildung": grundsätzlich besteht in den Demokratien der Gegenwart Konsens darüber, dass die Schule sich um die politische Sozialisation zu kümmern; dass sie Politische Bildung zu vermitteln hat.

Für diese Aufgabenstellung bieten sich zwei Modelle der Organisation Politischer Bildung an: Politische Bildung als Unterrichtsprinzip und Politische Bildung als Unterrichtsfach.

- Politische Bildung als Unterrichtsprinzip geht von der (unbestreitbaren) Erkenntnis aus, dass politische Sozialisation grundsätzlich überall in der Schule stattfindet: in allen Fächern (von Mathematik bis Sport) und im schulischen Alltag (vom Umgang mit den und zwischen den Schülerinnen und Schülern bis zur Schularchitektur). Die Schlussfolgerung aus dieser Erkenntnis ist die Vorstellung, dass das politische Potential der Schule schlechthin von der Schule bewusst gemacht und zielgerichtet genutzt werden soll, in allen Fächern wie auch im Schulalltag generell. Daher sind prinzipiell alle Lehrerinnen und Lehrer aufgefordert, Politische Bildung umzusetzen, von der Interpretation der Königsdramen von Shakespeare über die Darstellung der Ambivalenzen moderner Technologien bis zur Problematisierung von Gedenktafeln in der Schule und deren Umgebung.

-    Politische Bildung als Unterrichtsfach geht von der (ebenfalls unbestreitbaren) Erkenntnis aus, dass Politische Bildung zunächst denen zu vermitteln ist, die Politische Bildung betreiben sollen; dass also die Lehrerinnen und Lehrer nicht kraft ihrer Funktion schon zur Politischen Bildung fähig sind; dass sie dafür eine Aus- und Fortbildung benötigen, die vom Umfang und von der Tiefe der Ausbildung für die verschiedenen Fächer nicht nachstehen kann und soll. Daher verlangt die Aufgabenstellung der Politischen Bildung speziell qualifizierte Lehrerinnen und Lehrer. Diese Qualifikation aber an die nach fachspezifischen Kriterien erfolgende Ausbildung einfach anzuhängen, würde diese überfordern. Eine eigene Aus- und Fortbildung für Politische Bildung mündet aber denknotwendig in einem eigenen Fach.

Die beiden Modelle sind keine Gegensätze – sie können einander vielmehr ergänzen. Das wesentliche Argument für das Unterrichtsprinzip ist, dass im Rahmen des Prinzips Politische Bildung nicht gettoisiert wird, eingesperrt in die Zuständigkeit eines einzigen Faches, übergeben der Kompetenz eines einzigen oder einiger weniger Lehrenden. Das wesentliche Argument für das Unterrichtsfach ist der Hinweis auf die reale Gefahr, dass sich – wenn alle Lehrenden für Politische Bildung zuständig sind – letztlich niemand wirklich zuständig fühlt; dass Politische Bildung in der Realität einer nach Fachzuständigkeiten gegliederten Schulwirklichkeit untergeht, wenn sich kein Fach primär für Politische Bildung zuständig fühlt.

Möglichkeiten und Grenzen der politischen Bildung

Politische Bildung kann in verschiedensten Formen vermittelt werden, die einander nicht widersprechen, die vielmehr durch die unterschiedliche Betonung des kognitiven und des affektiven Elements die notwendige Bandbreite der Politischen Bildung anzeigen.

-    Politische Bildung als Staatsbürgerkunde: Im Mittelpunkt steht die kognitiv orientierte Vermittlung der politischen Institutionen und Prozesse. Wie funktioniert ein Parlament? Welche Parteien gibt es? Was sind die Vor- und Nachteile der verschiedenen Wahlsysteme? Wie arbeitet die Europäische Union? Was ist die Aufgabe der Vereinten Nationen? Solche Inhalte sind unverzichtbarer Bestandteil jeder Politischen Bildung – unter der Voraussetzung freilich, dass nicht der Soll-Zustand der Verfassungen und Gesetze im Zentrum stehen, sondern der Ist-Zustand der politischen Realität.

- Politische Bildung als Partnerschaftserziehung: Anders als bei der Staatsbürgerkunde wird nicht die Makroebene der Politik, sondern die Mikroebene der Gesellschaft mit ihren politischen Implikationen betont. Wie funktioniert Zusammenleben in der Gesellschaft, gerade in deren kleinen und überschaubaren Einheiten? Wie wird mit gegenläufigen Interessen in der Gesellschaft, und zwar insbesondere auch im gesellschaftlichen Alltag umgegangen? Wie entstehen Geschlechterrollen? Wie ist die Situation von Minderheiten, wie entsteht gesellschaftliche Ein-, aber auch Ausschließung?

- Politische Bildung als Konfliktdidaktik: Gesellschaft und Politik werden entlang erkennbarer „cleavages" (Konflikt- und Bruchlinien) vermittelt – vom Gegensatz zwischen arm und reich national und weltweit über den Widerspruch zwischen materialistisch-ökonomischen und postmaterialistisch-ökologischen Denkweisen bis zum Spannungsfeld zwischen religiös definierten Zivilisationen. Konflikte werden nicht von vornherein negativ gesehen, sondern als Indikatoren von Widersprüchen. Gesellschaft und Politik werden bewusst nicht als auch nur potentiell harmonisch, sondern als konfliktträchtig wahrgenommen.

Diese drei Formen ergänzen einander durch die unterschiedlichen Mischformen von Mikro- und Makrosichtweisen: Politik im persönlich überschaubaren Alltag auf der einen, Politik in großen nationalen und internationalen Zusammenhängen auf der anderen Seite. Ebenso wichtig ist der unterschiedliche Mix von wissensbetonten, also kognitiven, und von gefühlsbetonten, also affektiven Elementen. Politische Bildung steht hier nicht vor einer Entweder-Oder- Entscheidung, sie muss aus den verschiedensten Zugängen für die jeweilige konkrete Aufgabenstellung entsprechend kombiniert werden.

Vor einer Vorstellung muss sich Politische Bildung allerdings hüten – von der Vision, dass Politische Bildung auf einen vollständig in die Politik integrierten, nur an Politik interessierten „ideologischen Menschen" zielt. Seymour Martin Lipset hat diesen in allen seinen Lebensbereichen ganz in der Politik aufgehenden Typus dem „politischen Menschen" gegenübergestellt. Letzterer unterscheidet sich vom „ideologischen Menschen" dadurch, dass er interessiert und bereit ist, Teile seines Lebens der Politik zu widmen; sich in der arbeitsteiligen Gesellschaft in bestimmten Grenzen mit Politik zu beschäftigen; dass er aber nicht willens und auch gar nicht in der Lage ist, alles und jedes in seinem Leben der Politik unterzuordnen. Der „politische Mensch" ist möglich und wünschenswert. Der „ideologische Mensch" ist es nicht.

Zur Demokratie gehört, dass alle sich über Politik informieren können – dass jeder, dass jede einzelne für sich die Grenzen seines, ihres Interesses an Politik bestimmen kann. Politische

Bildung ist keine Zwangsbeglückung. Aber sie soll die Tore zu den Möglichkeiten politischer Teilnahme möglichst weit aufmachen.

Literatur

Filzmaier, Peter at al.: Politisches Alltagsverständnis. Demokratie, Geschlechterverhältnis, Arbeitswelt, Medien und Bildung. Innsbruck 1999.

Grosser, Alfred: Politik erklären. Unter welchen Voraussetzungen? Mit welchen Mitteln? Zu welchen Ergebnissen? München 1973.

Inglehart, Ronald: Modernization and Postmodernization, Cultural, Economic, and Political Change in 43 Societies. Princeton 1997.

Lipset, Seymour Martin: Political Man. The Social Bases of Politics. New York, mehrere Auflagen.

Pelinka, Anton: Vergleich politischer Systeme. Wien 2005, 92 – 112.

Learning Styles: help or hindrance?

Frank Coffield

Learning Style instruments are widely used in the UK, USA, Australia and increasingly in the Netherlands and Belgium. But are they reliable and valid and do they have a positive impact on practice? For the last two years a team of researchers have critically and systematically examined the very extensive literature on Learning Styles and have published two reports, one aimed at practitioners and the other at academic audiences. Both reports can be downloaded from www.LSRC.ac.uk. We found 71 different Learning Style instruments and examined in detail 13 of the most influential. We also concluded that it matters fundamentally which instrument is chosen, as most are unreliable and invalid.

This talk explained how the research was conducted eg the criteria for selecting and rejecting the models to study, and how we analysed each model. All Learning Styles were then grouped into a new continuum of families of Learning Styles. Some general and specific conclusion are then drawn eg about the future of such research and I will conclude with some positive recommendations for teachers and tutors, to ensure that the baby is not thrown out with the bath water.

1. Introduction

The bandwagon of learning styles is in full swing and nothing seems able to stop its progress. The term 'learning styles' has become part of the everyday vocabulary of teachers; and the approach has received official endorsement from the DfES's national strategy for Key Stage 3, which recommends that teachers should identify the preferred learning styles of all pupils:

> *Research indicates that in general 35 per cent of people are mainly visual learners, 40 per cent of people are mainly kinaesthetic and only 25 per cent are mainly auditory* (DfES, 2004: 27).

Note that the DfES publication gives no detail of the research in question so it is difficult for teachers to follow up or question the assertion; moreover, such a simplistic conclusion is not supported by the large, complex and contested body of research into what is called 'modality preference'. What this chapter seeks to both expose and oppose are such dogmatic claims which have little or no basis in evidence and which may be doing harm to students of all ages by labelling them inappropriately. So the bandwagon of learning styles may well turn out to be more of a hearse.

This report describes the work carried out by a team of four researchers over a period of eighteen months, who carried out a systematic and critical review of learning styles and their implications for methods of teaching[1]. The research was commissioned by the Learning and Skills Development Agency and two complementary reports were produced in 2004. The first, called *Should we be using learning styles? What research has to say to practice* (Coffield et al, 2004a) is aimed at students, teachers, school managers and inspectors. The second more detailed report, entitled *Learning styles and pedagogy in post-16 learning: a systematic and critical review* (Coffield et al, 2004b) is intended for researchers, academics and anyone with a deep interest in the topic. Both reports can be downloaded from: www.LSRC.ac.uk.

This chapter will describe the four key questions we set out to answer, the methods we used to conduct the review, and how each model of learning styles was analysed; I shall then discuss what I call 'the dark side' of learning styles, describe some of their most glaring deficiencies and end with some positive recommendations for teachers to use in classrooms and some questions for reflection.

2.   Four Key Questions

We set out to answer the following questions:

- What are the leading models of learning styles and what are potentially the most influential?
- What empirical evidence is there to support the claims made for these models?
- What are their implications for teaching methods?
- What empirical evidence is there that these models of learning styles have an impact on students' learning?

In sum, we wanted to get behind the claims made by the developers of learning style instruments to the evidence found by independent researchers.

3.   Methods

The first surprise, which was not wholly welcome, was the huge size of the literatures involved. For example, David Kolb's wife, Alice, drew up a bibliography of all the research studies into his experiential learning theory and his Learning Style Inventory: it runs to 1004 items up to January

2000. Corresponding figures for the Dunn and Dunn model are 1140 and for the Myers-Briggs model, for the 10 year period between 1985 and 1995, over 2000.

From this vast literature we selected 13 of the most influential (or potentially influential) models of learning styles from the 70 we came across: *see Figure 1*. The fact that there are in existence as many as 70 learning style instruments speaks volumes about the uncontrolled proliferation of learning style instruments within this disorganised field of study.

- Allinson and Hayes' Cognitive Style Index
- Apter's Motivational Style Profile
- Dunn and Dunn's Learning Style Questionnaire
- Entwistle's Approaches and Study Skills Inventory for Students
- Gregorc's Style Delineator
- Herrmann's Brain Dominance Instrument
- Honey and Mumford's Learning Styles Questionnaire
- Jackson's Learning Styles Profiler
- Kolb's Learning Styles Inventory
- Myers-Briggs Type Indicator
- Riding's Cognitive Styles Analysis
- Sternberg's Thinking Styles
- Vermunt's Inventory of Learning Styles

Figure 1   13 out of 70 models studied

We needed some criteria for evaluating the huge collection of books and articles we quickly began to amass. The criteria we decided upon in order to select particular theorists to study are as follows:

- The approach was widely quoted and regarded as central to the field as a whole
- The model was based on an explicit theory
- The model was representative of the literature and of the total range of models available
- The theory has proved to be productive, that is, leading to further research by others.
- The learning style questionnaire has been widely used by teachers and managers.

The work of other contenders was rejected by applying these criteria:

- The approach was derivative and added little that was new
- The focus of the research was on teaching styles or creativity rather than on learning styles
- The publication was a review of the literature rather than the description of a new model
- The study was a standard application of an instrument to a small sample of students and added nothing to either theory or practice
- The methodology of the study was flawed.

Once we began evaluating the publications chosen for study, we were faced with a serious dilemma. The topic of learning styles is now of considerable practical importance to teachers and yet many of the debates, for example, about which type of factor analysis to use in the analysis of the data are highly technical and abstruse. The solution to our dilemma was to produce two reports, one for practitioners and a second for specialists in the field; the first aims to make our methods, findings and recommendations accessible to a broad audience, the second examines each of the 13 models in considerable detail. We also sent the penultimate version of our review to the authors of the 13 models selected. Only one did not reply.

4.   Analysis of Each Model

To ensure comparability in our treatment of the 13 models, we used the same framework to valuate each one: see *Figure 2* for the example of Honey and Mumford's *Learning Styles Questionnaire*.

	Strengths	Weaknesses
General	LSQ probes the attitudes and behaviours which determine preferences with regard to learning. To be used for personal/organisational development and not for assessment/selection. Not a psychometric instrument, but a checklist about how people learn.	Danger of labelling people as 'theorists' or 'pragmatists', when most people exhibit more than one strong preference.
Design of the model	Based on Kolb's model, with new terms for style preferences which are aligned to the four stages in the learning cycle.	Evaluation by researchers has become increasingly critical, eg percentage of variance explained by personality and learning style put at 8% (Jackson and Lawty-Jones 1996).
Reliability	No firm evidence.	Only moderate internal consistency has been found.

Validity	Face validity is claimed by authors.	Validity not assessed by authors. More evidence is needed before LSQ is acceptable.
Implications for pedagogy	1. To help managers/ employees to devise personal development plans. 2. To show managers how to help their staff learn. 3. To be used as a starting point for discussion and improvement with a knowledgeable tutor. 4. Suggestions made to help people strengthen an under-utilised style.	All the suggestions are derived logically or from practice with using the LSQ; they have not been rigorously tested to see if they work.
Evidence of pedagogical impact	No evidence quoted by authors.	No evidence found by researchers.
Overall Assessment	Has been widely used in business, but needs to be redesigned to overcome weaknesses identified by researchers.	
Key source	Honey and Mumford 2000	

Figure 2: Honey and Mumford's Learning Styles Questionnaire (LSQ)

We described briefly the design of each model, after making some general introductory remarks about the definitions used by the authors and the scope of their instrument. We then provided details of its reliability and validity as given by the originators and compared these with the findings of independent researchers. Finally, we examined the evidence of pedagogical impact and provided an overall assessment of the model in question and a key reference. The summary also set out the strengths and weaknesses of the 13 models.

5.   A Continuum of Learning Styles

We found the research field of learning styles both extensive and conceptually confusing. To impose some order on this sizeable confusion, we organised the 13 models according to their main theoretical stance. *Figure 3* therefore aims to capture the extent to which the authors of a model claim that learning styles are **either** constitutionally based and relatively fixed **or** more flexible and open to change. We assigned particular models of learning styles to what we called 'families', which were not so easily placed into categories as Figure 3 suggests.

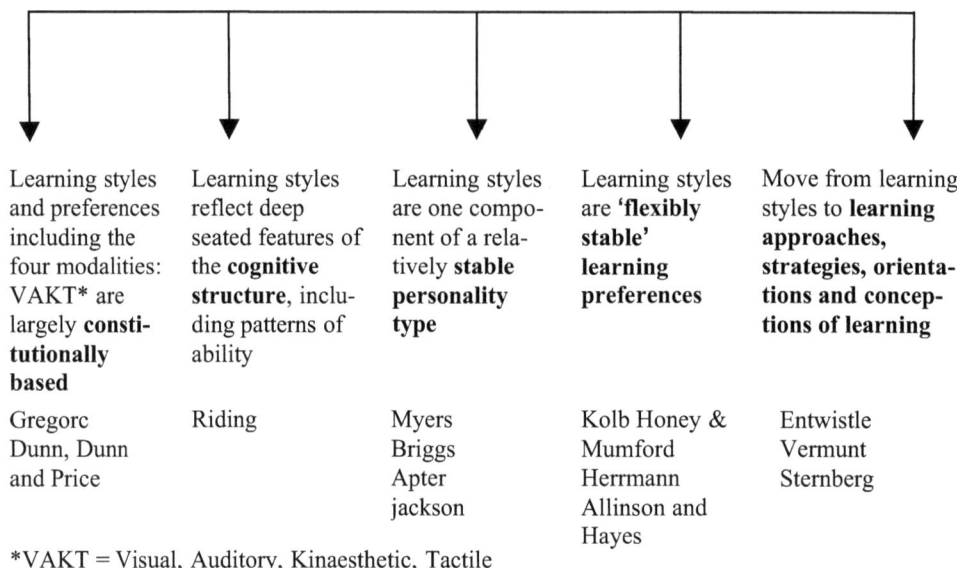

Learning styles and preferences including the four modalities: VAKT* are largely **constitutionally based**	Learning styles reflect deep seated features of the **cognitive structure**, including patterns of ability	Learning styles are one component of a relatively **stable personality type**	Learning styles are **'flexibly stable'** learning preferences	Move from learning styles to **learning approaches, strategies, orientations and conceptions of learning**
Gregorc Dunn, Dunn and Price	Riding	Myers Briggs Apter jackson	Kolb Honey & Mumford Herrmann Allinson and Hayes	Entwistle Vermunt Sternberg

*VAKT = Visual, Auditory, Kinaesthetic, Tactile

Figure 3   Continuum of Families of Learning Styles

At the left hand of the continuum, we placed those theorists with strong beliefs about the influence of genetics on fixed, inherited traits; they contend that learning styles should be worked with rather than changed. Moving along the continuum, the models of learning styles are based on the idea of the dynamic interplay between the individual and experience. At the right hand of the continuum, theorists pay greater attention to both *personal* factors such as motivation and *environmental* factors such as social learning. They also include in their model how students choose or avoid particular learning strategies, and how they conceive of learning.

6. Main Findings

Research into learning styles can, in the main, be characterised as small-scale, non-cumulative, uncritical and inward-looking. The literature has so far failed to provide either a common conceptual framework or a common language for the use of teachers or researchers. Our two reports provide detailed evidence of a proliferation of concepts, instruments and teaching strategies, together with a barrage of contradictory claims. In short, the research field of learning styles is theoretically incoherent and conceptually confused. That may sound like a harsh judgement, but in its defence, we listed the sheer number of dichotomies in the literature and *Figure 4* presents all

29 of them. There is considerable overlap among all these concepts, but no clarity about similarities and differences; no agreed, technical vocabulary; and no agreed theory to underpin them. The constant generation of new approaches, each with its own language, only adds muddle and clutter to existing confusion.

- convergers v divergers
- verbalisers v imagers
- holists v serialists
- deep v surface learning
- activists v reflectors
- pragmatists v theorists
- adaptors v innovators
- assimilators v explorers
- field dependent v field independent;
- globalists v analysts
- assimilators v accommodators
- imaginative v analytic learners
- theorists v humanitarians
- organisers v innovators
- meaning directed v undirected
- activists v theorists
- pragmatists v reflectors
- non-committers v plungers
- common sense v dynamic learners
- concrete v abstract learners
- random v sequential learners
- initiators v reasoners
- intuitionists v analysts
- extraverts v introverts
- sensing v intuition
- thinking v feeling
- judging v perceiving
- left brainers v right brainers
- lefts / analytics / inductives / successive processors v rights / globals / deductives / simultaneous processors

Figure 4   Dichotomies

We also decided to match the 13 learning style models against the four minimal standards for a psychological test:

- internal consistency ie do the items in the test measure the same thing?
- test-retest reliability ie how similar are the scores when the same group is re-tested?
- construct validity ie do the scores measure what they are intended to measure?
- predictive validity ie do the test scores predict an expected outcome?

Figure 5 shows that only three of the 13 models – those of Allinson and Hayes, Apter and Vermunt – could be said to have come close to meeting these criteria. A further three – those of Entwistle, Herrman and Myers-Briggs met only two of the four criteria. The Jackson model is in a different category, being so new that no independent evaluations have been carried out so far. The remaining six models, despite in some cases having been revised and refined over 30 years, failed to meet the criteria and so, in our opinion, should not be used as the justification for practice in schools.

		Internal Consistency	Test-Retest Reliability	Construct Validity	Predictive Validity
1	Jackson	–	–	–	–
2	Riding	✗	✗	✗	✗
3	Sternberg	✗	✗	✗	✗
4	Dunn and Dunn	✗	✗	✗	•
5	Gregorc	✗	✗	✗	•
6	Honey & Mumford	✗	•	✗	✗
7	Kolb	–	•	✗	✗
8	Entwistle	✓	–	✓	✗
9	Hermann	–	✓	✓	–
10	Myers-Briggs	✓	✓	✗	✗
11	Apter	✓	✓	–	✓
12	Vermunt	✓	✓	✓	✗
13	Allinson & Hayes	✓	✓	✓	✓

Figure 5   13 Learning Styles Matched Against Minimal Criteria

Allinson and Hayes' Cognitive Style Index – the CSI – emerged as the most robust model. We found that it had the best evidence for reliability and validity, although the pedagogical implications of the model have not been fully explored yet. The CSI was designed for use in adult organisations (eg businesses, small firms) and as a research tool. It is well regarded as a means of asking pertinent questions about how adults think, behave and learn in the world of work, but, unfortunately, it is not suitable for use with students in education.

7.   The Dark Side of Learning Styles

Since our two reports were published in the summer of 2004, we have been receiving a stream of emails from teachers, complaining that inspectors and senior managers continue to recommend (ie insist) that they 'differentiate' classes by means of learning styles. One teacher educator wrote to say that, when visiting a local school, pupils had labels on their desks indicating their learning styles as in *"I'm a kinaesthetic learner"*, *"I'm an active experimenter"* and so on. As John White, emeritus professor of philosophy of education at the Institute of Education, wrote recently in relation to what he described as "the myth" of Howard Gardner's multiple intelligences:

> *"Putting children into boxes that have not been proved to exist may end up restricting the education they receive, leading teachers to overly rigid views of individual pupils' potentialities, and what is worse, a new type of stereotyping"* (2005: 9).

Other opponents object to the commercialisation of some of the leading tests, whose authors, when refuting criticism, are protecting more than their academic reputations. Rita Dunn, for example, insists that it is easy to implement her 22-element model, but that it is also necessary to be trained by her and her husband in a New York hotel. The training course in July 2003 cost $950 per person and lasted for 7 days at a further outlay of $1384 for accommodation. This is not so much a learning as an earning style.

Claims made for some of the models are clearly excessive. For example, the Dunn and Dunn model has all the appearance and arrogance of a total belief system. According to its proponents:

- it is successful with all age groups from children in kindergarten to professional adults
- it leads to statistically significant higher scores in academic attainment, attitudes to learning and behaviour
- it works with all types of students from the low-achieving to gifted students
- it has been implemented successfully in all types of school: urban, suburban and rural

- and it is effective with all subject areas from those taught in school to those taught in higher education.

Such overblown claims only serve to give the field of learning styles a bad name. They also make the point that it matters fundamentally which learning style inventory is chosen and how it is used: they are not all alike.

8.   Too Simple, Decontextualised and Depoliticised

Too much is being expected of relatively simple, self-report tests. David Kolb's Learning Styles Inventory, for example, now consists of no more than 12 sets of four words to choose from. So on the basis of 12 adjectives, those completing the Inventory are allocated to either the converging, diverging, assimilating or accommodating style. The difficulties with this type of self-report test are well known: individuals may not be able to categorise their own behaviour accurately or objectively, they may never have reflected on how they learn or study, they may give socially desirable responses, and they may feel highly constrained by the predetermined format. We therefore advise against any teaching intervention based *solely* on any of the learning style instruments.

Moreover, Learning Style Questionnaires present decontextualised and depoliticised views of learning and learners. An example will best illustrate this point. One of the items from the Sternberg-Wagner Self-Assessment Inventory on the Conservative Style reads as follows: *"When faced with a problem, I like to solve it in a traditional way"*, (Sternberg, 1999:73). Without a detailed description of the kind of problem the psychologist has in mind, the respondent is left to supply a context of his or her choosing, because methods of solving a problem depend critically on the character of that problem. The crisis in the European Union, gender inequality in pay and wages, increasing drug use, conflict among colleagues and global warming are all problems, some of which may be solved in a traditional way, some of which may need new types of solution, while others still may not be amenable to solution at all. Crucially, some problems can only be resolved collectively. Nothing is added to the sum of human knowledge by individual respondents rating themselves on a 7 point scale on how well the decontextualised statement: *"When faced with a problem, I like to solve it in a traditional way"* describes them. This is spurious and useless precision.

The research tradition into learning styles has also been criticised for its depoliticised treatment of the differences between learners which stem from social class, race and gender. There is a worrying lack of research in the UK into learning styles and social class, or learning styles and ethnicity, although more of the latter has been carried out in the US. The main charge here is that the socio-economic and the cultural context of students' lives and of the institutions where they learn are omitted from most of the learning styles literature, which tends to concentrate on factors within the individual student.

9.   Positive Recommendations

Some valuable features did emerge from our close reading of the literature and so we wish to offer some positive suggestions to teachers.

Instead of being assigned a particular learning style, it would be more beneficial for students to appreciate the relative advantages and weaknesses of a range of different styles. The aim for teachers would be not only to study how students learn but to show them how to *enhance* their learning by developing a flexible repertoire of approaches to learning rather than settling for just one. But self-knowledge is not an end in itself: students need to be shown how to use that knowledge to tackle problems they encounter when struggling to learn Maths or History.

What kind of outcome do we as educators want from introducing students to the notion of difference learning styles? The ideal result was described to me by a teacher at a conference in London. When asked by an inspector, *"What kind of a learner are you?"*, an eleven year old girl replied: *"I'm all types rolled into one. And I use different styles, depending on what I'm doing and how I'm doing it"*. The nightmare reply to such a question would be: *"I'm a kinaesthetic learner and I expect the whole curriculum to be presented to me kinaesthetically. So there's no point in talking to me – I'm not an auditory learner. And there's no point in showing me diagrams, pictures or films – I'm not visual either"*.

Learning styles can also provide students and teachers with a much needed 'lexicon of learning' – a language with which to discuss their own learning preferences and those of others, how people learn or fail to learn, why they try to learn, how different people conceive of learning in different ways, how they plan and monitor it, and how teachers can facilitate or hinder these processes.

There is, however, not one agreed language of learning styles, but a variety of competing vocabularies. We would recommend the language used by Entwistle (1998) because he talks about deep (eg reading for understanding), surface (eg memorising to get by), and strategic (eg being organised in order to achieve) *approaches* to *learning* rather than deep, surface and strategic *learners*. Entwistle and Peterson discuss the type of teaching activities needed to encourage a deep approach to learning eg keeping the broad aims, teaching methods and assessment procedures in constructive alignment with each other and "promoting students' awareness of their own cognitive processes and approaches to studying, as well as their ability to control their motives, feelings and effort" (2004).

But a language which consists solely of three words – deep, surface and strategic – will not generate much conversation. So teachers need to read other theories, such as the rich framework developed by Vermunt (1998), who talks of meaning-directed, application-directed, reproduction-directed and undirected approaches to learning. The critical shift to discussing learning will lead sooner or later to talking about the relationship with teachers and this moves the discussion away from a concentration on individuals, which learning styles tend to promote. Similarly, it is preferable to criticise the crime of *theft* than to tie the label of *thief* round the neck of a pupil. So, instead of talking about different types of learner we recommend discussing different *approaches* to learning (eg building an overview, looking for concrete examples or memorising the main points); different *orientations* to learning (eg self-improvement, vocational interest or to prove competence); different *models* of learning (eg dialogue with experts, to apply knowledge or to pass exams); and different *emotions* associated with learning (eg intrinsic pleasure, practical interest or fear of failure).

Using learning styles as a means of starting a dialogue about learning between students and teachers presupposes that those teachers are knowledgeable, not only about the serious variation in the quality of learning style instruments, but also about learning itself. If they are not, we suggest that teachers read as an introduction to the topic the brief pamphlet edited by David Hargreaves (2005) for the independent think tank, DEMOS, entitled *About Learning*. Our own two reports (Coffield et al, 2004 a and b) will provide more substantial treatments of the issue as well as comprehensive bibliographies.

A discussion between teacher and students about the wide variety of approaches to learning carries the potential of the dialogue moving way beyond, say, how different people learn the same material in different, and at times, more efficient and elegant ways. One aim could be to discuss how learning at different levels within education is connected; for example, how is the learning of students connected with that of teachers and with the organisational learning of the school? Moreover, how is the school's learning connected with the learning shown by the educational system, if indeed examples of the latter can be found for study.

To give another example, if course teams as well as classes meet specifically to discuss learning, then teachers are likely to articulate different views of learning. Is learning seen, for instance, as the equivalent of 'being taught', or is it thought of as 'individual sense-making', or is learning considered to be 'creating knowledge with others'? (see Watkins, 2004, 2005). Through dialogue, the conceptions that teachers and students have of learning are likely to become richer and the participants are also likely to move on to discuss other topics such as the connections between learning and assessment, the purposes of education and government policy.

One of the most popular recommendations is that the learning styles of students should be linked to the teaching style of their teacher, the so-called 'matching hypothesis'. Unfortunately the evidence from empirical studies of matching is equivocal at best and deeply contradictory at worst. Our review failed to find substantial, uncontested and hard empirical evidence that matching the styles of students and teachers improves the attainment of the students significantly. Some researchers even suggest that a policy of deliberate *mismatching* should be adopted to prevent students becoming bored by having the whole curriculum presented in their preferred learning style. For instance, Vermunt (1998) favours what he terms *"constructive friction"*, where the teacher pushes students to take more responsibility for the content, process and outcomes of their learning.

In view of the practical difficulties of individualising instruction for large groups by taking account of visual, auditory and kinaesthetic preferences, teachers should ensure that their instruction is flexible and varied in the cognitive, emotional and social demands it makes on their students. The aim is to engage as many learners as possible, but also to extend their range of approaches to and strategies for learning. This can be done in many ways (eg by constructing multiple representations of concepts, by reciprocal teaching or through co-operative learning), all of which operate through a range of perceptual modalities and involve practical activities as well as the language skills of listening, speaking, reading and writing. A good teacher takes individual differences into account by providing wholistic and/or multi-faceted, shared experiences, rather than by artificially restricting pupil experience. This approach, rather than 'matching', is explicitly supported by several learning style theorists.

Before deciding to introduce learning styles into their practice, teachers are also duty-bound to consider whether some other intervention may be more beneficial. In other words, the case for learning styles has to compete with arguments in favour of, say, thinking skills or peer tutoring or formative assessment. Our own view, which is explained in detail in both of our reports, is that teachers would be well advised to concentrate on formative assessment rather than on learning styles because the evidence shows that it can *"produce significant, and often substantial, learning gains"* (Black & Wiliam, 1998, 3-4). In other words, providing frequent, rich dollops of feedback to students has been shown to have much greater impact than labelling them 'left brainers' or 'right brainers', terms for which there is no biological justification.

10. Final Comments

This study of learning styles has led me to conclude that all teachers need to be inoculated with a strong dose of healthy scepticism to help them lose their reverence for some of the material which is presented to them on training days, material which is self-evidently nonsensical. Take, for instance, the so-called *Learning Pyramid*, as portrayed in Figure 6. I have seen this presented to teachers on courses as part of their continual professional development for the best part of twenty years and it appears in textbooks on teaching methods (eg Petty, 2004). And yet, who can take it seriously? Note that the percentage of material that students can allegedly recall after experiencing different teaching methods rises by exact amounts: 5% to 10% to 20% and so on. But surely the percentage of information retained is likely to vary for each method from 0% to 100%, depending on the quality of the lecture, the interest the student has in reading, the explanatory power of the audio-visual material, the ability of the teacher to demonstrate, the size of the discussion group, the practical skills of the student, and the student's knowledge of the subject? Geoff Petty's text gives the source of this preposterous pyramid as "The National Training Laboratories (US)", but he provides neither a full reference nor any criticism of it (2004:139). The lack of criticism comes as no surprise because Petty devoted a whole chapter to learning styles, complete with detailed descriptions of "left-brain learners" and "right-brain learners", and of Honey & Mumford's four learning styles without mentioning any of the serious weaknesses we have found in such approaches: and yet both of our reports (Coffield et al 2004 a & b) are listed in his section on Further Reading (2004:152). A splendid example of a non-learning style.

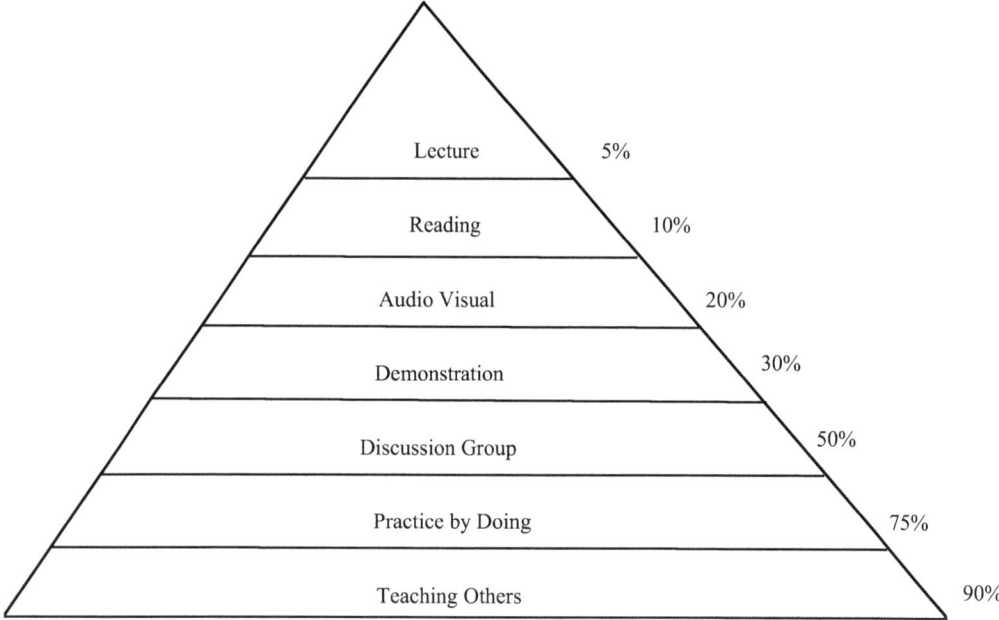

Figure 6   The Learning Pyramid – Percentage of Information Retained

How are we to explain the apparently irresistible rise of learning styles? First, the notion that we all have an individual learning style appears to be highly attractive to both students and teachers. But what is happening is that, with the help of some rather simple questionnaires, too many teachers are labelling students in the belief that they have a fixed learning style which cannot be changed. Rigorous, empirical research has shown that this intuitive appeal and this belief are both dangerous and mistaken. Interestingly, this appeal to intuition is lost on the German speaking world which has set its face against learning styles because their strong pedagogical tradition has constantly objected to the notion of styles of teaching and learning which are generalised and divorced from content, subject matter and context.

Second, learning styles continue to be popular because some instruments are freely available and easy to administer; and psychological tests have been popularised in magazines, 'help-yourself' manuals and in psychological texts written for the general reader. Third, attaching learning styles to individuals can be seen as part of the urge to understand and control the world by classifying people, but the quality of the classification system then becomes crucial and the danger of placing pupils into fixed categories becomes all the more real. Fourth, learning style instruments offer teachers a simple solution to the complex problems of teaching and learning. Instead of always hankering after simplicity, perhaps the time has come for us all to celebrate, enjoy and study the inherent complexities of teaching and learning, which are best seen as the two sides of the same coin.

Last but not least, learning styles are in the ascendancy because they are seen by government Ministers as a key component of Personalised Learning, which the then Minister of State for School Standards, David Miliband, defined as follows:

> *"Decisive progress in educational standards occurs where every child matters; careful attention is paid to their individual learning styles, motivations and needs ..."* (2004:3).

It remains to be seen whether ministerial initiatives like Personalised Learning die a slow, lingering death when the Minister moves on to another department, as David Miliband has done; or whether the drive to introduce Personalised Learning intensifies as part of a wider programme of personalising the welfare state (Leadbeater, 2004). What is already clear is that Personalised Learning cannot be based on learning style instruments, which have been proved to be unreliable, invalid and of negligible impact on practice.

11. Questions for Reflection

As a result of reading this paper, do you wish to consider any change in your own practice or that of your school in relation to learning styles? For example, if you or your school are using a learning style instrument which you now know is neither reliable or valid, do you think you should stop using it?

- Are you sufficiently knowledgeable about the processes of teaching and learning to begin a dialogue with your students about how they and you learn?

- Do you accept that the danger of labelling students 'global' or 'analytic' or 'kinaesthetic' learners is that they may come to see themselves as only able to learn in that way? Some students may come to label themselves which may seriously restrict their potential for learning in a wide variety of ways.

- Are the potential benefits clear enough of creating a benign, upward spiral by beginning to discuss learning with colleagues and students and then moving on to explore more general topics such as the interactions between learning and assessment, and the purposes of education?

- Do you have examples of good practice with regard to teaching and learning which you would like to share with colleagues? If so, and if you have any comments to make, however critical, about this paper, please send them to me via email: F.Coffield@ioe.ac.uk[2].

Notes:

[1]   The two reports were written by myself, David Moseley, Elaine Hall and Kathryn Ecclestone.
[2]   I'm grateful to the following for their helpful comments on an earlier version of this paper: David Moseley, Chris Watkins, Kathryn Ecclestone and all the participants at the NSIN Seminar on Learning Styles at the Institute of Education, London on 4 July, 2005.

References

Black, PJ and Wiliam, D (1998) *Inside the Black Box: raising standards through classroom attainment*, London: King's College

Coffield, F., Moseley, D., Hall, E and Ecclestone, K (2004a) *Should we be using learning styles? What research has to say to practice*, London: Learning and Skills Research Centre, LSDA

Coffield, F., Moseley, D., Hall, E and Ecclestone, K (2004b) *Learning styles and pedagogy in post-16 learning: A systematic and critical review*, London: Learning and Skills Research Centre, LSDA

Department for Education and Skills (2004) *The School Library and the Key Stage 3 National Strategy*, www.standards.dfes.gov.uk/keystage3

Entwistle, NJ (1998) "Improving teaching through research on student learning". In Forrest, JJF (ed) *University teaching: international perspectives*, New York: Garland

Entwistle, NJ and Peterson, E (2004) "Learning styles, learning strategies and approaches to studying", *Encyclopedia of Applied Psychology*, 537-542, New York: Elsevier

Hargreaves, DH (2005) *About Learning*, London: Demos, www.demos.co.uk

Honey, P and Mumford, A (2000) *The learning styles helper's guide*, Maidenhead: Peter Honey Publications Ltd

Jackson, CJ and Lawty-Jones, M (1996) "Explaining the overlap between personality and learning style", *Personality and Individual Differences*, 20(3), 293-300

Leadbeater, C (2004) *Personalisation through participation: a new script for public service*, London: Demos

Miliband, D (2004) *"Personalised Learning: Building a New Relationship with Schools"*, North of England Education Conference, Belfast, 8 January

Petty, G (2004) *Teaching Today: a practical guide, third edition*, Cheltenham: Nelson Thornes.

Sternberg, RJ (1999) *Thinking Styles*, Cambridge: Cambridge University Press

Vermunt, JD (1998) "The regulation of constructive learning processes", *British Journal of Educational Psychology*, 68, 149-171

Watkins, C (2004) *Classrooms as learning communities*, London: Institute of Education, NSIN Research Matters, No 24

Watkins, C (2005) *Classrooms as Learning Communities*, London: Routledge, Taylor & Francis

White, J (2005) "The myth of Howard Gardner's Multiple Intelligences", *ioelife*, London: Institute of Education, 1, 9

AutorInnen

Mag. Gertraud Awecker
Institut für Lehrer/innenbildung und Schulforschung, Universität Innsbruck
gertraud.awecker@schule.at

Dr. Peter Awecker
Lehrbeauftr. am Institut für Lehrer/innenbildung und Schulforschung, Universität Innsbruck
Peter.Awecker@uibk.ac.at

O.Univ.-Prof. Dr. Lynne Alison Chisholm
Leiterin des Instituts für Erziehungswissenschaften, Universität Innsbruck
Lynne.Chisholm@uibk.ac.at

Professor Frank Coffield
Professor of Education
Institute of Education University of London
F.Coffield@ioe.ac.uk

Dr. Arthur Drexler
Wiss.MA am Institut für Kommunikation im Berufsleben und Psychotherapie,
Universität Innsbruck
Arthur.Drexler@uibk.ac.at

Ao.Univ.-Prof. Dr. Theo Hug
Univ.-Doz. am Institut für Erziehungswissenschaften, Universität Innsbruck,
Leiter des ARC Research Studios eLearning Environments
Theo.Hug@uibk.ac.at

Dr. Karin Klocker
stv. Landesgeschäftsführerin des AMS Tirol
karin.klocker@ams.at

Mag. Patricia Köll
Lehrbeauftr. am Institut für Erziehungswissenschaften, Universität Innsbruck
Patricia.Koell@uibk.ac.at

Mag.Dr. Christian Kraler
Wiss.MA am Institut für Lehrer/innenbildung und Schulforschung, Universität Innsbruck
Christian.Kraler@uibk.ac.at

Mag. Margarete Laschalt
Wiss.MA am Institut für Kommunikation im Berufsleben und Psychotherapie,
Universität Innsbruck
Margarete.Laschalt@uibk.ac.at

O.Univ.-Prof. Dr. Stephan Laske
Dekan der Fakultät für Betriebswirtschaft,
Univ.-Prof. am Institut für Organisation und Lernen, Universität Innsbruck
Stephan.Laske@uibk.ac.at

O.Univ.-Prof. Dr. Dipl.-Psych. Heidi Möller
Dekanin der Fakultät für Bildungswissenschaften,
Leiterin des Instituts für Kommunikation im Berufsleben und Psychotherapie,
Universität Innsbruck
Heidi.Moeller@uibk.ac.at

O.Univ.-Prof. Dr. Anton Pelinka
Dekan der Fakultät für Politikwissenschaft und Soziologie,
Univ.-Prof. am Institut für Politikwissenschaft, Universität Innsbruck
Anton.Pelinka@uibk.ac.at

Univ.-Prof. Dr. Ada Pellert
Vizerektorin für Lehre und Weiterbildung,
Leiterin des Departments für Weiterbildungsforschung und Bildungsmanagement,
Leiterin der International Office, Donau-Universität Krems
ada.pellert@donau-uni.ac.at

Mag.Mag. Natalie Prantl
Institut für Kommunikation im Berufsleben und Psychotherapie, Universität Innsbruck
Natalie.Prantl@uibk.ac.at

Ao.Univ.-Prof. Dr. Bernhard Rathmayr
Univ.-Doz. am Institut für Erziehungswissenschaften, Universität Innsbruck
Bernhard.Rathmayr@uibk.ac.at

O.Univ.-Prof. Mag.Dr. Michael Schratz
Leiter des Instituts für Lehrer/innenbildung und Schulforschung, Universität Innsbruck
Michael.Schratz@uibk.ac.at

Ao.Univ.-Prof. Mag.Dr. Hans Jörg Walter
Univ.-Doz. am Institut für Erziehungswissenschaften, Universität Innsbruck
Hans-Joerg.Walter@uibk.ac.at